인문학으로 스포츠하라

인문학으로
스포츠하라

Sport

Literacy

최의창 지음

스포츠 리터러시

Humanities

인문학으로
스포츠하라

1쇄 발행 2025년 2월 13일

지은이 최의창
펴낸이 조일동
펴낸곳 드레북스

출판등록 제2024-000094호
주소 경기도 부천시 소향로143, 918호(중동, 필레오트윈파크1)
전화 032-323-0554 **팩스** 032-323-0552
이메일 drebooks@naver.com
인스타그램 @drebooks

인쇄 (주)프린탑
배본 최강물류

ISBN 979-11-93946-32-9 03300

人莫不飮食也 鮮能之味也

먹고 마시는 일을 하지 않는 사람은 아무도 없으나
그 참맛을 알고 그리 하는 이는 너무도 드물구나.

_《중용》

프롤로그

1

2023년 12월, 미국 프로야구 선수 오타니 쇼헤이가 LA 다저스와 9,240억 원의 계약을 마쳤다는 뉴스가 방송되었다. 축구나 야구 프로선수들의 몸값이 천정부지로 높아져 있던 것은 이미 알고 있었지만, 생전 듣도 보도 못한 1조 원에 가까운 액수는 충격 그 자체였다. 그런데 단 1년 만에 미국 프로야구 선수 후안 소토가 뉴욕 메츠와 스포츠 사상 전무후무한 1조983억 원의 계약서에 사인했다는 소식이 전해졌다. 어안이 벙벙해졌다.

도대체 스포츠는 무엇인가? 스포츠는 대체 무엇이기에 현대인의 생활 속에서 그렇게 번쩍거리며 빛을 발할까? TV, 신문, 유튜브, SNS는 물론이고 공원, 둔치, 아파트 단지, 심지어 집 안에까지 등장하지 않고 언급되지 않는 곳이 없다. 4년마다 개최되는 올림픽과 월드컵은 단일 행사로서 어떤 종목이나 분야도 견줄 수 없는 시청률을 자랑한다. 전 세계 프로축구, 농구, 야구, 크리켓 등 주요 스포츠 관람객은 수십억 명을 크게 넘는다.

스포츠는 우리에게 매우 중요하다. 생활 속에서 사람들의 희로애락을 좌지우지하는 요소가 되었다. 올림픽 양궁 단체전 10회 연속 금메달을 목에 걸었느니, 월드컵 몇 회 연속 출전이 좌절되었다느니 하는 소식에 온 나라와 국민 전체가 일희일비하는 감정의 소용돌이 속에 휘말린다. 미국이나 영국의 세계무대에서 들려오는 우리 남녀 젊은이들의 선전과 슬럼프 소식도 마찬가지다. 국내 프로스포츠팀들에 대한 팬들의 정성은 또 어떤가.

이런저런 점을 모두 살펴봐도 스포츠가 한국인들의 핵심 관심사가 된 것은 부정할 수 없다. 스포츠는 대한민국 국민의 일상문화로서 모두의 주목을 받고 있다. 스포츠에 대한 국가의 관심도 불문가지다. 스포츠 전담 공공부처와 독립기관이 1980년부터 존재해왔다. 21세기에 들어와 경제적인 성장과 문화적인 발달이 안정궤도에 오르면서 스포츠에 관한 관심은 더욱 높아지고 보는 스포츠와 하는 스포츠의 대중흥이 진행되고 있다.

21세기를 사는 우리가 열망하는 핵심 키워드는 행복이다. 스포츠는 행복을 가져다주는 가장 풍요로운 원천 중 하나다. 사람들은 여흥, 건강, 친교, 사업을 위해 스포츠에 참여한다. 더 나아가 자기 발견과 자아실현을 도모하기도 한다. 이 목적들을 성취했을 때, 강력한 행복감으로 가득찬다. 생활체육을 하면서 마라톤 시간을 단축하거나, 무게와 횟수를 더 늘리거나, 타율을 더 높이거나, 뿌듯한 마음이 솟구쳐 오른다.

스포츠는 생활의 큰 부분으로 자리잡았으며, 개인의 행복에 주요 원인이 되고 있다. 그러니 스포츠가 없으면 생활에 즐거움이 더해지거나 개인의 행복감이 높아지기 어려워졌다. 물론 매번 결정적인 어려움이나 치명적인 곤란함에 빠지지는 않는다. 하지만 기회가 더 생기기는 어렵다. 축구를 잘하거나 달리기를 잘하는 사람은 사회생활에서 긍정적인 경험을 더 한다. 즐거움과 행복감을 만끽할 기회가 더 많이 생겨나는 것이다.

스포츠와 관련된 기능, 지식, 태도는 이미 하나의 자본이 되었다. 이를 '스포츠 자본(sporting capital)'이라고 부른다. 문화적 자본의 한 종류로서, 많이 소지할수록 더 많은 자산을 생산해낼 수 있다. 그런데 이것은 후안 소토처럼 스포츠를 기능적으로 잘하는 경우만을 이야기하는 것이 아니다. 인기 있는 스포츠 예능을 제작하거나, 베스트셀러 야구 소설을 쓰거나, 여자 축구를 다룬 수필을 펴내는 등의 형태로도 보여진다.

현대인의 생활 속에서 스포츠는 수많은 형태로 소비되고 있다. 시합으로 관전되고 응원된다. 영화와 드라마의 내용으로 감상되고 시청된다. 조각과 회화의 소재로써 관람된다. 야구 카드와 기념 용구로서 수집된다. 소설과 수필의 내용으로 쓰여진다. 중계와 해설의 내용으로 방송된다. 이밖에도 개개인의 취향과 재능에 따라 다채롭게 누리는 대상이 된다. 누구나 본인이 즐겁고 잘하는 방식으로 스포츠를 향유할 수 있다.

한마디로 스포츠는 그것 자체로 가장 관심받는 문화 중의 문화로서 성장했다. 이뿐만 아니라 미술, 음악, 건축, 영화 등 모든 문화양식의 주요 소재와 내용이 되고 있다. 스포츠를 잘 모르거나 무시하면 삶의 중요한 행복 요소로서 스포츠의 효능을 활용하고 맛볼 기회는 줄어든다. 단적으로 말해 현대 사회에서 스포츠를 제대로 향유하는 것과 인생을 잘 사는 것은 정비례한다고까지 말할 수 있다.

스포츠 리터러시란 스포츠를 제대로 향유하는 능력이다. 현대인은 스포츠 리터러시가 반드시 필요하다. 나는 스포츠 리터러시를 '운동 소양' (스포츠 소양, 체육 소양)이라고 부른다. 스포츠를 잘 하고 잘 알고 잘 느낄 수 있는 자질이다. 문자 소양과 숫자 소양을 뜻하는 리터러시와 뉴머러시와 함께 스포츠 리터러시는 현대인이 갖추어야 하는 3대 필수 소양이다. 글자와 숫자를 모르면 생활이 불편하듯 운동을 모르면 생활, 더 나아가 인생 자체가 불편해진다.

스포츠 리터러시는 상당히 낯선 용어다. 하지만 그 개념은 사실 새로운 것은 아니다. 사람들은 이미 스포츠를 잘 하고 잘 알고 잘 느끼는 것이 개인과 사회에 매우 중요하다는 사실을 잘 알고 있다. 문화체육관광부나 국민체육공단과 같은 국가 부처와 전담 공공기관이 오래전부터 운영되고 있다는 사실이 그것을 증명해준다. 지난 40여 년간 대한민국은 국민의 스포츠 리터러시 증진과 향상을 위해 노력해왔다.

디지털 리터러시, 미디어 리터러시, 사이언스 리터러시, 심지어 e 스포츠 리터러시라는 용어들이 넘쳐나고 있다. 그런데 우리 일상 속에서 이것들보다 훨씬 더 중요한 스포츠에는 리터러시라는 단어와 개념을 적용해오지 않았다. 나는 오랫동안 그것이 못내 이상하고 안타깝고 못마땅했다. 그래서 스포츠 리터러시라는 용어와 개념을 학술적으로나 일상적으로 강조하며 꾸준히 사용하고 알려 왔다.

이제 우리는 하는 것을 넘어서 보기, 읽기, 쓰기, 듣기, 찍기 등 다양한 방식으로 스포츠를 누리고 즐기는 행위와 자질에 관심을 가

질 때가 되었다. 이것을 스포츠 리터러시라는 개념으로 구체화하고, 2018년 평창동계올림픽 이후 국민체육진흥의 새로운 단계로 올라서기 위한 방향성과 초점으로 검토해야 한다. 1988년 서울올림픽 이후 평창동계올림픽 전까지의 30년은 양적 팽창과 확대의 초점이었고, 매우 큰 성공을 거두었음이 명백하다.

3

한국 스포츠가 이제는 다른 단계에 올라와 있다. 아니, 대한민국 전체가 현재 다른 단계에 진입해 있다. 이 단계는 선진국의 단계, 최고 수준의 단계다. 2020년 코로나를 기점으로 우리나라 문화가 서양 유럽인들을 중심으로 전 세계인들에게 인정받고 있다. 스포츠도 축구나 야구, 골프 등에서 활약하는 한국 프로선수들로 넘쳐난다. 전 세계 방방곡곡에서 한국 스포츠가 선전하는 소식이 들려온다.

스포츠의 인문적 접근을 강조해온 나는 주로 스포츠 전문가들에게 우리나라 스포츠의 새로운 패러다임 전환이 필요하다고 주장해왔다. 그 핵심 내용은 문화로서의 스포츠, 인문적 접근, 스포츠 리터러시로 요약된다. 이것들은 경기로서의 스포츠, 과학적 접근, 스포츠 컴피턴시와 상대된다. 이 아이디어들은 이전 우리나라 스포츠를 위한 패러다임이었다. 이 책은 이 패러다임과 상호보완을 이루는 패러다임의 관점에서, 스포츠를 좋아하는 일반인을 위해 스포츠 리터러시에 근거해서 그 구체적인 모습을 소개해보려는 시도다.

이 책은 1장부터 5장까지는 인문적 스포츠에 대한 전반적인 소개가 주어진다. 스포츠 리터러시에 대한 기본적인 이해를 위한 배경 지식을 제공해준다. 인문학의 주요 영역인 문학, 철학, 종교, 미술의 관점에서 스포츠를 파악하고, 스포츠를 실천하는 활동과 그 결과물에 대한 정보가 주어진다. 이들 장에서 순서대로 각각 인문적 스포츠, 스포츠문학, 스포츠철학, 스포츠종교, 스포츠미술에 관해 설명한다.

이후 6장에서 10장까지는 주제별로 인문적 스포츠와 스포츠 리터러시에 대한 이해를 더 한다. 주제들은 기본적이라고 판단된 것들이다. 이들 장에서 스포츠 종목들의 기원, 스포츠의 개념과 종류, 스포츠가 지닌 교육적 가치, 스포츠의 신비적 차원, 그리고 스포츠 유산과 박물관에 대해 살펴본다. 각 주제에 인문적 관심과 시각으로 우리가 중요시하지 않았던 측면들에 대한 이해를 더한다.

스포츠 리터러시는 단지 우승팀과 선수를 틀리지 않고 기억하는 것, 투수의 승률과 타자의 타율을 정확히 외우는 것 등을 의미하지 않는다. 스포츠 리터러시는 스포츠를 문화 현상으로 바라보고, 그것을 인문적으로 누리고 즐기는 자질을 가리킨다. 그 자질은 당사자의 생활을 더 즐겁게 하고, 궁극적으로 인생 전체를 보다 행복하게 이끌도록 해준다. 스포츠 리터러시가 지금 우리에게 절실하고 소중한 이유가 여기에 있다.

스포츠는 도대체 무엇일까? 스포츠가 현대인의 삶에서 그 중요성이 더해가는 시점에서, 스포츠 리터러시는 우리 각자의 삶이 더 슬거워지고 알차며 만족스러워지는 인생의 기초체력 같은 것이다. 이 책이 스포츠 리터러시에 대한 독자의 관심을 크게 높여주기를 기대해본다.

차 례

프롤로그

1장
스포츠
리터러시를 아는가

스포츠과학의 황금시대 023
스포츠과학의 미다스 터치 026
한국 스포츠 4.0과 인문적 스포츠 028
왜 스포츠 리터러시인가 034
인문적 스포츠 향유하기 036
운동 문맹자와 운동 문명인 039

2장
스포츠로 문학하라

이 소설이 우리에게 말하는 것 046
읽는 스포츠와 스포츠문학 048
낯설지만 낯설지 않은 050
자연과 경기장에서 만나는 문학 052
스포츠 라이브러리를 위하여 060

3장
철학과 함께하는
스포츠

생각을 실행하고 실행을 사고하라 068
스포츠에서 깨우친 삶 069
몸과 기술에 대한 오해 071
우리가 철학이라고 부르는 것들 074
스포츠를 스포츠답게 하려면 076
축구화를 신은 소크라테스 080
스포츠와 철학, 서로 스카웃하라 088

4장	스포츠와 종교의 불편한 관계	096
스포츠와 종교의	신적 수행에서 삶의 덕목으로	098
지란지교	누군가에게는 여전히 거북한	100
	스포츠와 종교의 호혜적 컬래버	104
	달리기가 마음에 말하는 것	106
	믿음으로 뛰고 뛰면서 알리고	111
	협업의 르네상스를 꿈꾸다	112

5장	스포츠를 즐기는 미술관	118
스포츠와 미술의	인류는 왜 그 동작을 그렸을까	120
창의적 융합	올림픽의 미술 사랑, 예술올림픽	123
	역동적인 순간을 위하여	125
	살아 움직이는 듯한 동작들	129
	미술가가 된 스포츠 선수들	131
	움직임을 새롭게 해석하다	132
	창의적인 만남을 기대하며	134

6장	스포츠의 오랜 흔적을 찾아	141
스포츠는 어떻게	인류가 기록한 스포츠	147
시작했을까	필요와 모두를 위한 출발	153
	스포츠가 융성한 이유	161

7장	우리가 'sport'라고 말할 때	171
e스포츠도	그러나 스포츠 진화한다	175
스포츠인가	언제까지 과거에 머물 것인가	177
	멘탈 스포츠, 마인드 스포츠	180
	스포츠 곁의 디지털 스포츠	183
	스포츠를 개념화하라	187
	다시 스포츠란 무엇인가	190

8장	'아테네 학당'에서 만나는 김나시온	197
우리 시대의	김나시온의 체육 공간과 활동	202
김나지움을 위하여	누가 가르치고 배웠을까	205
	온전한 쉼으로써 얻는 것	207
	김나시온이라는 스포츠센터	209
	경쟁에 매몰되지 않는 공간	213
	중심 교육이어야 할 스포츠	214

9장
스포츠
더 깊은 곳으로

로고스와 미토스   224

인간이라는 존재   227

포정이 소를 다루듯   230

스포츠의 숨은 세계에 눈뜨다   234

스포츠 그리고 영적 깨달음   242

스포츠 안의 존과 플로우   247

스포츠, 그 심층을 찾아서   251

10장
스포츠박물관으로
가는 길

우리 모두의 역사여야 할   257

스포츠 유산을 체계화하라   261

스포츠 박물관과 기념관   265

연구 공간에서 버추얼 박물관으로   267

Our Sporting Life   271

박물관 패러다임을 바꿔야   274

스포츠 도슨트와 큐레이터   280

에필로그

주석

1장

스포츠 리터러시를 아는가

최근 서대문에 위치한 서울역사박물관을 다녀왔다. 입장료가 매우 저렴해서 아이들이 어렸을 때는 여러 번 가기도 했다. 아이들이 다 큰 후에는 가보지 않았는데, 특별한 기획 전시가 있어 들렀다. 서울특별시는 1988년 서울올림픽 개최 이후 48년 만에 '2036년 하계올림픽' 유치에 도전한다고 발표했다. 유치 신청을 기념하고 유치 성공을 기원하기 위해 특별 기획전을 마련한 것이다.

특별전시회는 1979년 10월 올림픽 유치 계획을 공식 발표한 후부터 1988년 9월 성공적인 개최까지 10년간을 조명했다. 유치 과정, 개최 성과와 함께 변화된 서울시의 전과 후를 함께 되돌아보는 시간이었다. 내가 체육과로 진로를 결정한 이유도 1981년 올림픽 개최 확정이 큰 몫을 했다. 서울올림픽이 현재 지금 내 모습과 내 인생에 직접적인 영향을 미친 것이다.

대학 전공을 체육과로 결행한 이후 나는 체육과 밀접하게 관련된 삶을 살아왔다. 대학의 체육 선생으로서, 배드민턴과 등산으로 건강을 유지하는 애호가로서, 우리나라 스포츠를 응원하는 팬으로서 체육을 빼놓고는 거의 껍데기만 남을 정도의 일상을 보내고 있다. 이것 외에도 스포츠 기사와 뉴스를 찾아보고 있고, 스포츠 미술전이나 박물관 전시회를 방문한다. 스포츠 관련 소설과 수필 서적을 많이 읽고, 스포츠를 다룬 다큐멘터리나 영화를 시청한다.

한마디로 스포츠를 온갖 방식으로 즐기는 것이다.

　내가 특히 유별난 것은 아니다. 오히려 나는 평균치에 미치지 못한다고 할 수 있다. 웬만한 대한민국 국민이라면 운동만이 아니라 기사와 뉴스, 영화, 책, 미술, 음악, 패션으로, 그리고 그 외의 여러 방식으로 스포츠를 즐긴다. 자신이 좋아하는 갖가지 방식으로 스포츠를 향유한다. 21세기 문화 선진국, 스포츠 선진국 한국에는 다양한 스포츠 소비 방식이 유통되고 있다. 축구 경기를 관전하거나 야구 시합에 응원을 가는 것만이 아니다.

　물론 아직 많은 일반인이 스포츠를 '하는 것' 중심으로 소비하고 있다. 스키를 타고, 수영하며, 야구를 하고, 풋살을 한다. 헬스를 하며, 그룹 홈트레이닝 운동을 하고, 마라톤을 하고, 서핑을 즐긴다. 이것은 당연하다. 스포츠는 하는 것이기 때문이다. 이것 자체는 이상한 것도 잘못된 것도 아니다. 다만 '하는 것'은 스포츠를 즐기는 한 가지 방식에 불과하다. 그만큼 스포츠는 우리에게 다양한 방식과 형태로 향유되고 있다.

　우리는 이 책에서 스포츠를 즐기는 다양한 방식을 들여다볼 것이다. 스포츠를 여러 가지로 즐기려면 특정한 자질이 필요하다. 그 자질을 '스포츠 리터러시(Sport Literacy)'라고 부른다. 스포츠를 잘 하고, 잘 알고, 잘 느끼는 소양, 즉 운동 소양(스포츠 소양, 체육 소양)이다. 스포츠가 일상인 현대인의 삶에서 운동 소양은 필수적인 소양이다. 건강하고 행복한 삶을 누리기 위해 반드시 있어야만 하는 자질이다.

스포츠과학의 황금시대

스포츠 리터러시를 자세히 살펴보기 전에 먼저 살펴봐야 할 것이 있다. 현재 우리는 특정한 방식으로 스포츠를 이해하고 실천한다. 그 방식은 '과학적 방식'이다. 우리는 스포츠를 제대로 수행하고 잘하는 것의 근거를 과학적 지식 위에 둔다. 과학적이지 않은 스포츠하기는 효과적이지 않으며 잘못된 방향으로 틀어진다고 생각한다. 운동생리학, 생체역학, 스포츠심리학, 운동영양학을 바탕으로 경기능력 향상, 정신력 강화를 도모한다.

지난 2024년 파리올림픽을 기념하기 위해 국립중앙과학관에서 기획한 스포츠과학 특별전의 제목은 '승리 공식 사이언스'다. 패럴림픽을 포함한 하계올림픽 경기에서 성공하기 위한 승리 공식, 아니 스포츠에서 승리하기 위한 공식은 스포츠과학임을 알려준다. 스포츠과학이 메달 획득의 해결 방안, 정답이라는 것이다.

뉴스에 따르면 파리올림픽 개막식 하루 전까지 3개월간 열린 전시회 동안 많은 학생과 학부모가 관람했다. 우려를 불식시키고 스포츠와 과학이 호혜적으로 서로 원원하는 관계라는 점을 많은 이들에게 상기시켜 주었다. 스포츠는 과학이라는 든든한 근거를 갖추었고, 과학은 스포츠라는 탄탄한 인기를 얻었다.

하지만 정말로 승리 공식은 사이언스인가? 그것이 유일한 공식인가? 예전에 사이언스의 뒷받침 없이 딴 금메달들은 어떻게 얻은 것인가? 승리 공식을 따른 대가는 전혀 없는가? 그것의 부작

용과 피해야 할 부산물은 없는가? 스포츠의 또 다른 승리 공식은 존재하지 않는가? 무엇보다 스포츠에서 승리한다는 것은 메달이 거니 일등뿐인가? 스포츠에서 승리에 대한 다른 의미와 그것을 성취하는 다른 공식은 무엇인가? 그것은 스포츠 인문학과 인문적 스포츠다.

우리가 사는 현실은 온통 스포츠로 넘친다. 사방팔방을 둘러봐도 현실 공간은 물론 사이버 공간, 인터넷에서도 스포츠, 잡지와 신문 지면에서도 스포츠. 동네 체육센터나 학교 운동장, 생활공원과 강변 둔치에서도 스포츠가 넘친다. 지상파 방송이나 종편 방송들에서도 모두 스포츠가 메인 콘텐츠다.

우리나라만 그런 것이 아니다. 세계만방을 뒤덮은 전 지구적인 현상이다. 한때 영국을 해가 지지 않는 나라라고 했는데, 이제 스포츠야말로 해가 지지 않은 분야가 되었다. 세계는 동서와 남북을 막론하고 하루 24시간 스포츠로 해가 뜨고 해가 진다. 스포츠는 정치, 경제와 함께 인류의 3대 관심사가 되었다.

이와 같은 스포츠 전문 시대에 유독 눈에 띄는 현상이 있다. 그 것은 '과학과 스포츠의 결합'이다. 이미 천생연분으로 판명되었다. 하늘에서부터 맺어진 인연이다. 최상위 수준의 운동 수행을 경쟁하는 장면에서나 동네 헬스 센터에서 흔히 보는 근력 향상과 비만 관리 장면에서나 과학이 기본이다. 과학적인 스포츠가 정상이 되었다.

기본이면서 기준이다. 과학적이지 않은 것은 구태의연한 것, 옳지 않은 것, 더 나아가 나쁜 것, 즉 제거해야 하는 것으로까지 간주한다. 스포츠는 과학이다. 당연하며 당위적이다. 그런 것이며, 그래야만 하는 것이다. 스포츠와 과학은 부부처럼 맺어져야만 하는 운명적인 사이다.

이것은 그 누구도 의심하지 않는 사실이 되었다. 스포츠는 과학적으로 이해되고 과학적으로 실천해야 하는 영역이자 활동으로 여겨졌다. 월드컵이나 올림픽 시즌이 되면 축구공의 물리학, 마라톤의 생리학, 펜싱의 심리학 등이 TV나 인터넷에 자주 등장한다. 승리 공식은 스포츠과학임을 확인시켜 준다.

스포츠과학이 운동 수행을 더욱 성공적이고 효율적으로 이끌어 준다는 사실은 널리 알려져 있다. 육체적인 건강을 증진하는 헬스, 피트니스, 재활에서도 과학적인 이해와 실천은 기본 중의 기본이 되었다. 그만큼 스포츠과학이 떠받쳐지는 분야로 성장했다. 한국스포츠과학원이라는 국가 연구기관이 존재하며, 각 시·도에는 스포츠과학센터라는 공공기관이 설치되었다.

그래서 현대 사회에서 스포츠가 누리는 인기와 영광은 과학의 힘이 가장 크다고 주장하기도 한다. 과학 덕택에 현재의 부귀공명을 누리고 부귀영화가 더욱 보장된 미래가 기다리고 있다고 말한다. 대체로 동의한다. 인정하지 않을 수 없다. 스포츠는 과학의 기반을 든든히 함으로써 사람들의 신뢰와 지지, 기대와 희망을 튼튼하게 쌓아 올릴 수 있는 것이다.[1]

그렇다. 현대 사회의 어떤 분야가 과학의 뒷받침 없이 가능할 수 있겠는가. 그중에서도 스포츠는 과학의 최대 수혜자 중 하나라고 할 수 있다. 앞으로도 과학은 스포츠를 더욱 빛나게 할 것이며, 스포츠는 과학으로 더욱더 빛을 발할 것이다. 과학의 손길은 스포츠에 참으로 행운이라 하지 않을 수 없다.

스포츠과학의 미다스 터치

　산이 높으면 골도 깊은 법이다. 과학은 스포츠에 강한 빛을 주었지만 짙은 어둠도 함께했다. 구체적으로 하나하나 사례를 들기보다는 신화 이야기 하나로 대변해보자. 그리스로마신화로 잘 알려진 미다스 왕의 이야기다.

　신을 경배하는 미다스 왕은 그 답례로 어떤 소원이든 들어주겠다는 제안을 받는다. 미다스 왕은 자기의 손이 닿는 모든 것을 금으로 바뀌도록 해달라고 요청한다. 신은 이 요청을 수락한다. 그 순간 왕이 만지는 모든 것은 황금으로 변하고, 왕은 찬란한 황금으로 변한 자신의 궁전을 보며 뛸 듯이 기뻐한다. 그러나 사랑하는 외동딸이 그의 손에 닿는 순간 황금 동상이 된다. 그토록 원했던 신의 선물이 저주로 변하는 엄청난 재난을 당하자 왕은 다시 신에게 간청해 이 마력을 없애주기를 호소한다.

퍼포먼스 향상을 위한 불법적인 유전자 도핑, 고가의 상비틀 활용한 불공정한 기록 향상, 전자판독기 적용을 통한 스포츠 기계화 등등 스포츠과학으로 전인미답의 경지를 개척해낼 때마다 그에 따른 비윤리적·비인간적·비스포츠적 이슈들이 곧이어 뒤따른다. 그것들이 점차 가중되며 그 무게를 버티기 어려운 시점에 놓인 것이 현실이다.

의도적이든 의도적이지 않든 스포츠과학은 인간의 본능과 욕심을 합리적으로 극대화해 밖으로 드러내도록 했다. 인간 능력의 최대화를 지향하는 과정에서 스포츠에 과학화해서는 안 되는 부분까지도 과학화시켰다. 미다스 왕의 경우처럼 말이다. 스포츠과학의 공보다 과를 드러내려는 의도가 아니다. 공과 함께 과도 생겨났음을 인식해야 한다는 의미다. 그리고 그 과가 일어난 원인을 파악하고 개선하려는 노력을 기울이기 위함이다. 과학의 의도하지 않은 폐해와 폐단은 스포츠에만 유일한 것이 아니다.

다른 모든 분야에서, 심지어 과학 자체 내에서도 발견되고 확산해서 그 치료와 개선을 도모하고 있다. 그 관점과 실천은 과학의 이란성 쌍둥이라고 할 수 있는 인문적 접근이다. 가장 대표적으로 의학계가 있다. 지난 20여 년간 서양에서는 의료 활동과 의사의 자질에 대한 경도된 과학적 접근은 인문적 접근으로 보완, 치유해야 한다는 인식이 대세가 되는 중이다. 의학계의 이런 접근은 의료인문학, 건강인문학, 인문적 의료, 서사적 치료 등의 용어를 만들며 급격히 성장하고 있다. 의료철학, 의료사학, 의료문학, 의료

신학, 의학예술학 등 학문적 토대를 쌓아가며 현실적인 의료 방법을 차근차근 찾아내고 활용해나가는 중이다.

인문적 의학(의료)의 목적은 간단하다. 인간의 의료 활동과 의료 현상은 과학만으로는 총체적으로 이해되거나 개선되기 어렵다. 인문학의 동참이 반드시 요청된다. 수천 년간 인간이 우주와 세상과 인간을 이해하기 위해 축적해 놓은 인문학의 도움이 절대적으로 필요하다.[2]

질병과 건강을 인문적으로 알아차리고 인문적으로 나아지도록 하는 노력을 기울여야만 사람은 더 온전한 상태로 될 수 있다. 의사는 환자를 그런 상태로 되돌리는 존재다. 좋은 의사에게는 과학과 인문학, 과학적 자질과 인문적 자질이 둘 다 필요하다. 즉 인문적 의학의 목적은 온전한 의료행위를 펼치는 것이다.

한국 스포츠 4.0과 인문적 스포츠

이와 같은 이유에서 지나치고 과도한 스포츠과학의 중화제는 스포츠 인문학이다. 이 점을 진지하게 받아들여야만 한다. 스포츠는 과학과 인문학의 양 날개로만 비행할 수 있다. 2020년대 지금 우리 한국 스포츠는 4.0 단계에 진입하는 시점에 있다. 한국 스포츠의 새로운 시대를 여는 지점이다.[3]

한국 스포츠 1.0은 구한말 서양 스포츠가 유입되면서부터 해방을 거치고 6 · 25전쟁 이후 1950년대까지다. 우리나라에 일반인들을 위한 스포츠라는 개념이 널리 퍼지기 전의 단계다. 스포츠가 모두를 위한 것이 아닌, 특별한 소수를 위한 것에 머무른 단계다. 한국 스포츠가 태동했다고 할 수 있는 시기다.

한국 스포츠 2.0은 1960년대 전후 복구와 경제개발이 본격적으로 이루어지기 시작한 단계로, 후진국을 벗어나려는 시기인 1980년대까지다. 전쟁 이후 혼란스러운 사회 속에서 국민적 통합과 국가 자존감의 근원 역할을 해주었다. 이제 막 국내에서 성장과 국제적인 대회 출전이 본격화되기 시작한 걸음마 단계다.

지난 30년간은 한국 스포츠 3.0이었다. 1988년 서울올림픽 이후 1990년대부터 2018년 평창동계올림픽까지의 시기다. 이때는 한국 스포츠가 개발도상국 수준을 벗어나 중진국 수준에 자리잡는 시기였다. 스포츠 선진국의 초입에 들어선 한국 스포츠는 환골탈태, 또는 그 수준은 아니더라도 이전의 껍질을 벗어내고 새로운 피부로 갈아입어야 하는 탈피의 몸부림이 요구되는 시점이다.

스포츠 인문학에 기반을 둔 '인문적 스포츠'가 그 새로운 피부의 이름이다. 스포츠과학에 기초한 '과학적 스포츠'는 한국 스포츠 3.0을 위한 완벽한 강철 피부 역할을 제대로 수행해냈다. 그 과정에서 예상하지 못한 피부 손상과 질환이 생겨났다. 이들 중에서 인문적 치료가 필요한 부위와 질병에 인문적 스포츠를 적용해야만 했다.

비유는 이것으로 충분하다. 도대체 스포츠 인문학에 기반을 둔

한국 스포츠 발전 단계

한국체육 1.0	한국체육 2.0	한국체육 3.0
구한말~1950년대	1960년대~1980년대	1988년 서울올림픽~ 2018년 평창동계올림픽
스포츠 자체가 소개되고 소수만이 참여하던 태동의 시기	전쟁 이후 혼란스러운 사회 속에서 국민적 통합과 자존감을 높여주던 걸음마 시기	생활스포츠가 확산하고 국제 스포츠계의 강국으로 부상한 시기

인문적 스포츠란 무엇인가? 한국 스포츠 4.0을 이끌어 나갈 새로운 동력으로서 인문적 스포츠의 정체는 무엇인가? 그리고 그것의 특징은 무엇인가? 과학적 스포츠와 대비되는 개념으로서 인문적 스포츠는 크게 두 가지 수준에서 이해할 수 있다. 그중 첫째는 패러다임 수준이며, 둘째는 구체적인 활동 수준이다.

패러다임 수준은 말 그대로 스포츠를 바라보는 총체적인 시각, 관점, 철학으로서의 인문적 스포츠다. 패러다임 수준의 인문적 스포츠는 스포츠를 이해하고 실천하는 하나의 일관된 가치체계와 신념 체계를 말한다. 스포츠란 무엇이며, 그것을 어떻게 실행하는 것이 제대로 하는 것인지 일관성 있게 설명하고 알려주는 시스템이다. 스포츠를 파악하는 총체적인 세계관이다. 이는 과학적 스포츠와 대비 또는 상보된다.

반면에 구체적인 활동 수준은 실제로 실행하고 목격하고 체험하는 활동으로서의 인문적 스포츠다. 구체적인 활동 수준의 인문적 스포츠는 우리가 실제로 행하는 것, 그 활동의 결과 등을 지시하며, 감각적으로나 가시적으로 확인할 수 있다. 우리의 일상에서 구체적인 존재나 활동으로서 매일 쉽게 확인되며 실제로 참여해서 경험하는 생활의 일부분으로 곁에 있다.

이 중 두 번째 수준인 '구체적인 활동으로서의 인문적 스포츠'가 우리에게 요긴한 개념이다. 실제적인 수준에서 인문적 스포츠는 다른 표현으로 '인문적으로 향유하는 스포츠' 또는 스포츠를 인문적으로 향유하는 것을 말한다. 이것은 인문적으로 향유하는 스포츠로서의 인문적 스포츠는 '인문적으로 수행하는 스포츠'와 '인문적으로 표현하는 스포츠'로 확인하고 체험할 수 있다.

'인문적으로 수행하는 스포츠', 즉 수행 인문 스포츠는 과학적 지식을 운동을 수행할 때 적용하는 것처럼 인문적인 지혜를 운동을 수행할 때 활용하는 것이다. 스포츠 행위에 문학, 예술, 역사, 철학, 종교적 지혜를 적용해 실행하는 것이다. 이런 행위 자체 및 과정과 그 행위로 얻어진 결과를 모두 인문적으로 수행되는 스포츠라고 부른다. 이는 우리에게 익숙하지 않은 양식의 스포츠다. 스포츠문학적 지혜를 어떻게 스포츠를 향유하는 데 적용할 수 있을까?

'인문적으로 표현하는 스포츠', 즉 표현 인문 스포츠는 운동 수행을 분석해서 그것으로부터 과학적 지식을 추출하는 것처럼 운동 체험에 숨겨진 인문적 지혜를 드러내는 것이다. 이는 문학, 예술, 역사, 철학, 종교적 활동에 스포츠를 소재로 삼아 작품으로 표현하는 것이다. 예를 들면, 선수나 일반인이 오랫동안 스포츠를 해오면서 겪고 느끼고 깨달은 것을 소설이나 수필, 시라는 문학적 양식을 빌려 공유할 수 있다.

이런 행위 자체, 즉 과정과 그 행위로 얻어진 결과를 모두 인문적으로 표현되는 스포츠라고 부른다. 우리 주변에 널려 있는 인문적 양식들을 스포츠를 소재로 향유하는 것이다. 우리는 문명이 시작된 먼 옛날부터 각종 운동으로부터 시, 소설, 회화, 조각, 성찰의 결과를 얻어왔다. 인터넷을 잠시만 검색해도 무궁무진한 숫자의 검색물이 발견된다.

전자인 수행 인문 스포츠는 주로 스포츠를 통한 인성 함양의 목적으로 진행되고 있다. 스포츠윤리센터나 종목별 윤리위원회 등에서 실시하는 스포츠 윤리교육과 스포츠맨십 교육에서 스포츠 영화, 다큐멘터리, 소설이나 자서전 등을 활용하고 있다. 물론 전인교육의 이상을 추구하는 학교 체육 수업과 스포츠클럽에서도 활발히 적용되고 있다.

또한 감독들의 라이벌 팀에 대한 새로운 대응 전략 발견, 선수들의 슬럼프 극복이나 멘탈 스킬 강화에 시, 음악, 회화 또는 자서전을 감상하는 용도로도 활용되고 있다. 과학적 스포츠만큼의 직접적인 향상 효과는 올리지 못하지만, 과학으로 닿지 못하는 측면, 과학의 효과가 다한 영역에서 의미 있는 효과와 간접적인 효용이 조금씩 증명되고 있다.

후자인 표현 인문 스포츠는 현대에 와서 급격한 확대 추세를 보여주고 있다. 국내에서도 지난 10년간 폭발적인 증가 경향이 나타나고 있다. 야구, 축구, 골프 등 인기 종목에 대한 전문가들의 수준 높은 각종 평론집과 수필집이 출간된다. 감독, 선수, 해설가, 기자 또는 골수 팬들의 전문적인 체험과 공부를 바탕으로 재미있고 수준 높은 글들이 세상에 나오고 있다.

특히 아마추어 운동 애호가들이 남녀노소에 상관없이 자신의 운동 체험을 수필, 만화, 웹툰, 블로그, 일기 등 다양한 형태의 글쓰기로 책으로 펴내거나 인터넷에 올리고 있다. 스포츠 초보자에서 스포츠 마니아가 된 모든 과정을 즐거운 글 읽기로 초대한다. 또한 2018년 평창동계올림픽이 촉발제가 되어 각종 스포츠 관련 전시회가 활발하게 열리고 있다.

인문적 스포츠는 이처럼 우리가 인문적 지식, 인문적 안목, 인문적 정신이라고 일컫는 지혜와 관점으로 스포츠의 다양한 측면을 드러내고 부각하며, 그것을 다시 스포츠에 적용해 활용하려는 노력이다. 간단히 말해 스포츠를 인문적으로 향유하려는 시도를 말한다. 마찬가지로 과학적 스포츠는 스포츠를 과학적으로 향유하려는 시도다.

이용하고 적용하고 활용한다는 통상적인 표현보다는 '향유한다'라는 용어가 인문적 스포츠에 보다 더 정확하고 적절하다. 스포츠를 제대로 향유하려면 과학과 인문학이 필요하다. 향유한다는 것은 쉽게 표현하면 즐기는 것이다. 맛나게 체험하는 것이다. 인문적 스포츠는 스포츠를 인문적으로 맛나게 즐기자는 새로운 주장이며 호소다.

왜 스포츠 리터러시인가

우리가 스포츠를 인문적으로 향유하기 위해 필요한 자질은 무엇인가? 나는 그것을 '스포츠 리터러시(Sport Literacy：Sporacy)'라고 부른다. 이를 운동 소양 또는 운동 향유력이라고 한다. 간단하게 정의하면 스포츠를 잘 하고, 잘 알고, 잘 느끼는 소양 또는 자질이다. 반면에 스포츠를 과학적으로 즐기려면 '스포츠 컴피턴시(Sport Competency)'가 필요하다. 이는 스포츠를 잘하는 능력으로, 운동 기량 또는 운동 수행력을 말한다.

우리는 스포츠를 하기, 읽기, 쓰기, 보기, 듣기, 말하기, 부르기, 그리기, 만들기, 모으기, 나누기, 느끼기, 셈하기, 생각하기, 사랑하기, 응원하기 등으로 즐길 수 있다.[4] 이런 다양한 즐기기는 실제로 축구나 달리기를 연습하고 게임하는 '하는 것으로 즐기기(能享有)', 골프 소설이나 역사에 관심을 갖는 '아는 것으로 즐기기(智享有)', 야구팀을 응원하며 후원하는 '느끼는 것으로 즐기기(心享有)'로 나눌 수 있다.

그리고 각각의 즐기기를 제대로 하기 위해 능소양(能素養), 지소양(智素養), 심소양(心素養)이 필요하다. 능소양은 운동을 신체적으로 잘 수행해서 기능을 뛰어난 수준으로 발전하도록 하는 자질이자 능력을, 지소양은 운동에 대한 지식적 내용을 잘 아는 것과 활용해서 분석, 판단하는 자질이자 능력, 심소양은 운동에 대한 열정, 흥미, 애정 등으로 호감을 갖고 좋아하는 마음가짐과 자질을 말한다.

스포츠 리터러시는 능(能)·지(智)·심(心)의 삼차원적 요소로 구성된다. 각 개인은 운동능, 운동지, 운동심, 즉 능·지·심 소양을 지니고 있기 때문에 운동을 능·지·심으로 향유할 수 있다. 운동 능·지·심 소양은 능·지·심 향유를 통해 계발된다. 운동 향유를 통해 운동 소양이 길러지고, 길러진 소양으로 더 나은 향유를 누리는 뫼비우스적 연관성으로 스포츠 리터러시는 자라난다.

하는 것으로 즐기기, 즉 능향유는 설명이 필요하지 않다. 이는 축구나 농구, 수영이나 태권도를 실제로 몸으로 해보는 것이다. 그리고 기술이 나아지고 경기에 참여하면서 더욱더 즐기는 방식이다.

아는 것으로 즐기기인 지향유는 인지적 소양이 관여되는 즐기기다. 스포츠 시, 소설, 자서전, 에세이를 읽는 것, 자신의 스포츠 체험을 글이나 말로 표현해내는 것, 역사적 자료나 학술적 자료를 분석하고 정리해서 연구하는 것, 스포츠 기능을 향상하게 하는 복장이나 기구나 건축물을 개발하는 것 등이다.

느끼는 것으로 즐기는 심향유는 감정과 정서, 마음과 도덕, 영성으로 느끼면서 맛보는 것이다. 특정 팀과 선수의 팬으로서 응원하고 사랑하기, 팀이나 선수와 관련된 각종 스포츠 기념품 사 모으기 같은 팬질, 월드컵이나 종목별 국제 경기대회에서 한국 팀과 선수들 서포트하기, 올림픽 경기나 단일 종목 국제대회 때 자원봉

사나 금전 기부하기, 빙상 경기장 위에 선 적은 없지만 컬링 팀이나 피겨 선수, 쇼트트랙과 스피드스케이팅 선수단을 진심으로 격려하기 등이 그것이다.

포용적으로 말하면 스포츠와 관련된 모든 활동이 '즐기기', 즉 향유하기다. 하는 것만이 즐기기가 아니다. 과학적 스포츠에서 운동하는 것과 응원하는 것만이 즐기기의 범주에 들어온다면, 인문적 스포츠에서는 그 포함 범위가 무한대로 확장된다.

이 때문에 체육인이나 애호가가 아닌 일반인은 그동안 자신이 스포츠를 향유했다는 사실을 의식하지 못했다. 능향유를 하지 않았으니 스포츠를 향유했다고 스스로 의식하지 못한 것이다. 그들은 인문적 스포츠 방식으로 자신이 이미 스포츠를 즐기고 있었다는 사실을 자각한다.

인문적 스포츠 향유하기

이쯤에서 우리 주변에서 진행되는 인문적 스포츠 향유하기, 즉 전통적으로 스포츠를 즐기는 장소인 체육관과 운동장을 벗어나서 즐기는 스포츠의 실례를 들어보자.

우선 도서관에서 책으로 향유하기를 들 수 있다. 일반 초·중·고등학교에서는 학교 도서관에 '스포츠 라이브러리' 코너를 마련해서, 스포츠 도서들을 한 곳으로 모아 학생들의 발길을 끌어들이고 있다. 특히 운동하기만을 좋아하고 책 읽기를 싫어하는 학생들과 운동하기는 싫어하지만 책 읽기를 좋아하는 학생들이 적극적으로 방문해서 도서를 대출하고 있다.

내가 근무하는 대학교에서는 코로나19로 교내 스포츠 활동이 중단된 기간인 2021년 가을 독서의 계절을 맞이해 중앙도서관에서 '읽는 스포츠 도서전'을 개최했다. 도서관 로비 지정 공간에 상설 전시회를 진행했는데, 스포츠를 소재로 한 다양한 종류의 스포츠 도서를 한 달간 일반인들에게 널리 홍보했다. 지금껏 전문서적 위주로 인해 극소수의 관심만 받아온 전시와 달리 학생, 교수, 직원 등 모든 구성원의 관심을 폭넓게 받음으로써 가장 많은 방문객이 찾은 전시회가 되었다.

다음으로 박물관에서 유물로 향유하기를 꼽을 수 있다. 전국적으로 종목별 스포츠박물관이 여러 지역에 흩어져 있다. 제주도에 야구박물관, 강원도에 산악박물관, 경상북도에 자전거박물관, 경기도에 축구박물관 등이 운영되고 있다. 그리고 서울 올림픽공원 내에 국립스포츠박물관이 2026년 개관을 목표로 건축되고 있다.

국립스포츠박물관은 이미 소장품 기부를 받은 지 여러 해로, 각 층별로 구체적인 플로어 플랜이 마무리된 상태다. 이를 통해 선진국처럼 다양한 스포츠 물품과 기록이 스포츠 유물로 인정받아 국가적 차원에서 보존되고 후손에게 유산으로 물려줄 수 있게 되었다. 박물관은 국가의 자존감을 키워주는 곳으로, 특히 청소년에게 교육적으로 높은 가치를 지닌 인문적 스포츠의 대표적인 보기다.

미술관에서 작품으로 향유하기는 어떨까? 회화, 사진, 영상, 그리고 조각 등 스포츠를 소재로 제작한 다양한 미술작품을 감상하는 것으로, 최근 더욱 활발하게 전개되는 장르라고 할 수 있다. 전시 제목만으로도 상당한 분량이 되며, 박물관을 비롯한 여러 곳에서도 미술작품 전시가 진행되고 있다. 대표적으로 담양우표박물관의 2018년 평창동계올림픽 기념우표전시회, 양평군립미술관에서 진행한 스포츠와 미술놀이전, 롯데 에비뉴엘 아트홀의 축구아트특별전 'We Draw Football', 소마미술관의 '스포츠×아트 스테이션', 플레이디자인, DDP 디자인박물관의 'Play On', 성수동 카페쎈느의 'Experience the Arcane'(e스포츠), Ready, Set, 동탄아트스페이스의 'Art!', 소마미술관의 '몸∞맘: 몸과 맘의 뫼비우스', 울산 문수축구경기장의 '반갑다 축구야: 축구를 그리다' 등이 있다.

물론 과학관에서도 스포츠는 매우 반가운 주제다. 과학 원리는 스포츠 기술이나 장비 등을 통해 구체적이고 쉽게 이해할 수 있다. 국내 과학 교과서에서는 오래전부터 스포츠를 사례로 우리 주변에서 쉽게 이해할 수 있는 과학적인 현상과 원리를 설명해왔다. 공공 과학관에서 올림픽이나 큰 스포츠 행사와 연계해서 첨단 과학기술과 스포츠의 상부상조 관계를 설명하는 사례가 증가하고 있다. 국립대구과학관에서는 2024년 파리올림픽 개최 기간에 맞춰 '과학으로 보는 스포츠'라는 주제로 기획 전시회를 열었다.

극장, 연주장을 통한 공연장에서 향유하기도 있다. 국내 스포츠

관련 공연으로 국제직으로 널리 알려진 행사는 울산울주세계산악
영화제다. 2015년 영남알프스 산악관광사업의 일환으로 울주군
에서 시작했으며, 실내와 야외극장에서 전 세계 최고의 영상 작품
을 통해 산과 인간과 인생의 의미와 가치를 몸과 마음으로 느끼고
깨닫는 기회를 제공해준다. 이 행사는 전 세계적으로 유일한 국제
산악영화제다.

서울시립교향악단에서는 '음악과 스포츠: 대단히 쾌활하게' 라
는 토크 콘서트로 올림픽 개·폐막식에서 사용된 음악을 귀와 말
로 즐기게끔 해주었다. 연극 무대에서도 스포츠는 인기 있는 소
재가 되고 있다. 권투를 소재로 한 〈파이터〉, 헬스장을 무대로 한
〈자메이카 헬스클럽〉, 고등학교 유도부를 다룬 〈유도소년〉, 여자
농구가 배경인 〈레몬 사이다 썸머 클린샷〉, 3대3 농구대회를 다룬
〈미스 매치〉, 댄스 스포츠를 다룬 〈패밀리 비즈니스〉, 스포츠 연
극의 대표작이 된 〈이기동 체육관〉 등이 있다.

운동 문맹자와 운동 문명인

이제 스포츠 리터러시는 부정할 수 없이 현대 사회에서 가장 중
요한 3대 리터러시 중 하나가 되었다. 3대 리터러시는 문자 소양
인 리터러시(literacy), 숫자 소양인 뉴머러시(numeracy), 운동 소
양인 스포러시(sporacy)다. 리터러시와 뉴머러시가 없거나 부족

한 이들을 각각 문자맹과 숫자맹이라고 부른다. 운동 소양이 부족하거나 부재한 사람은 운동맹이라고 할 수 있다.

스포츠는 현대 사회를 대표하는 문화 중의 문화로 현대인의 삶에 절대적인 위치를 차지하고 있다. 운동 소양은 문화 소양의 하나다. 그러므로 운동맹은 문화맹이다. 스포츠 리터러시는 하나의 문화 자본이 되어, 스포츠 리터러시를 많이 가진 것과 그렇지 못한 것은 삶의 질과 양 모두에서 큰 차이를 만들고 있다.

행복한 삶의 질은 어떤 문화를 얼마나 향유하는가에 많이 의존한다. 행복의 양이 성적순은 아니라지만 문화의 양과 질에 비례하는 것은 명확하다. 문화를 양적·질적으로 향유할 기회를 갖지 못하는 문화맹으로서의 운동맹은 행복한 삶을 누릴 기회를 얻지 못한다. 운동 소양이 부족한 이는 문화 자본 부족으로 인한 행복 빈자(貧者)가 될 가능성이 커진다.

우리나라는 전 세계에서 문맹률이 가장 낮은 나라다. 문맹국이라는 오명을 벗어난 지 이미 오래다. 오히려 우리나라는 이제 문명국이다. 문명국은 문화선진국을 말한다. 최근 K팝, K드라마, K무비 등이 전 세계적인 문화 현상으로 이미 증명되었다. 음악가나 무용가, 미술가 역시 세계적인 수준에 올라가 있다. 국내에서도 행정고시 합격자들이 가장 일하고 싶어 하는 정부 부처가 문화체육관광부인 것은 결코 우연이 아니다. 인기 있는 분야에서 세계적인 수준으로 행복하게 일할 수 있기 때문이다.

사실 우리나라는 국제적으로 이미 스포츠 선진국으로 인정받고 있다. 세계직인 수준과 규모의 국제대회 유치 실직은 물론이고 종합 스포츠 대회에서 10위권 내의 성적을 꾸준히 유지하고 있다. 국제 스포츠 단체에 한국인 임원의 임명이 증가하고 있으며, 국제 스포츠 무대에서 한국을 무시하거나 가볍게 여기지 못한다.

하지만 우리의 스포츠 리터러시 수준은 아직 운동맹을 벗어나지 못하고 있다. 인문적 스포츠에 대한 인식이 여전히 높지 않다. 아니, 매우 낮은 수준이다. 운동 문맹자(국)를 벗어나 운동 문명인(국)으로 우뚝 설 그날까지 인문적 스포츠에 대한 집중적인 투자와 관심이 절대적으로 요청된다. 이 책은 그런 관심과 투자를 촉구하기 위한 작은 노력이다.

2장

스포츠로 문학하라

내 손에 책이 한 권 있다. 표지에 야구공이 있다. 흙이 묻은 거친 표면과 촘촘히 꿰맨 실밥이 두드러진 야구공이다. 양옆으로 짧은 녹색 띠들이 있고, 좌우에 작은 글자들이 쓰여 있다. 오른쪽 상단에 제목임이 분명한 '불펜의 시간'이, 왼쪽 상단에는 '제26회 한겨레문학상 수상작'이라는 설명이 적혀 있다. 무슨 내용인데 유명 문학상까지 받았을까 하는 궁금증이 강하게 솟구친다.

시선을 내려 아래쪽 하단에 '김유원 장편소설'이라는 문구를 보았을 때야 비로소 이 책이 야구 소설이라는 것을 깨닫는다. 제목도 마무리투수가 몸을 푸는 '불펜'이라는 야구 용어이며, 표지 사진도 야구공 6개다. 이런 힌트로 일단 야구를 제목과 소재로 한 소설이라는 것이 명백해진다.

그런데 만화나 영화도 아니라 소설이라니! 그것도 주로 아이들이나 마니아층을 대상으로 한 동화나 웹소설이 아니라 권위 있는 문학상을 받은 정식 소설이라니! 우리나라에서도 정통 문학에서 등장인물, 사건, 맥락 전체가 스포츠인 소설이 나타난 것이다. 이에 그친 것이 아니라 이 작품은 유수 문학상까지 받았다. 스포츠와 문학의 행복한 만남이 적어도 작가와 평론가에 의해 인정받은 것이다. 독자들이 스포츠문학을 얼마나 인정해주느냐는 또 다른 문제이지만.

이 소설이 우리에게 말하는 것

불가능은 없고 어떤 것도 가능한 세상이라고는 하지만, 이런 결합이라니 반갑지 않을 수 없다. 스포츠와 문학의 합체, 스포츠문학이라니! 아무리 융합의 시대라고는 하지만 스포츠문학이라니! 대부분의 독자에게 참으로 신선하고 창의적인, 또한 어리둥절하고 어안이 벙벙한 발상이 아닐 수 없다. 이 참신함, 인정하지 않을 수 없다. '스포츠문학(sport literature)'은 기발한 착상이 아닐 수 없다.

통상적인 시각에서 본다면 지금까지 체육인과 일반인을 비롯해 대한민국의 거의 모든 사람에게 스포츠문학이란 난데없는 개념이다. 용어 자체를 처음 들어보았거나 낯설다. 스포츠 '서적'이면 몰라도 스포츠 '문학'이라니? 어울리지도 않고 가당치도 않은 연결이다. 하급문화인 스포츠를 어찌 고급문화인 문학에 갖다 붙인단 말인가? 작가들에게는 문화적·문학적 하극상이라고까지 간주할 수준의 역발상이다.

하지만 정말 그런가? 스포츠와 문학의 신분은 그만큼 멀리 떨어져 있는가? 서로 함께하지 못할 만큼의 격차로 머나먼 사이인가? 스포츠와 문학의 본분, 성분은 그만큼 서로 다른가? 그리고 국내외를 막론하고 스포츠와 문학의 만남은 지금까지 전혀 없었는가? 사실을 말하자면 전혀 그렇지 않다. 스포츠문학은 오래전부터 있었으며, 국내에서도 이미 진행하고 있지만 눈에 띄지 않은 문화현상이나.

스포츠문학은 아주 간단히 정의하면 스포츠를 주요 소재로 하는, 또는 스포츠가 주된 배경이 되는 문학을 말한다. 예를 들면 한 중학교 축구부의 부원, 감독, 학부모, 친구를 중심으로 벌어지는 성장소설이 있을 수 있다. 이 소설은 청소년문학이면서 동시에 축구문학이다. 미국 스포츠문학 연구의 개척자인 마이클 올리아드 교수는 스포츠소설을 이렇게 정의하는데, 스포츠문학으로 바꾸어 읽어도 하등 차이가 없다.

> 스포츠소설은 스포츠가 중요한 역할을 하거나 스포츠가 주요 배경으로 설정된 소설이다. 스포츠소설은 단순히 선수가 등장하는 소설이 아니라, 선수와 그의 상황에 대한 이해를 그가 현재 하고 있거나, 예전에 했거나, 관람하는 스포츠의 기본적인 의미 속에서 진행시키는 소설이다.[1]

문학은 통상적으로 산문과 운문, 즉 소설, 수필, 희곡, 시 등의 장르를 말한다. 스포츠문학은 스포츠를 주요 소재로 하거나 스포츠가 주요 배경이 된 소설, 시, 수필, 희곡, 자서전 등을 의미한다. 서구 선진국에서는 이미 상당 기간 스포츠문학이 숙성했고, 우리나라에서도 2000년대 들어, 특히 지난 10년간 급격한 성장세를 보인다. '한국' 스포츠문학이라고 부를 수 있을 정도의 태동이 느껴지고 있다.[2]

읽는 스포츠와 스포츠문학

　나는 스포츠와 관련된 다양한 읽을거리를 '읽는 스포츠'라고 부른다. 읽는 스포츠는 '하는 스포츠'(경기, 연습), '보는 스포츠'(관람, 시청)와 함께 3대 스포츠라고 할 수 있다. 그만큼 우리는 스포츠 읽기를 많이 한다. 물론 우리가 하는 대부분의 스포츠 읽기는 시합 결과를 알 수 있는 경기 점수나 승패 기록이기는 하지만 말이다. 스포츠 하기, 보기, 읽기를 모두 체험하는 것을 '스포츠 삼기일체'라고 할 수 있다.

　스포츠문학은 읽는 스포츠의 대표적인 하위 장르 가운데 하나다. 읽는 스포츠에는 스포츠문학적 문헌 이외에도 서적, 신문과 잡지 기사, 블로그, 칼럼 등 매우 다양한 형태의 읽을거리가 있다. 종이와 디지털 문서에 적혀진 모든 양식의 문자문서들이 포함된다. 하지만 통상적인 스포츠문학의 읽을거리는 손쉽게 접하는 매체 양식에는 소개되지 않는다. 상품성 부족을 이유로 개인적인 수준의 블로그나 전문성 높은 잡지 등에 한정적으로 소개될 뿐이다. 다만 최근 국내에서 특히 하나의 독립된 장르를 크게 이룬 스포츠 웹소설과 웹툰은 예외다.

　여타 읽는 스포츠 장르와 구별되는 스포츠문학의 특징은 체험과 느낌과 생각과 상상을 하나로 버무린 순수 창작물이라는 점이다. 스포츠문학은 팩트, 즉 경기나 선수에 관한 사실적인 정보를 독자에게 전달하는 것이 주된 목적이 아니다. 증거를 바탕으로 작가가 전달하고자 하는 바를 설명하거나 논증하는 것이 아니라 서사적인 묘사를 통해 이야기로 들려주는 것이다. 영문학 교수 로저 로빈슨은 2003년에 펴낸 《문학 안의 달리기(Running in literature)》에서 이렇게 말한다.

사랑에 빠지거나 싸움을 하거나 여행을 하는 것과 같이 인간이 겪는 강렬하고 뇌리에 남는 대부분의 체험은 그에 관한 서적이나 이야기들로 남겨진다. 그 이야기들은 우리에게 그 체험들을 이해하고 명료히 그려내는 것과 함께, 우리의 인식과 생각을 다른 사람들의 그것과 연결해주는 데 도움을 준다. 문학은 우리에게 스스로가 겪은 체험들을 이해하고 묘사하도록, 혹은 아직 체험하지 못한 것들을 상상하도록 도와준다. 문학은 인간 문화의 한 부분으로서 가치 있는 텍스트들을 창조해냄으로써 그런 체험을 유효한 것으로 인증해준다.[3]

이야기를 남기는 강렬하고 뇌리에 남는 체험 중 대표적인 것이 스포츠다. 스포츠는 애초에 문학적 유전자를 지니고 태어났다. 우리는 최근에서야 이 사실을 더욱 명확히 확인하고 있을 뿐이다. 스포츠 경기와 참여에는 이기고 지는 것, 짜릿함과 후련함 외에도 다종다양한 정서와 생각과 깨우침이 들어 있다. 이것들은 매우 개인적이지만, 스포츠문학은 이 개인적인 세계를 공적인 수준에서 드러내어 독자들에게 공감과 간접체험을 가능하도록 돕는다.

낯설지만 낯설지 않은

대부분의 서양 문학이 그렇듯이 스포츠문학의 시원도 호머의 서사시 《일리아드》에 나오는, 아킬레우스의 절친으로 헥토르에게 죽임을 당한 파트로클로스를 기리는 장례 시합에서 행해진 전차경주, 권투, 레슬링, 달리기, 창 결투, 원반던지기, 활쏘기, 창던지기에 대한 묘사라고 볼 수 있다. 아킬레스는 각 경기의 승자에게 개인적으로 상을 수여했다.

하지만 현대적인 의미의 스포츠문학은 1857년 영국 작가 토머스 휴즈가 유명한 럭비학교를 배경으로 한 《톰 브라운의 학창시절》이라는 데 스포츠문학 전문가들의 의견이 일치한다. 이후 남자아이들을 대상으로 한 성장소설 《프랭크 메리웰 이야기》가 17년간이나 연재되면서 공전의 히트를 쳤다. 서양인들도 인정하듯 이후 스포츠의 문학적 성장은 미국이 이끌었다.[4]

청소년 소설들은 장안의 지가를 높이기는 했지만 수준 높은 정통문학의 대열에는 오르지 못했다. 1920~1930년대 미국 작가 프랜시스 스콧 피츠제럴드나 어니스트 헤밍웨이 등이 스포츠팬임을 공공연히 밝히고 운동선수들을 작품에 등장시키면서 인식이 달라지기 시작했다. 이후 1952년 불운의 천재 투수를 주인공으로 등장시킨 버나드 맬러머드의 데뷔작 《내추럴》은 미국 현대문학의 고전이 되면서 스포츠문학이 문학적으로 새롭게 인정받는 전기를 마련해주었다.

1970년대 경제 안정과 TV 보급으로 스포츠가 미국인의 생활과 문화에서 매우 중요해지고 우수한 기자와 뛰어난 작가들이 나타남에 따라 스포츠 저널리즘과 문학의 기틀이 견고해지기 시작했다. 소설과 시에 집중하는 순수 스포츠문학 작가와 에세이집과 자서전을 주로 쓰는 스포츠저널리즘 작가의 구분이 생겨났다. 《아이언위드》, 《슈즈리스 죠》 등 1980~1990년대에 들어와 진지한 문학적 성과를 얻은 작품들이 쏟아지면서 중흥기를 맞는다.

　　반면에 고급문화와 저급문화의 구분이 분명하지 않던 유럽에서는 20세기 중반까지도 스포츠가 문학의 주요한 소재가 되지 못했다. 스포츠 종주국이라는 자부심을 가진 영국에서도 예외는 아니었다. 1950~1960년대 〈장거리 주자의 고독〉 같은 단편소설이나 럭비 리그를 소재로 한 《이 같은 스포츠 인생》 정도가 프롤레타리아문학으로서 주목을 받았다. 미국보다 늦은 1990년대에 들어와서야 비로소 문학적 수준을 인정받는 작품들이 나타난다. 1992년 닉 혼비가 쓴 《피버 피치》가 권위 있는 문학상인 '윌리엄 힐 스포츠문학상'을 수상하면서 양질의 축구문학 작품들이 쏟아지기 시작한다.[5]

　　우리나라는 스포츠문학이라는 문학 장르가 아직 제대로 형성되어 있지 않다. 물론 스포츠문학이라고 부를 수 있는 성격의 작품들은 1970년대부터 이미 존재해왔다. 《삼미 슈퍼스타즈의 마지막 팬클럽》이 2003년 세상에 나왔지만 그 양과 질적인 면에서는 아직까지도 태동 단계를 벗어나지 못하고 있다. 다만 최근 문단의 작가들이 스포츠를 소재로 한 문학작품을 선보이는 빈도가 증가하고 있다. 특히 2021년은 스포츠문학사에서 한 획을 그은 해라고 할 수 있다. 야구를 소재로 한 《불펜의 시간》이 한겨레문학상을 탔으며, 수영을 소재로 다룬 《5번 레인》은 문학동네 어린이문학상을 수상했다.

자연과 경기장에서 만나는 문학

가장 많은 스포츠 문헌을 생산한 종목은 무엇일까? 스포츠문학에 한정해서 말한다면 어떤 종목일까? 구체적인 데이터가 부족하고 개인적인 추측이기는 하지만 등산일 가능성이 크다. 인간이 가장 오랫동안 해온 스포츠 중 하나이기 때문이다. 절대의 자연을 상대하며 생과 사의 갈림길에 선 인간으로부터는 수많은 스토리가 이루어질 수밖에 없다. 물론 등산보다는 늦게 태어난 스포츠이지만, 전 세계적인 인기를 구가하는 축구도 후보자가 될 수 있을 것이다. 스포츠문학의 특별한 관심을 받은 등산, 야구, 축구, 골프 종목을 중심으로 대표적인 문학 작품들을 살펴보자.

등산은 우리나라의 스포츠문학에서 가장 먼저 발달한 종목이라고 할 수 있다. 산책(山册), 산서(山書)라는 표현이 일반화되었다. 전문 등산인이면서 등산문학도인 김영도는 산에 대해 읽기는 산에 직접 오르기만큼이나 중요하다고 강변한다. 그는 《산에서 들려오는 소리》에서 등산가의 산서 중요성을 강조하며, 산책의 독서가 빠진 산행은 수준 낮은 산행이자 우물 안의 체험에 그칠 뿐이라고 주장한다.

산악인들은 저마다 고산과 거벽에 꿈을 꾸는데, 당연하다면 당연한 일이지만 등산 세계는 거기에 그치지 않는다. 등산에서는 산서의 세계가 따로 있다. 물론 산서는 등산을 떠나 존재하지 않지만, 등산에 산서가 따르지 않으면 그 세계는 무료하고 무의미하다. 결국 알피니스트가 산서를 멀리할 때 그의 산행은 제아무리 높이 올라도 수준 낮은 산행이며, 그의 체험은 자기의 울타리를 벗어나지 못한다.[6]

1970~1980년대 연애소설 작가로 널리 알려진 박범신이 2008년 산악 조난 소설 《촐라체》를 내어 화제가 되었다. 아버지가 다른 두 형제가 촐라체 북벽에서 6박7일 동안 겪는 조난과 생환 과정을 손에 땀을 쥐게 하는 긴박감으로 써냈다. 이 작품은 산악인 박정헌과 최강식의 생존 실화를 모티브 삼아 소설화한 것이다.

박정헌은 2005년 본인들의 겪은 실제 사투를 《끈》이라는 논픽션 작품으로 내놓아 산악인은 물론 일반 독자들을 감동의 소용돌이 속으로 몰아넣기도 했다. 국내에서는 산악 에세이가 산악문학 가운데 가장 발달된 장르로서 전문가와 아마추어를 막론하고 꾸준히 출판되고 있다. 1999년 국내 베스트 산악 도서로 선정된 정광식의 아이거 북벽 도전기 《영광의 북벽》도 산악수필이다. 등산 작가 심산은 에세이집 《산과 역사가 만나는 인문산행》에서 산과 역사를 하나로 묶은 새로운 장르를 개척하고 있다.

산을 다룬 시는 삼국시대부터 그 수를 헤아릴 수 없다. 국내 산시의 최고로는 이성부 시인을 꼽는다. 그는 《작은 산이 큰 산을 가린다》, 《지리산》, 《도둑 산길》 등 산과 산행만을 소재로 여러 권의 시집을 상재했다. 자신이 직접 모든 산길을 걸어 오르면서 체험하고 느낀 소회를 적확한 시어들로 옮겨준다. 김기섭 시인의 《달빛 등반》도 오로지 산행 체험과 사색만으로 얻은 56편의 시를 싣고 있다.

등산이 우리나라 스포츠문학에서 가장 먼저 발달한 종목이라면, 야구는 국내에서 인기도 면에서 축구 다음이지만 소설, 자서전, 에세이, 시 등 스포츠문학 측면에서는 축구에 앞서 있다. 야구소설은 숫자적으로 축구에 압도적인 우위를 차지하고 있다. 한겨레문학상 수상작인 김민규의 《삼미 슈퍼스타즈의 마지막 팬클럽》이나 김유원의 《불펜의 시간》처럼 문학적 가치를 확인받은 작품들이 눈에 띈다. 제1회 수림문학상을 수상한 최홍훈의 《훌리건 K》도 있다.

골프와 함께 가장 문학적인 스포츠라고 불리는 야구는 우리나라 작품은 물론 야구가 국기나 마찬가지인 미국과 일본의 소설들도 다수 번역되었다. 특히 문학성을 크게 인정받은 채드 하바크의 《수비의 기술》은 미국의 한 대학교를 배경으로 '인생의 그라운드에 느닷없이 찾아오는 위기를 수비하는 기술'을 깊이 늘여다보게 한다.

야구선수나 감독, 야구전문기자나 아마추어 야구팬들의 야구 사랑 에세이집은 매년 20~30편씩 출판되는 실정이다. 《야구는 선동열》처럼 은퇴한 야구인들의 야구론이나 《박찬호, 끝이 있어야 시작도 있다》 등의 인생론, 《이태일의 인사이드 피치》로 대표되는 야구기자의 야구 코멘터리는 물론 야구 사생팬의 에세이집인 《야구도 널 사랑해줬어?》와 《행복이 이글이글》도 있으며, 아마추어 야구팬의 탐구 에세이집 《메이저리그 견문록》 등이 눈에 띈다.

야구는 '시인의 게임'이라고 할 정도로 시적 순간을 다채롭게 만들어낸다. 사회인 야구팀에 소속된 김요아킴 시인은 본인이 겪은 야구의 시적 순간들을 시어로 잡아내어 시집 《왼손잡이 투수》로 묶었다. 하린 시인은 어려운 가족 이야기를 직구, 슬라이더, 포크볼, 커브, 마구라는 《야구공을 던지는 몇 가지 방식》으로 풀어낸다.

야구와 달리 축구는 그 인기도에 비해 문학적 차원으로 그다지 성숙해 있지 않다. 강경애의 단편소설 〈축구전〉이 1933년 발표된 이후 제대로 인정받은 축구소설이 한 편도 없다. 김별아의 《축구전쟁》이나 박현욱의 《아내가 결혼했다》가 최소한의 면목을 지켜주고 있는 실정이다. 다만 청소년 부문에서는 우수 작품들이 있다. 최근 조경숙의 《조선축구를 지켜라》가 축구를 소재로 일제하의 자주적 의식을 일깨우고, 유우석의 《축구왕 이채연》이 축구를 통해 여자아이들의 우정과 주체성을 되찾는 과정을 엿보게 한다.

응원으로는 세계 최고 수준인 한국인들의 열정도 시심으로는 전환되지 못했다. 잘 알려진 축구시인은 최영미로, 〈정의는 축구장에만 있다〉 등 여러 편의 축구시를 시집 《돼지들에게》에 실었다. 일반인들에게 잘 알려진 축구시로는 문정희의 〈축구〉가 가장 유명할 것이다. 축구가 남성의 스포츠라는 상식과는 달리 축구를 사랑한 이 두 시인은 모두 여성이다.

언어가 아닌 것을 주고받으면서
이토록 치열할 수 있을까
침묵과 비명만이 극치의 힘이 되는
운동장에 가득히 쓴 눈부신 시 한 편
90분 동안
이 지상에는 오직 발이라는
이상한 동물들이 살고 있음을 보았다.   – 〈축구〉(문정희)

선수와 감독의 자서전은 축구 종목에서 가장 활발하게 소개되고 있다. 박지성, 손흥민 등 해외파 선수들과 함께 해외 축구인들의 질 높은 작품이 국내에 소개되고 있다. 감독 자서전으로는 알렉스 퍼거슨의 《나의 이야기》와 선수, 감독, 행정가로서 팔방미인이었던 요한 크루이프의 《마이 턴》이 유명하다. 선수 자서전 중에는 즐라탄 이브라히모비치의 《나는 즐라탄이다》가 스웨덴 최고 문학상인 오거스트 프라이즈 논픽션 부문 2012년도 후보로 올랐을 만큼 뛰어나다.

전문가 뺨치는 일반인 팬들의 에세이도 활발히 출간되고 있다. 특히 젊은 에세이스트들이 유쾌 명랑한 문체로 읽는 즐거움을 제공하고 있다. 《괜찮고 괜찮을 나의 K리그》의 박태하는 재치 있는 언어력으로 관중 없는 한국 K리그에 무한 애정을 쏟는 찐팬들의 응원 생활이 펼쳐지는 파란만장한 현장을 실감하게 해준다. 김혼비는 동네 생활체육 아줌마 축구단에 참여하며 겪은 우여곡절과 희로애락의 세계를 《우아하고 호쾌한 여자축구》에서 배꼽 잡을 글 솜씨로 보여준다.

골프는 현대 인기 스포츠 가운데 역사가 매우 오래된 종목 중 하나다. 국내외 스포츠문학의 주요 보고 중 하나이기도 하다. 우리나라는 박세리 이후 폭발적으로 증가한 골프 인구 덕분에 골프문학 분야도 꾸준히 성장하고 있다.

국내외의 골프 소설은 풍요 속의 빈곤이라고 할 수 있다. 번역된 작품도 다수이지만 대부분 신비주의적 삶의 깨달음을 다루는 것들이다. 그 가운데 《내 생애 최고의 골프》는 1970년대부터 세계 골프팬들에게 널리 알려진 베스트셀러다. 2000년대 초반 아버지와 아들의 골프 여행을 소재로 한 《마지막 라운드》가 널리 읽힌 적이 있다. 국내 작가의 본격 소설로는 김홍구의 《사랑과 골프》가 있다.

시는 골프와 가장 가까운 거리에 있는 듯 보이지만 우리나라 현실에서는 교감이 거의 없는 상황이다. 다양한 직종과 관심을 지닌 수백만의 골프 인구가 무색하게 골프시의 부재가 부끄러운 수준이다. 시인이자 작가인 이종현의 《시가 있는 골프》가 그 빈자리에 홀로 서 있다.

다만 골프 에세이는 매년 수십 권씩 쏟아져 나오고 있다. 골프 확산 초창기인 2000년 초반에는 번역서 위주였으나 이제는 전문 작가와 아마추어 골퍼들의 다양한, 그래서 수준도 천차만별인 수 필집이 지천에 널려 있다. 게리 플레이어를 비롯한 유명 프로골퍼들의 스승이던 하비 페닉의 《리틀 레드북》이 가장 유명하고 품위 있는 수필집일 것이다.

국내의 1세대 골프에세이스트인 방민준은 동양철학과 해박한 인문학적 지식을 잘 버무려 오랫동안 골프수필의 모범이 되었고 최근 《골프 오디세이》로 그 정수를 보여준다. 골프장을 중심으로 골프의 인문적 차원에 대한 이해를 높여주는 저술로는 해외 골프 장을 다룬 《골프의 정신을 찾아서》, 국내의 《한국의 골프장 이야 기》가 눈에 띈다.

※ 스포츠문학의 고전이 된 작품들

《끈 이론》(데이비드 포스터 월리스): 주니어 테니스선수였던 요 절한 현대 미국 최상의 작가가 생전에 테니스에 관해 적은 최고 의 테니스 에세이와 기사들.

《나는 아무래도 산으로 가야겠다》(김장호): 한국의 산들을 오르고 산에 얽힌 옛이야기와 사신의 삽회를 품위 있게 서술한 산행 수필의 고전.

《내 생애 최고의 골프》: 스코틀랜드 버닝 부시에서 낯선 이와 함께한 신비로운 골프 라운딩을 체험한 후 깨달은 골프의 신비를 전개하는 소설.

《내추럴》(버나드 맬러머드): 순간의 실수로 몰락한 후 인생 후반에 다시 찾아온 기회조차 되살리지 못하는 비운의 천재 야구선수를 다룬 소설.

《달리기와 존재하기》(조지 쉬언): 달리기의 존재론적 차원에 대한 인문적 성찰로 얻은 철학적 깨달음이 가득 담긴 문예적 색체의 사색록.

《리틀 레드북》(하비 페닉): 60여 년간 아마추어와 프로선수들을 지도한 경험으로부터 깨달은 골프의 방법과 철학을 지혜롭게 서술한 수필집.

《머니볼》(마이클 루이스): 최약체의 야구팀을 통계분석에 근거해 최저예산과 최대효율로 운영해서 최고 성적을 얻어낸 오클랜드 야구단의 성공담을 다룬 소설.

《배거 밴스의 전설》(스티븐 프레스필드): 힌두교 경전 《바가바드 기타》의 비폭력 철학을 1930년대 조지아주 사바나에서 한 골프시합에 옮겨 전해주는 소설.

《베어 타운》(프레드릭 배크만): 아이스하키를 이용해서 작은 마을에 활력을 일으키려는 파워 그룹과 진실을 들춰내어 정의를 되찾는 소수의 대적을 다룬 소설.

《산과 역사가 만나는 인문산행》(심산): 한국의 산을 오르며 그 안에 담긴 역사를 인문학적으로 찾아내고 풀어내고 맛보는 인문산행을 시도한 에세이집.

《삼미 슈퍼스타즈의 마지막 팬클럽》(박민규): 낙오자여도 이 어지러운 세상에서 버텨낼 수 있음을 꼴찌 프로야구팀 팬에 빗대어 재기발랄한 문체로 보여주는 소설.

《오픈》(안드레 애거시): 1980~1990년대 세계 테니스계를 휩쓴 천재 선수 안드레 아가시의 시합 철학과 인생관에 관한 솔직담백한 자서전.

《칼과 그림자》(양선규): 검도를 연습하고 수행함으로써 자신과 인생과 타인에 대한 깨달음에 이르는 일기 소설.

《피버 피치》(닉 혼비): 평생을 축구에 웃고 울며 살아가는 아스널팀 열혈팬의 창의력과 유머 가득한 자서전적 수필집.

《활쏘기의 선》(오이겐 헤리겔): 독일 철학자가 1920년대 일본에 체류하는 6년 동안 배운 궁도와 선에 대한 철학적 사색.

스포츠 라이브러리를 위하여

스포츠문학은 스포츠와 문학 양쪽에 도움이 된다. 문학을 살려내고 스포츠를 고양한다. 문학은 독자의 시선을 소설과 시로 다시

놀리며, 스포츠는 문학으로 좀더 성숙하고 싶은 자원을 드러낼 수 있다. 관중은 독자가 되고 독자는 관중이 되면서 스포츠와 문학은 서로 윈윈하는 사이가 된다. 스포츠가 갖는 대중성과 문학이 갖는 교양성으로 서로 부족한 부분을 보완해서 완벽한 커플이 된다. 현실 속에서 이 사랑은 매우 다양하게 표현되고 왔다.

우선, 어니스트 헤밍웨이, 아서 코넌 도일, 잭 케루악, 애거사 크리스티, 스티븐 킹, 조지 오웰, 조안 롤링, J.R.R. 톨킨 등등 스포츠를 사랑하는 문인과 작가들이 잘 알려져 있다. 노벨문학상 후보로 자주 거론되는 무라카미 하루키는 달리기와 마라톤 마니아로서 달리기 에세이집 《달리기를 말할 때 내가 하고 싶은 말》을 저술했다. 미국 작가 데이비드 포스터 월러스는 주니어 테니스 선수로 활약했으며 테니스 수필과 기사를 모아 《끈 이론》을 펴내기도 했다. 국내 작가로는 김연수가 《지지 않는다는 말》에서 자신의 달리기 사랑을 보여준다.

대학교수와 연구자들도 스포츠문학을 문학의 정식 장르로 간주하고 본격적으로 교육하고 연구해오고 있다. 스포츠문학이 발달한 미국에서는 이미 1980년대 초반 '스포츠문학협회'를 설립했고, 전문 잡지인 《애슬론: 스포츠문학저널》을 발간해오고 있다. 무엇보다 1970년대부터 대학과 대학원의 교양 및 영문과 수업으로 '스포츠와 문학'이나 '문학 속의 스포츠' 강좌를 개설해서 더 본격적이고 심도 깊은 탐구를 진행해오고 있다.

그리고 스포츠북 페스티벌과 문학상이 있다. 2013년부터 매년 열리는 영국 '런던스포츠 라이팅 페스티벌'에는 작가는 물론 출판인들도 참여하고 있다. 인도에서는 2018년부터 작가, 선수, 감독, 팬, 저널리스트 등이 모두 참가하는 '에캄라 스포츠문학 페스티벌'을 개최하고 있다. 우리나라에서는 '사람과산'이 1991년부터 알피니즘과 휴머니즘 실현의 가치를 존중하며 제정한 '한국산악문학상'을 제정했다. 또한 울산울주세계산악영화제의 일환으로 2017년부터 '울주세계산악문화상'을 수여하고 있다. 2019년에는 충청북도의 후원 하에 '무예소설문학상'이 제정되어 무협지를 뛰어넘는 문학성 높은 무예문학 작품을 발굴하고 있다.

더욱 창의적인 결합으로 스포츠 행사를 통해 문학을 기리는 활동도 진행하고 있다. 예를 들어 '제임스 조이스 램블'은 매사추세츠주의 데드햄시에서 매년 보스턴마라톤이 열린 이후 4월에 개최된다. 10킬로미터를 달리는 이 대회는 1984년 《피네건의 경야》를 읽던 개최자의 아이디어로 시작했으며, 코스에 연이어 제임스 조이스의 작품들을 읽어주며 달리는 사람들을 배치하는 것이 특징이다. '블룸스데이 런'은 《율리시즈》의 주인공 레오폴드 블룸이 보낸 소설 속의 하루, 6월 16일을 기념하는 12킬로미터 달리기 대회다. 《허클베리 핀의 모험》을 쓴 마크 트웨인이 거주했던 코네티컷주 하트포트시에서는 주인공의 이름을 딴 '허클베리핀 5K 달리기' 대회를 개최한다.

이처럼 세계 곳곳에서 진행되는 스포츠와 문학의 결합, 즉 스포츠문학과 문학스포츠의 다양한 시도가 반갑다. 더 많은 사례가 보고되고 공유해야 한다. 이런 시도의 성패는 무엇보다 체육관과 도서관의 결합이 함께 따라주느냐에 달려 있다. 스포츠센터, 스타디움, 무도장, 골프장을 비롯해 체육장에는 스포츠 리터러시 센터로서 스포츠문학을 포함한 읽는 스포츠 자료들을 비치하는 '스포츠 라이브러리'를 반드시 설치해야 한다.

체육시설에는 코트, 풀, 짐, 링 등 운동하기만을 위한 공간을 넘어 스포츠문학 읽기를 위한 시설도 필수적이다. 견물생심이다. 눈에 보여야 마음이 생기는 법이다. 이용자의 눈앞에 스포츠 서적들이 보여야 스포츠문학이 존재함을 깨닫는다. 전국의 체육관에 스포츠 도서실을 허하라! 더 나아가 음악도서관이나 미술도서관처럼 독립된 스포츠도서관은 더욱 큰 힘이 될 것이다.

철학과 함께하는 스포츠

1980년대에 대학을 다닐 때 가장 인기 없는 과목이 몇 있었다. 그중 첫 번째는 단연 철학이었다. 존재론, 인식론, 윤리학, 미학 등 생면부지의 낯선 용어들을 맞닥뜨려야 했다. 존재란 무엇인가, 앎은 어떻게 가능한가, 미는 무엇이고 추는 무엇인가 등의 질문들을 탐구했다. 그에 대한 답은 고사하고 질문 자체를 이해하지 못한 경우가 허다했다.

이런 난감함과 난해감은 체육을 전공한 나만의 특수한 사례였을 수도 있다. 그러나 당시 현실은 나만이 아니라 가장 철학적이던 인문대학과 사회대학 학생들조차 어려움을 토로했다. 전공과 관계없이 철학은 많은 사람으로부터 호감과 호응을 받지 못했다. 적어도 대학에서 수업으로 배우는 철학의 경우에는. 지금도 그 거리감은 그다지 좁혀지지 않았다고 생각된다.

천우신조로 나이가 들고, 좀더 공부하고, 스포츠 전문인을 교육하는 연구와 일을 해나가면서 철학에 대한 나의 태도에 변화가 생겼다. 철학의 중요성을 점차 깨닫고, 생활과 업무에서 철학의 필요성을 차츰 인식하게 되었다. 철학 일반은 물론 스포츠를 위한 철학과 스포츠에 관한 철학에도 그와 같은 인식과 태도의 변화를 겪는다.

생각을 실행하고 실행을 사고하라

통상적으로 스포츠와 철학은 친분이 그다지 두텁지 않은 사이다. 각자의 성격상 그렇게 친하지 않다는 말이다. 스포츠는 몸으로 하는 행위이며, 철학은 머리로 하는 활동이다. 전자는 신체적이며, 후자는 사변적이다. 스포츠인은 "생각만 하고 실행을 하지 못한다."고 질타하며, 철학자는 "생각 없이 몸만 쓸 줄 안다."라고 비꼰다.

그런데 이런 통념은 표면에만 집중한 잘못, 미숙한 이해에 따른 오해다. 스포츠도 사변적이며, 철학도 실천적이다. 잘 알려진 예로 서양 철학자 플라톤은 도시 대항 레슬링 경기대회에서 우승 전력까지 있는 운동선수였다. 뛰어난 스포츠인들 가운데 철학적인 태도와 자세로 스포츠와 삶을 관조한 이들은 부지기수다.

물론 철학자가 스포츠를 하고 스포츠인이 사변적이라는 사실이 철학과 스포츠의 호혜적 상호관계를 증명하는 실질적인 증거는 아니다. 이 두 가지가 그만큼 성격이 다른 활동이기 때문이다. 더 적극적인 증거는 스포츠 활동 자체가 철학적 탐구의 대상이 되거나 철학적 사변을 통해 스포츠 활동이 더 잘 되는 점을 증명하는 것이다.

스포츠와 철학은 우리가 피상적으로 생각하는 것 이상으로 깊은 연관성을 맺고 있다. 더 나아가 그 연관성을 더 강하고 깊게 하면 각자에 부족한 점을 채워주는 절호의 기회가 될 수도 있다. 생각에 실행력을, 실행에 사고력을 더해주면서 더 많은 팬을 확보할 수 있을지도 모른다. 그 가능성을 살펴보자.

스포츠에서 깨우친 삶

물론 스포츠는 고대부터 유희적인 측면과 전투적인 측면에서 중요성을 인정받았으며, 이 두 측면에서 주된 관심의 대상이었다. 철학과 스포츠의 진지한 교분은 극히 최근의 현상이며, 특히 서양에서 두드러진 현상이다. 스포츠가 지식인들의 관심을 받기 시작한 것은 주요한 사회문화적 요인으로 부상한 20세기부터라고 할 수 있다. 스포츠는 이전까지 철학적인 측면에서 긴밀하게 탐색되지 못했다.

스포츠와 관련해서 두각을 나타낸 초기의 철학자는 아테네의 플라톤이다. 본래 이름이 아리스토클레스였던 플라톤은 당시 스포츠가 주요 교육 내용이던 김나시온에서 교육을 받았다.[1] 그는 판크라티온 레슬링 선수로서 범아테네 이스트미아 제전에서 두 차례나 우승한 기록이 남아 있다. 플라톤이라는 이름은 넓은 어깨를 칭찬하며 코치가 붙여준 별명으로, 그것이 후대에 본명이 되었다. 그의 《국가》에는 시민을 위한 초기 교육에서 스포츠가 핵심을 차지한다.

로마시대에는 금욕주의라 불리는 스토아학파 철학자들이 스포츠에 관심을 두었다. 스토아주의는 로마제국에서 철저하게 오락화된 문화와 스포츠에 대한 비판을 바탕으로 절제되고 중용적인 가치관과 삶을 추구한다. 세네카는 《서한》, 에픽테토스는 《엥케이리디온》, 아우렐리우스는 《명상록》에서 상업주의, 승리지상주의, 엘리트주의, 명예 추구 등 행복을 가져다주는 것처럼 보이는 가짜 가치들에 대한 경고와 우려를 강조한다. 스포츠를 포함해 삶의 전반에 걸쳐 '성찰적인 태도'를 취할 것을 권유한다.

중세시대는 기독교로 인해 건강과 군사적인 필요를 위한 최소한의 언급을 제외하고는 스포츠가 강조되지 않았다. 철학과 예술 등 인문적 중흥이 재점화된 르네상스를 거쳐 개인과 이성에 본격적으로 눈 뜬 이성의 시대에 진입해서야 계몽주의 철학자들에 의해 스포츠에 대한 관심이 조금씩 싹트기 시작한다. 존 로크가 대표적이다. 그의 생각은 "건강한 육체에 건전한 정신은 이 세상에서 행복을 표현하는, 짧지만 완벽한 문장이다."라는 《교육론》의 첫 문장에 분명히 드러난다.

근대를 거쳐 현대로 진입하면서 스포츠는 인간 문화의 큰 세력으로 자리잡는다. 유명 철학자들도 스포츠에 주목한다. 제2차 세계대전 이후 부흥한 실존주의 철학자들의 축구 사랑은 유명하다. "타인은 지옥이다."라고 외친 장 폴 사르트르는 "축구에서는 상대 팀에 의해 모든 것이 복잡해진다."고 언급했다. 알제리대학 시절 골키퍼였던 알베르 카뮈는 "도덕과 의무에 대해서 내가 아는 모든 것은 축구에서 배웠다."라고 말했다.

프린스턴대학교에서 축구선수로 활약했던 미국의 정치철학자 존 롤스는 정의로운 사회의 가장 이상적인 본보기는 야구에서 찾을 수 있다고 주장했다. "이 경기는 예를 들어 농구처럼 큰 키와 같이 특정한 신체 유형에 비정상적인 특혜나 이득을 주지 않는다. 키가 크거나 작거나 관계없이 모든 종류의 재능이 어딘가에 그 자리가 있으며, 각기 다른 위치에서 경기를 즐길 수 있다."라고 말했다.[2]

몸과 기술에 대한 오해

역사적으로 끊이지 않고 이어져 온 철학자들의 관심과 사랑에도 불구하고 통념상 스포츠는 철학과는 여전히 거리가 멀다고 여겨진다. 한편에서는 무관함을 넘어 반철학적 성향을 지닌 것으로 오해되고 있기도 하다.

스포츠에 덧씌워진 오명 중에 가장 오래되고 강력한 것이 반지성주의다. 지성이 결여되었다거나, 지성이 필요 없다거나, 지성과는 관련 없다는 인식이다. 스포츠는 신체를 활용해서 운동 기술을 발휘하는 영역으로, 그것은 지성과 연관성이 최소화된 육체적인 세계라는 것이다. 사실 이것은 커다란 오해다. 그런데 이 오해는 오랜 역사를 거쳐 오늘날까지 사라지지 않는, 현존하는 일반적인 통념이다.

이 통념은 크게 두 가지 형태로 퍼져 있다. 하나는 운동을 하면 머리가 나빠진다는 속설이다. 주위를 둘러볼 때, 운동선수들이 학교 공부를 따라가지 못하거나, 복잡한 사고를 제대로 하지 못하거나, 상식을 비롯해 아는 것이 부족하거나, 의사를 명확히 표현하지 못하거나, 글을 제대로 쓰지 못하고 책을 제대로 읽지 못하거나, 현명하게 판단하지 못하는 경우가 상대적으로 많이 보인다. 이런 상황이니 스포츠를 하면 지성은 길러지지 못한다는 오해가 만연해진다.

다른 하나는 운동은 지능이 필요 없다는 낭설이다. 스포츠 기술에 능숙해지려면 지속적이고 반복적인 기능 훈련 체험, 다양한 전술과 전략 상황 속의 유사한 체험, 실제 경기와 시합 속의 현장 체험이 가장 중요하고 필수적이라고 믿는다. 이 과정에서는 신체적 차원이 최대화되고 지성적 차원은 최소화된다. 경기력을 위해 핵심적인 역할을 하는 것은 체력과 운동 기능, 정신력이다. 이성적 지력은 이차적이며 부차적이다.

이들 통념은 21세기에 들어와서 이미 모두 근거 없는 오해라는 사실이 밝혀졌다. 먼저, 인지과학자와 뇌과학자들은 운동이 뇌 기능을 활성화하고 강화한다는 객관적인 증거를 확보했다.[3] 남녀노소를 불문하고 다양한 형태의 건강 운동과 스포츠 활동은 당사자의 머리에 혈류가 활발해지고 호르몬 분비가 증가하도록 돕는다. 아동의 인지기능 발달과 노인의 치매 예방을 위한 다양한 신체활동이 학교와 병원에서 필수화된 상황이다. 머리가 나빠지지 않도록 반드시 운동을 해야만 하는 것이다.

그리고 운동 수행에도 지능은 절대적이다. 다만 스포츠를 위한 지능은 개념적·사변적·이론적인 이해를 위한 지능이 아니다. 스포츠에 필요한 직접적인 지능은 신체적 지능 또는 운동지능이라고 불린다. 이제는 상식이 된 하워드 가드너의 다중지능이론이 이 사실을 증명한다. 인간은 서로 구분되는 8개의 지능을 지니고 있다. IQ 지능검사로 확인되는 논리·수학적 지능과 언어지능만 있는 것이 아니다. 스포츠를 잘하기 위해 동원되는 지능이 있으며, 이를 신체운동지능이라고 한다.

과학적인 증거로 확인되는 다중지능론에 근거하면 스포츠는 반지성적이 아니라 오히려 친지성적이다. 뇌기능을 활성화함으로써 언어지능 등 인지적 능력을 강화하며, 이에 더해 신체운동지능을 발달시킴으로써 수행 당사자의 다중지능 여럿에 긍정적인 영향을 미친다.

스포츠의 친지성적 특징은 스포츠가 철학적으로 풍성한 관계를 맺는 데 결정적인 도움을 준다. 한편으로는 신체운동지능을 발달시켜 다채롭고 웅숭깊은 스포츠 체험을 갖도록 해준다. 다른 한편으로는 개념적·논리적 사고능력을 성장시켜 스포츠 체험에 대한 철학적인 이해가 폭넓어지도록 도와준다. 선수 출신의 방송인, 변호사, 의사들을 보라. 반대로 행정가, 판사, 언론인으로 스포츠 애호가인 이들도 보라! 스포츠는 친지성적이며, 지성은 친스포츠적이다.

우리가 철학이라고 부르는 것들

스포츠가 친지성적인 한 스포츠는 반철학적이지 않다. 지성과 철학이 형제와 같은 혈연관계에 있기 때문이다. 친지성적인 한 친철학적일 가능성이 크다. 스포츠는 친철학적인가? 철학과 얼마나 가까운가?

무엇보다 '철학'이라는 단어는 친근감을 불러일으키지 않는다. 가족, 친구, 사랑 또는 우정 같은 단어들과는 다른 정서를 떠올리게 한다. 어렵거나, 무겁거나, 복잡하거나, 현실과는 상관없다는 느낌을 준다. 높은 지력을 지닌 소수만이 관심을 두거나 독점하는, 일상 너머의 특별한 영역이나 활동으로 여겨진다. '철학자'라 불리는 전문가들이 다뤄야 하는 특별 대상이다. 이것이 철학 하면 떠오르는 가장 뚜렷한 이미지다.

하지만 지나치게 부풀려진, 왜곡된 이미지다. 철학에 이런 측면과 부분이 있는 것은 사실이다. 하지만 하나의 측면이거나 하나의 부분일 뿐이다. 그것도 그다지 크지도 핵심적이지도 않은 측면이며 부분이다.

철학은 일상적인 것이다. 보편적이며 전반적인 것이다. 구체적이며 현실적인 것이다. 다만 근본적이며 기초적인 것일 뿐이다. 철학은 일상적·보편적·전반적인 것에 대한 근본적이며 기초적인 질문 제기와 대답 추구다. 그 이상도 그 이하도 아니다. 지금 나와 우리가 당면하는 이 현실과 세상을 대상으로 그 밑에 숨어 있는 근본적인 토대를 파헤치는 노력이다.

철학의 본모습은 영어 단어의 어원(philo+sophia)대로 '지혜에 대한 사랑'이다. 진실로 '참된 것'을 찾고 싶은 끊을 수 없는 열망과 그 결과로 얻어진 진리(지혜, 지식)를 지칭하는 보통명사다. 아마추어와 프로가 따로 있듯이, 문외한과 전문가가 서로 구분되듯이 그 수준이 낮거나 높거나 차이만 있을 뿐이다.

일반적으로 스포츠의 영역 내에서 철학은 개인적 차원, 종목적 차원, 윤리적 차원, 학술적 차원으로 언급된다. 첫째, 개인적 차원은 한 개인이 지닌 가치관, 원칙 등을 의미한다. 예를 들어 중ㆍ고등학교 교사에게 "당신의 교육 철학은 무엇인가?"라고 물었을 때의 철학이 이런 뜻이다. 스포츠에서는 펠레, 존 우든, 사마란치 등 선수, 감독, 코치 또는 행정가가 지닌 운동에 대한 가치관이나 경기 원리들을 가리킨다.

둘째, 종목적 차원은 축구와 야구 등 개별 스포츠 종목에서 강조하는 대표적인 이념이나 이상을 의미한다. 예를 들어 등산에서는 산 정상에 오르기 위해 가장 우선시하는 등정주의와 어떤 경로와 방식으로 정상에 올랐느냐를 강조하는 등로주의의 철학이 일반화되었다. 오랫동안 많은 사람이 수행하면서 무엇이 훌륭한 수행 방식인지에 대한 근본적인 접근들이 축적되어 그 종목의 집단적인 핵심 이념들로 인정된 것이다.

셋째, 윤리적 차원은 특정 종목에 상관없이 스포츠 전반에 걸쳐 일반화된 윤리적인 원칙이나 도덕적인 규범을 의미한다. 예를 들어 규칙을 준수한다, 정정당당한 승부를 펼친다, 심판의 판정에 따른다 등이 이런 원칙이나 규범에 해당한다. 전통적으로 인정된 것들로는 페어플레이, 스포츠퍼슨십 등이 있다. 최근에는 (성)평등, 공정성, 지속가능성 등과 같은 새로운 스포츠 가치와 원리들이 추구되고 있다.

넷째, 학술적 차원은 철학이라는 학문 입장에서 스포츠에 담긴 철학적인 원리나 주장을 의미한다. 자세하게는 철학의 하위 분야인 형이상학, 인식론, 윤리학, 미학에서 탐구하는 학문적 이슈들에 대한 이론적인 논의의 결과다. 예를 들어 e스포츠는 스포츠인가(형이상학), 신체적인 지식도 지식인가(인식론), 어디까지가 도핑에 해당하는가(윤리학), 스포츠는 예술이라고 할 수 있는가(미학) 등에 대한 의견이다. 철학에 덧씌워진 어렵고 버거운 이미지의 출처는 바로 이 차원이다.

스포츠를 스포츠답게 하려면

스포츠의 영역 내에서 '개인적 차원'은 야구, 축구, 농구와 같은 인기 높은 종목의 감독들이 자신의 오랜 경험을 압축해 내어놓은 고농축 추출물 같은 지혜가 개인적 차원이다. 스포츠를 통해 알게 되고 깨달은 지혜와 원칙, 더 나아가 삶의 통찰 수준에서 철학을 맛보는 것이다. 개인의 스포츠철학, 삶의 철학이 된 것이다.

개인적 철학은 크게 두 가지 형태를 갖춘다. 첫째는 명제의 형태로 표현될 수 있는 것이다. 자서전이나 수필집에서 중요시하는 가치관이 문장 형식을 갖추고 명백히 진술된다. 둘째는 어떤 하나의 시스템이나 모형의 형태로 자신의 스포츠철학을 체계화해서 드러내는 경우다. 두 형태 모두 자필 서적이나 공적 연설의 맥락에서 표현되고 강조된다.

이 두 가지 형태 모두를 통해 본인의 철학이 일반에 잘 알려진 경우가 있다. UCLA 농구 감독이었던 존 우든은 "준비에 실패하는 것은 실패를 준비하는 것이다.", "명성보다는 인성에 더 신경을 쏟아야 한다." 등과 같은 덕목을 강조했다. 특히 스포츠와 인생을 성공으로 이끄는 17가지 가치를 체계적으로 정리해서 구성한 '성공의 피라미드'가 잘 알려져 있다.

현존하는 최고의 산악등반가는 자타공인 라인홀트 메스너다. 8천 미터 14좌 세계 초등자라는 사상 초유의 기록을 남겼으며 수십 권의 우수한 등반 서적을 쓴 저술가이기도 하다. 산을 오를 때 속도와 시간보다 목적과 방법에 더 관심을 둔 메스너는 최초의 에베레스트 무산소 등반에 성공했다. 또한 기업으로부터 지원을 받은 대규모 원정단을 꾸리지 않고 단독으로 최소한의 장비만으로 등정했다.

한 사람이 추구하던 구체적인 철학이 시간을 거침에 따라 개인의 수준을 넘어 한 종목 전반으로 확산해서 다수가 공유하는 원칙으로 발전하기도 한다. 집단적인 이념이나 의식으로 성장해서 그 종목을 지탱하고 이끌어 가는 역할과 기능을 한다. 이것이 '종목적 차원'이다.

축구에서는 '좌익 축구와 우익 축구'라는 구분이 있다. 우익 축구는 승리중심주의의 보수적인 축구다. 선수 개인의 기술과 판단보다는 전략에 따른 전체 팀의 일사불란한 움직임이 중요하다. 좌익 축구는 선수의 개성과 자유로운 플레이가 강조된다. 승리도 강조되지만, 어떻게 이기는가에 대한 과정과 방법도 매우 중요하다.

럭비에서는 '한 명을 위한 모두, 모두를 위한 한 명'이라는 모토에 핵심 철학이 반영되어 있다. 11명의 선수 모두가 일심동체로 서로를 믿고 의지하면서 게임에 임한다는 점이 강조된다. 등산에서는 '공정한 방법으로'의 원칙이 있다. '기술적·인공적 보조 수단에 의지하지 않고 자신의 힘과 기술만으로 산을 오른다'는 철학이다.

'윤리적 차원'이란 한 종목의 차원을 넘어서서 스포츠 전반이나 다수의 종목에서 받아들여지고 공유되는 기본 원칙이나 규범이다. 페어플레이나 스포츠퍼슨십처럼 스포츠 현장에서 전통적으로 확립되어 수용하는 것이 있다. 그리고 인권이나 공정성과 같이 최근 들어 국제 스포츠 단체나 학술적으로 규정해서 권장되는 강령들이 있다.

'페어플레이'는 규정과 관습을 준수하며 시합에 참여하는, 정정당당한 경기 태도와 행동을 말한다. 규정을 어기거나 심판을 속이면서까지 이기려는 승리지상주의와 도구주의적 사고를 극복하는 본질주의적이고 과정 중심적인 태도다. 합의된 규정을 무시하고 공정한 판정을 방해하는 언행은 스포츠의 정신과 경기의 가치를 훼손하는 반스포츠적 행동이다. 모든 이가 준수할 때 공정한 스포츠가 가능하다.

'스포츠퍼슨십'은 스포츠인으로서 지녀야 하고 지켜야 하는 다양한 행동과 생각, 태도다. '상대방과 경쟁을 펼치되 서로 존중하는 언행을 한다', '지나친 승리 세레모니를 하지 않는다', '공정한 경기를 위해 규칙을 준수하고 경기에 최선을 다한다' 등과 같이 스포츠를 실제로 할 때 지켜야 할 행동과 생각, 태도다. 최근에는 국제올림픽위원회(IOC)나 국가올림픽위원회(NOC) 등 국제 및 각국 스포츠 단체들에서 올바른 스포츠 행위에 대한 적극적인 캠페인을 펼친다. 법률로 제정하고 강령으로 채택하며 실천 지침으로 실행한다. 예를 들어 IOC는 보고서 〈어젠다 2020+5〉에서 코로나19 이후 시대에 변화하는 경향들을 바탕으로 향후 지속 가능한 스포츠를 위해 올림픽이 따라야 할 15가지 기본 철학과 핵심 가치를 상세히 설명해주고 있다.

마지막으로, '학술적 차원'이란 스포츠의 모든 측면에 철학이라는 학문적 문제의식을 적용해서 이해한 노력의 결과물을 의미한다. 이 지식들이 축적되어 '스포츠철학'이라는 학문 분야를 형성한다. 대학에서 스포츠를 전공한 후 그 기초 위에서 철학적으로 분석하거나 철학적인 훈련을 쌓은 후에 스포츠를 주제로 탐구하는 방식으로 전문적인 존재론적(형이상학적)·인식론적·윤리학적 · 미학적 논의를 진행한다.

스포츠 존재론적 탐구는 예를 들어 스포츠에 대한 전통적인 개념 기준을 재검토하도록 한다. 20세기에 들어 'e스포츠'의 급격한 융성은 스포츠에 대한 활발한 개념적 분석을 촉진했다.[4] 2022년 항저우 아시안게임에서 리그 오브 레전드 등 8개 종목 e스포츠가 선정되고, 대학에서 e스포츠학과 신설과 e스포츠 운동부의 창설이 증가하는 현실 속에서 스포츠에 대한 현대적인 개념은 혁신적으로 변화할 가능성이 크다.

스포츠 윤리학적 탐구는 올바른 스포츠 행위와 그렇지 못한 행위를 구분하는 합리적인 논의를 진행한다. 현대 스포츠는 하이 테크놀로지가 발달하고 상업주의가 성황을 이루는 가운데 우승과 승리를 위한 도핑, 승부 조작, (성)폭력 등 비윤리적, 반규범적 일탈행위가 지속적으로 빈번해지고 교묘해지고 있다. 각국의 스포츠 전문 단체들은 학술적인 윤리적 논의를 기반으로 공정하고 올바른 기준을 마련하고, 그에 따른 규정과 지침을 만들고, 실제적인 조처를 집행한다.

축구화를 신은 소크라테스

이렇듯 우리 삶에서 중요한 대부분의 영역이나 활동처럼 스포츠도 다양한 철학적 차원 전반에 걸쳐 주목받아 왔다. 다만 일반인의 입장에서 볼 때 학술적 차원의 철학은 지나치게 전문적이고 개념적이다. 자신의 일상에서 멀리 떨어진 주제와 소재로 이야기가 진행된다. 우리에게 인기 높은 축구나 야구 같은 단체 구기 스포츠, 또는 달리기나 골프 같은 개인 건강 스포츠에 대한 철학적 연관성이 매우 흐리다.

철학의 시조라고 불리는 소크라테스는 "성찰하지 않는 삶은 살 가치가 없다."라고 천명했다. 스포츠와 철학의 관련도 이와 다르지 않다. 성찰 없는 스포츠는 할 가치가 없다. 스포츠는 성찰이 함께 더해져야만 가치 있는 것이 된다. 스포츠에 대한 성찰은 필수적이다. 스포츠는 감각적·정서적인 동시에 성찰적(철학적)이어야만 한다. 철학은 근본적인 수준에서 깊은 성찰, 그 이상도 이하도 아니다.

스포츠에 대한 전문적이거나 교양적인 성찰의 모습은 매우 다양하게 전개된다. 고대 철학자들의 주요 아이디어들을 빌려와 스포츠 장면에서 풀어 해석하는 경우가 있다. 또한 교양에 근거해 스포츠 체험의 깊이 있는 깨달음을 펼쳐내기도 한다. 기초적인 수준에서 몇 종목을 선별해서 철학적인 성찰을 해본다.

전 세계에서 가장 인기 있는 스포츠는 무엇인가? 이견 없이 단연코 축구다. 그런데 미학적으로도 그런가? 누가 처음 말했는지는 알 길은 없지만, 축구는 '아름다운 게임'이다. 무엇 때문에 아름다운지는 또 알 길 없지만, 많은 이들이 이렇게 믿고 발설한다. 가끔 축구 경기 중 발레 같은 동작이 보이기는 해도 관중이나 선수들의 통상적인 행동을 보면 전혀 아름답지는 않다는 것이 대부분의 의견이다.

펠레, 호날두나 음바페가 보여주는 현란한 발재간과 몸 기술이 아름답다고 할 수준에 도달한 것에는 동의한다. 10명의 선수가 기회를 포착해서 순간적이고 연속적으로 펼치며 만들어내는 골도 충분히 아름답다고 할 수 있다. 가장 넓은 경기장 중 하나인 녹색의 피치(축구경기장을 부르는 명칭) 위에서 22인의 선수가 그려내는 움직이는 그림(動畵)에 모종의 아름다움을 느끼지 못할 사람은 거의 없을 것이다.

선수가 개인기로 만들어내는 축구의 아름다움, 그리고 11인 팀 전체가 그려내는 축구의 아름다움은 미적 체험의 범위를 보다 넓혀준다. 인문학자 한스 울리히 굼브레히트는 스포츠에서 우러나오는 아름다움은 '아곤(agon, 경쟁)'과 '아레테(arete, 덕)'의 본질을 지닌 스포츠가 '물질적 효용이나 외재적 이득과는 무관하게' 그 최고의 수준을 추구하는 데에서 찾아진다고 설명한다. 축구는 그것을 가장 극명하게 보여주는 스포츠다.

축구가 전 세계에서 가장 인기 있는 스포츠라면, 야구는 미국의 국민 스포츠다. 일본과 우리나라에서도 가장 사랑받는 스포츠다. 야구는 단체경기이면서도 개인 스포츠와 같은 특징을 공유한다. 팀별로 시합하지만 실제 경기는 개인별로 진행된다. 개인 기록이 다른 단체경기에서보다 강조되고 다양하며, 또한 인정받는다. 말하자면 야구는 단체로 하는 개인 스포츠 또는 개인이 하는 단체

스포츠라고 할 수 있다.

야구는 통상적으로 크리켓 · 소프트볼 등의 필드형 게임으로 분류된다. 축구는 하키 · 핸드볼 · 농구 등의 영역형 게임으로, 탁구는 배드민턴 · 배구 등의 네트형 게임으로 분류된다. 필드형 게임은 다른 유형의 게임들과는 달리 팀별로 공격과 수비를 번갈아 가면서 전환하며 선수 각자에게 모두 공격의 기회가 온다. 공수가 바뀌고 선수가 바뀔 때 경기가 순간적으로 멈춘다.

이와 같은 특징은 야구를 더욱 특별히 동양철학적으로 이해하도록 여지를 남겨준다. 투수는 변화무쌍한 구질의 다양한 투구로 타자가 공을 치지 못하도록 한다. 야구공은 큰 가죽 조각 두 개를 맞대고 실밥으로 기워 완성한다. 그 실밥의 개수는 108개로 규정되어 있다. 이때 두 개의 가죽은 도교의 음과 양, 108개의 실밥은 불교의 108번뇌를 연상시킨다. 세상만사는 음과 양의 조화로 이루어지며, 그 조화는 결국 우리 삶이 108가지의 희로애락으로 가득 차게 한다.

철학적인 성향이 두드러진 스포츠 중 하나는 달리기일 것이다. 물론 마라톤으로 대표되는 장거리 달리기다. 인간으로서 견뎌내기 어려운 고통스러운 뜀뛰기를 몇 시간 동안 수십 킬로미터나 지속하는 행위 자체가 당사자를 철학적으로 이끈다. 가난이 문학을 잉태하고, 고통이 철학을 해산한다. 배부른 소크라테스는 우리가 아는 그 철학자가 아니다. 틀림없이 동명이인일 것이다.

다행히 달리기의 철학자라고 널리 인정받은 이가 있다. 미국의 심장외과의였던 조지 쉬언 박사다. 그는 중년의 늦은 나이에 달리기를 시작하며 자신의 타고난 재능을 뒤늦게 발견한다. 이후 육상 잡지 《러너스월드》에 상시 기고한 에세이와 단행본 저술을 통해 달리기라는 인간의 단순 활동을 철학적인 성찰이 가능한 수준 높은 활동으로 격상시켰다. 백문이 불여일견이니 《달리기와 존재하기》에서 직접 한 문장 읽어보자.

> 철학적으로 볼 때, 운동선수를 통해 우리는 몸을 다시 찾을 수 있게 된다. 교실에서 데카르트주의자들이 뭐라고 떠들든, 놀이터에서 우리는 우리가 몸을 지니고 있는 게 아니라 우리 자체가 몸이란 걸 알게 된다. 장거리 달리기 주자는 '나는 달린다. 고로 존재한다'고 말한다. 그는 인간이 온전한 총체적 존재이므로 그 진실을 알아내라고 우리에게 강권한 것이다.[5]

심신이원론의 최고봉인 데카르트가 간단히 부정당한다. 쉬언은 데카르트의 '나는 생각한다. 고로 존재한다'라는 명제를 폐기하고, '나는 달린다. 고로 존재한다'로 과감하게 수정한다. '몸론'이라고 할 수 있는 자신의 심신일원론을 주장하고 있다. 그는 논증이 아니라 운동으로 그것을 증명해준다. 사변적 성찰이 아니라 장거리 달리기를 통해 몸과 마음의 하나 됨, 즉 인간의 총체성을 온몸으로 확인한다.

멋있게 잘 다듬어지고 확 트인 푸른 잔디 위의 코스에서 장시간

이루어지는 골프도 많은 이들의 철학적인 본성을 되살려 드러낸다. 골프 라운드는 철학자뿐만 아니라 일반인도 넉넉히 성찰하는 환경과 체험을 제공해준다. 골프는 성찰적 에세이집이 가장 많은 종목이며, 그 저자의 배경도 소설가로부터 사업가, 전업주부와 무직까지 직업의 종류를 불문하고 다양하며 전반적이다.

특히 골프는 그 어떤 스포츠보다 우리 삶의 형이상학적 차원 또는 영적 차원에 긴밀한 연관성을 드러낸다. 골프는 우리의 물질적 현실 너머 또는 그 안쪽에서 작동하는 영적 차원 또는 형이상학적 차원들을 대하고 맛보게 하는 매체 활동으로 자주 활용된다. 그만큼 플레이어들의 내면 안쪽 깊은 곳까지 들여다보게 하는 진하고 속 깊은 스포츠 체험이다. 골프를 영적 성장의 기회로 살펴보는 신부님의 에세이집 《골프가 주는 9가지 삶의 교훈》의 한 구절을 살짝 들여다보자.

내 생애 처음으로 나는 골프와 삶의 연관성에 대해서 깨닫게 되었다. …… 신을 믿는 사람이라면 누구든 삶의 신비로움에 도달하는 것은 오로지 우리 주위의 사람들과 사건들을 통해서만 이루어질 수 있다는 사실을 알고 있다. 우리가 볼 수 있는 것들은 우리가 볼 수 없는 것들을 이해하도록 도와준다. …… 우리는 삶의 신비로움을 이해할 수 있는 깨달음을 얻는 수단으로서 우리에게 친근하고 낯익은 현상들을 이용할 수 있다. 삶에서 벌어지는 다양한 사건들을 아주 주의 깊게 관찰하게 되면, 그러한

신비로운 일들을 과거와는 전혀 다른 시각에서 이해할 수 있게 된다.[6]

우리는 골프라는 스포츠를 통해 보다 자주, 보다 명료하게 이런 체험을 할 수 있다. 물론 어떤 종목이든 각자 자신이 편하고 좋아하는 스포츠 종목에 진심으로 실행하는 과정을 통해 이와 같은 발견과 깨달음의 새로운 인식과 시야의 트임이 가능하다. 책 읽기, 청소하기, 일하기, 그릇 만들기 등을 통해서도 가능하지만, 스포츠를 통해서도 충분히 이루어진다.

※ 스포츠에 관한 생각을 담은 전문 철학자들의 도서
《걷기, 철학자의 생각법》(로제 폴 드르와): 걷기의 철학자를 자처하는 저자가 역사적으로 걷기를 사랑한, 또는 걸으면서 철학을 한 세계의 철학자 27명의 주요 의견을 걷기라는 활동과 관련지어 찬찬히 풀어낸다.
《달리기》(기욤 르 블랑): 달리기 애호가인 저자는 마라톤 경기의 거리(42.195㎞)를 은유 삼은 42개의 주제로 하찮음 속에서 발견되는 형이상학적 의미들을 찾아낸다.
《마라톤은 철학이다》(마이클 W. 오스틴 등): 장거리 달리기를 사랑하는 전문 철학자들이 달리기에 숨겨진 여러 차원을 현상학, 실존주의, 선불교 등 다양한 철학적 관점으로 살펴보고 새롭게 비춰준다.

《매혹과 열광》(한스 울리히 굼브레히트): 철학자인 저자는 모든 스포츠에 담긴 아름다움을 찾아 드러내고, 모든 스포츠가 뿜어내는 아름다움을 반사시켜 일반인에게 그것의 실체를 발견하도록 돕는다.

《사이클을 탄 소크라테스》(기욤 마르탱): 프로사이클 선수이자 철학자인 저자가 역사적으로 유명한 철학자들을 2017년 투르드 프랑스 대회 참가자들로 변신시켜 주요 철학적 주장을 구체화해서 소설화한다.

《소크라테스, 야구장에 가다》(에릭 브론슨 엮음): 골수 야구팬들인 전문 철학자들이 그리스, 중세, 근대 및 현대의 철학적 관점을 활용해 야구에 담긴 윤리학적 · 형이상학적 · 미학적 · 인식론적 차원들을 풀이한다.

《지적으로 운동하는 법》(데이먼 영): 스포츠와 엑서사이즈 애호가인 철학자가 공상, 자부심, 희생, 아름다움, 겸손, 아픔, 일관성, 숭고함, 일체감 등의 주제로 운동에 담긴 의미를 흥미롭게 풀어낸다.

《철학자와 달리기》(마크 롤랜즈): 저자에게 달리기는 삶의 의미와 가치를 이해하는 최고의 방법이다. 달리기는 삶의 본질적인 가치를 드러내기 때문에 달림으로써 그 가치를 만날 수 있다고 저자는 말한다.

《철학자의 걷기 수업》(알베르트 키츨러): '사색은 영혼의 산책'이라고 믿는 저자가 걷기를 통해 얻은, 또 걷기를 소재 삼아 건져낸 철학적 성찰과 일상의 지혜들을 14개의 주제 속에서 잔잔한 음성으로 들려준다.

《축구화를 신은 소크라테스》(마티아스 루): 2006년 프랑스와 이탈리아의 실제 월드컵 결승 경기 속의 다양한 상황을 통해 복잡한 철학적 이슈들을 상세하고도 이해하기 쉽게 설명한다.

스포츠와 철학, 서로 스카웃하라

스포츠와 마찬가지로 철학도 오래된 통념의 피해를 보고 있다. 가장 큰 두 가지가 있다. 하나는 쓸모없다는 것이고, 하나는 어렵다는 것이다. 철학은 여가와 지력을 지닌 특정 소수의 전문 집단에나 필요한, 또는 그들에게만 맡겨둬도 되는 무해하고도 무용한 특별한 인간 활동으로 간주한다.

일상에서 이런 상황이니 그동안 스포츠에서 철학의 필요성과 유용성은 어땠을지 짐작이 간다. 전혀 관계없고 필요하지 않은 것으로 치부되었다. 현재도 이 경향은 그다지 변함이 없다. 스포츠에서 철학은 무관계 또는 거의 무관계하다. 이 둘은 남남 또는 거의 남남이다. 물론 그 관계성을 찾아보려는 소수가 생겨나고 그 관계성이 조금씩 밝혀지고 있다. 반가운 조짐이다.

이제부터는 그 속도와 강도를 훨씬 더 빠르고 강하게 진행해야 한다. 그것이 스포츠와 철학, 이 둘 모두에 행복한 결과를 가져다줄 수 있기 때문이다. 현대 스포츠는 빠른 속도로 오락화, 상업화, 권력화 되고 있다. 승리, 돈, 지위 같은 비본질적인 차원에 대한 관심으로 가득차고 있다. 철학은 현실과 생활로부터 점차로 더 멀어져 자신만의 독백을 쏟아내고 있다. 경제 논리와 쾌락주의가 만연하는 현대 사회는 철학의 혼잣말에 조금도 귀 기울이지 않는다.

철학은 스포츠로 그 눈길을 돌리고, 스포츠는 철학에 보다 귀 기울여야 한다. 서로가 현재 절대적으로 각자 필요로 하는 것들을 지니고 있기 때문이다. 철학은 스포츠로 대중성을 확보하고, 스포츠는 철학으로 진지성을 획득해야 하며, 이렇게 서로 원원해야 한다. 스포츠와 철학은 성공을 위해 서로를 스카우트해야만 한다. 팀을 위한 드래프트 일순위로 서로를 지명해야만 하는 것이다.

물론 이것은 앞에서 언급한 철학의 네 가지 차원들 전체적으로 통용되는 지적이다. 스포츠는 개인적 차원, 종목적 차원, 윤리적 차원, 학술적 차원 전반에 걸쳐 보다 더 철학적이어야 한다. 유명한 선수나 감독이 지닌 개인적 차원의 철학은 자서전이나 자기계발 서적에서 다루어지고 있다. 스포츠철학자들은 전문 저술 속에서 심층적인 수준의 학술적 철학 연구를 진행하고 있다. 윤리적 차원에서도 모든 국가기관과 국제기구에서 전통적인 기본 규범에 대한 강조와 함께 스포츠 전반에 걸친 공정성을 강화하고 구현하기 위한 헌장이나 강령, 법규를 제정하고 있다.

다만 우리에게 특히 절대적으로 부족한 부분은 종목적 차원의 철학적 성찰이다. 최근 이런 동향이 가시화되고 어느 정도 가속화되고 있다는 징후가 보인다. 스포츠를 사랑하는 전문 철학자들의 두 가지 시도가 두드러진다. 첫째, 스포츠 전반을 대상으로 철학적 이슈를 찾아내어 종목 속에서 사례를 들어 설명한다. 스포츠 사례를 통해 일반 철학적 이슈의 해설과 해결을 이해하기 쉽고 명료하게 실행한다. 이것은 철학에 더 대중적으로 다가가는 효과적인 방법이 된다.

예를 들어 현 영국 킹스 칼리지 철학과 교수이자 영국과학철학학회 회장을 역임한 데이비드 파피누는 《스코어 파악하기》에서 '스포츠가 철학에 대해 알려줄 수 있는 것과 철학이 스포츠에 대해 알려줄 수 있는 것'들을 설명한다. 심리철학, 윤리학, 존재론, 미학적 문제들을 야구, 농구, 사이클, 축구 등의 상황에 연결해서 간결하고 쉽게 설명한다. 이를 통해 독자는 규정, 소속, 승리 등 스포츠의 구체적인 측면들 아래에 숨어 있는 심층적인 이슈들을 발견하고 이해하게 된다.[7]

둘째, 특정 종목을 오랫동안 즐겨온 전문 철학자가 그 종목에 자신의 철학적 관심을 투영시켜, 그 종목에 담긴 다양한 가치와 이슈를 철학적인 안목으로 풀어낸다. 오랫동안 장거리 달리기를 실천해온 윤리철학자 사브리나 리틀 교수는 《성찰하는 달리기》에서 '왜 좋은 사람들이 훌륭한 달리기 주자가 되는지' 설명해준다. 아리스토텔레스의 덕윤리학적 시각에서 용기와 정서 같은 덕목들의 함양, 좋은 삶에 달리기의 필요성, 행복한 삶의 영위에 달리기의 역할 등에 대해 들려준다.[8]

이외 같은 부류의 저술들은 전문 철학사를 위한 것이 아니다. 특정 종목의 애호가이면서 통계적인 기록이나 비평적인 기사 수준을 넘어 분석적이고 통찰력이 담긴 성찰적인 분석에까지 관심을 지닌 스포츠팬을 위한 것이다. 전문 철학을 공부한 독자가 아니라도 해당 스포츠를 실제로 행하거나 다양한 지식을 지닌 팬이라면 좀더 깊이 있는 시각과 해석이 필요하다. 해당 스포츠에 대한 최상위의 지혜를 지닌 전문적인 아마추어들에게 도움을 준다.

스포츠와 종교의 지란지교

2021년 도쿄올림픽이 진행될 때 들은 소식 한 가지가 있다. 당시 큰 활약을 보여준 여자배구팀 김연경 선수를 응원하는 구호에 관한 내용이었다. "교회는 성경, 불교는 불경, 배구는 김연경!"이라는 문구였다. 김연경 선수 본인이 가장 기억에 남는 인상적인 응원 문구라고 말했다. '갓연경'이라는 표현까지 떠올리며 그 재치와 유머에 무릎을 탁 치고 크게 웃었다. 종교와 스포츠가 이렇게 위트 있게 연결되어 파안대소하게 할 수 있음에 매우 기뻤다.

사실 스포츠와 종교는 인류의 오랜 역사에서 복잡다단한 관계를 맺어 왔다. 초자연적인 신앙을 가진 선사시대와 제정일치의 사회가 많은 고대에는 많은 것이 신과의 영적 연결 속에서 의미를 갖고 실행되었다. 스포츠도 그중 하나였으며, 조각이나 그림 같은 이미지, 그리고 문자 기록을 통해 직접적·간접적으로 종교가 스포츠에 미친 영향력을 확인할 수 있다. 중세시대에는 신을 섬김에 있어 신체와 유희는 죄의 원천이자 금욕을 방해하는 대상으로 여겨졌다.

종교와 신에 대한 영향력이 감소하기 시작한 르네상스, 계몽주의, 근대 산업혁명의 시대가 되면서 스포츠는 종교로부터 해방을 맞이하기 시작한다. 스포츠는 스포츠, 종교는 종교라는 태도로 스포츠의 독립적인 발전이 가속화된다. 그리고 20세기는 종교의 쇠락에 반해 스포츠의 폭발적인 중흥이 목격된다. 스포츠는 종교와 거의 무관한 것으로 자리잡아 가고 있다. 하지만 종교는 스포츠의 힘을 이제야 깨닫고, 가능한 종교 중흥의 중요한 통로로서 스포츠와 관계를 맺으려는 시도를 도모하는 중이다.

스포츠와 종교의 불편한 관계

인류의 역사 속에서 종교와 스포츠는 항상 모종의 관계를 맺어 왔다. 그런데 죽마고우임에도 불구하고 막역지우나 관포지교 같은 두터운 친분과 끈끈한 우정은 쌓지 못했다는 것이 냉정한 사실이다. 현시대에도 스포츠와 종교의 관계는 단순하지도 일방적이지도 않다. 역사적으로 종교의 지배와 영향력 안에 있었던 과거가 있지만, 이제는 그 반대 방향으로 관계 맺음이 진행되고 있다고 볼 수 있다.[1]

스포츠 역사의 전통적인 입장 가운데 종교가 스포츠의 탄생 맥락이 되었다는 주장이 있다. 스포츠 기원설 중 하나로, 수천 년 전 고대 종교적 제의의 일부분으로서 스포츠를 창안했다는 것이다. 절대자나 초자연적 존재인 신을 숭배하고 추종하는 의식의 일부분으로 고안, 실행했다고 한다. 잘 알려져 있듯이 중앙아메리카 아즈텍과 마야 문명에서는 벽에 매달은 작은 원형 고리 안에 공을 차 넣어 승부를 가리는 게임이 있었으며, 패자는 인신공양으로 바쳐지기도 했다. 스포츠가 종교와 예속석인 관계를 맺고 있었다는 점을 확인시켜 준다.

이런 종속적인 시작 때문인지 모르지만, 인간의 역사와 문화 속에서 스포츠와 종교의 관계는 전반적으로 빙탄지간으로 점철되었다. 얼음과 연탄처럼 극과 극으로 맞지 않아 함께하기 어려운 사이를 가리킨다. 매우 심할 때는 개와 원숭이처럼 적대적인 견원지간으로까지 악화한 경우도 많았다. 종교가 큰 사회적 영향력을 발휘하는 시대에서 스포츠는 일방적으로 억압적인 대우를 받았다. 그 여파로 종교를 멀리하기 위해 스포츠도 순수주의를 표방하며 탈종교, 비종교, 무종교의 원칙을 고수하고 있기도 하다.

서양의 중세만 보더라도 육체의 감각적인 즐거움을 추구하는 유희적 경쟁 활동은 영혼을 중시하는 기독교 교리와 정신에 반대되는 세속적인 욕구 충족 활동으로 여겨졌다. 스포츠 활동은 특히 이교도 문물로서 기독교적 질서에 방해가 되었다. 로마 테오도시우스 황제는 기독교를 국교로 채택하자마자 우상숭배 금지 차원에서 서기 393년부터 고대올림픽대회를 금지했다. 동양에서도 불교나 유교에서 마음과 정신을 우위에 두는 교리로 인해 신체적인 유희 활동은 정당한 취급을 받지 못했다.

그런데 현대에 들어 사태는 정반대의 상황으로 급변하는 중이다. 종교에 대한 관심과 의존은 급전직하하는 반면에 스포츠에 대한 열광과 추종은 수직 상승하고 있다. 어떤 이들은 스포츠가 종교를 대체하는 중이라고 환호하고, 또 다른 이들은 스포츠가 새로운 종교가 되고 있다고 탄식한다. 또 어떤 이는 종교에 버금가는 열정과 믿음을 쏟아붓고 있으며, 그에 따라 스포츠의 종교화가 진행되고 있다고 분석하기도 한다.

이렇듯 스포츠와 종교는 고대에서부터 지금까지 여러 모습의 관계를 유지해왔다. 스포츠와 종교가 둘 다 인간의 생활과 문화 속에 녹아들어 떼려야 뗄 수 없기 때문이다. 각자가 서로를 무시하거나 못 본 척하며 지낼 수 없었던 것이다. 스포츠와 종교는 서로 반목하기도 했으나 필요에 따라 서로를 수용하면서 각자의 부흥을 위한 조력자로 활용했다. 서양 중세에서조차 마상경기와 활쏘기 시합은 여전히 허용되었다. 유교 국가인 조선에서도 씨름은 주목받는 유희 활동이었다. 스포츠와 종교가 이루어 온 미운 정 고운 정 쌓기의 측면들을 살펴보자.

신적 수행에서 삶의 덕목으로

역사적으로 스포츠와 종교의 관계는 대략 세 가지 양상을 보였다. 첫 번째, 고대에는 스포츠를 신적인 존재와 소통하기 위한 통로로 간주했다. 스포츠는 초자연적 존재인 신과 인간을 연결해주는 성스러운 수행 활동으로 여겨졌다.[2] 앞서 언급한 중앙아메리카인들의 공 게임은 16세기 정복자들이 침략하기 전까지 약 3천 년간 이어왔다. 게임의 공은 달 또는 태양을, 코트는 우주를 의미했으며, 시합 자체가 세상의 탄생과 연계된 신화적인 제례의 주요 절차로 진행되었다. 양측 모두 7명의 선수가 시합에 참여했고, 약 6미터 위의 벽에 매달린 원형 고리에 공을 넣으면 경기가 중단되었다.

북아메리카 원주민인 인디언들 사이에서도 공 게임이 행해졌다. 체로키족은 현대 라크로스의 초기 형태로 간주할 만한 게임을 실시했다. 거대한 운동장에서 양 끝에 골대를 놓고 공을 집어넣는 경기였는데, 주술사가 경기의 시작과 마침을 관장했다. '위대한 영혼'에게 부족의 번영과 다산, 농경의 풍년, 날씨의 조정 등을 기원했을 가능성이 크다. 아파치족은 한편은 태양과 동물, 한편은 달과 식물을 상징하면서 릴레이 경주를 했다.

두 번째, 중세에 들어와서 스포츠가 진정한 기독교적 신앙은 물론 하나님에 대한 참된 복종과 일치하지 않음을 강조하게 된다. 로마인들이 키르쿠스 막시무스나 콜로세움 같은 대경기장에서 즐긴 전차경주나 글래디에이터 격투 같은 잔인한 스포츠들은 기독교인들로부터 환영받지 못했다. 게다가 로마인들은 기독교인들을 박해하면서 사자 우리에서 먹이로 바쳐지는 모습을 관람하기도 했다.

대표적인 스포츠반대주의자 터툴리안(퀸투스 텔르툴리아누스)은 경기장에 대규모로 집합한 군중은 비이성적이며 야만성에 휘둘리게 된다고 지적하며, 스포츠 경기 관람을 금지해야 한다고 주장했다. 특히 이런 경기가 대부분 그리스와 로마로부터 유래한 이

교도적인 태생과 연계를 꼬집으며, 하나님의 창조물에 의한 하나님의 창조물의 학대를 조장한다고 강력히 비판했다.

세 번째, 19세기에 들어와 기독교에서는 스포츠가 도덕적·윤리적 덕목을 수행하고 함양하는 훌륭한 도구로 재인식되기 시작했다. 영국 빅토리아 시대의 도덕성이 강조되는 사회적인 기풍과 퓨리턴들의 미국 이주 이후 채택한 강건한 기독교주의가 중심이 되어 스포츠와 여가활동에 물렸던 재갈과 고삐가 느슨해졌다. 단체경기로서 영국에서는 크리켓과 럭비, 미국에서는 야구와 미식축구의 인기가 폭발적으로 증가했다.

특히 역삼각형의 세 변이 각각 정신, 신체, 영혼을 상징하는 로고로 잘 알려진 YMCA는 스포츠의 종교적 활용에 하나의 근대적인 전범을 보여주었다. 농구와 배구를 창안해 청소년을 위한 겨울철 실내운동으로 미국에서 크게 인기를 끌어 미국 국내는 물론 해외 선교활동에 큰 지렛대 역할을 했다.[3] YMCA는 기독교 신앙을 미국 내 지역사회와 전 세계 비기독교 국가들에 전파하는 통로로 활용되었다.

누군가에게는 여전히 거북한

지금 우리가 사는 현실세계에서 종교와 스포츠는 예전과 같은 극단적인 반목 관계는 아니다. 다만 종교적인 이유로 스포츠 활동에 제한이 가해지는 많은 사안을 아직 해결하지 못하고 있다. 여기에서 몇 가지 논란이 되는 이슈를 살펴본다.

먼저, 스포츠 경기 상황에서 골을 넣거나 승리한 경우 선수들 개인이 보여주는 기도 세리머니에 대한 찬반 논란이 있다. 종교 배경이 다른 수많은 관람객과 시청자가 보는 가운데 사적인 종교적 의례 행위를 하는 것이 올바른지는 마땅한 해결책이 없는 곤란한 사안이었다. 해외 대회에서는 지나치게 튀지 않은 표현은 전반적으로 용인되는 경향이다. 미식축구팀 플로리다 게이터스의 선수 팀 티보는 한쪽 무릎을 꿇은 채 기도하는 '티보잉'과 〈요한복음〉 3장 16절의 아이패치로 유명하다. 그는 각종 기록이 316 숫자와 연관되어 '316의 사나이'로 불린다.

국내의 경우 목사가 된 이영무 전 축구 국가대표 선수가 가장 유명하며, 박주영 선수가 특히 기도 세리머니로 널리 회자되고 있다. 2010년 남아공월드컵에서 최초 원정 16강 진출이 확정된 순간 이영표 선수와 김동진 선수가 무릎을 꿇고 서로 머리를 맞대며 기도하는 모습이 송출되기도 했다. 시청자 대부분은 개의치 않았으나 타 종교 신자들과 일부 팬들로부터 극렬한 항의가 있었다. 국민을 대표하는 선수들이 개인적인 믿음을 공적인 자리에서 적나라하게 드러내는 것이 옳지 않다는 것이다.

안식일 참가 선택도 논란거리다. 기독교에서는 안식일을 지키는 것이 하나님의 명령이다. 하지만 대회 일정과 중복될 경우 선택의 갈림길에 선다. 신앙을 우선한 사례로는 1924년 파리올림픽에 참가한 영국 육상 100미터 기대주 에릭 리들이 가장 유명하다. 그는 예선전이 일요일에 예정되자 주일에는 달리지 않겠다며 경기 참가를 포기한다. 하지만 팀 동료의 배려로 400미터 계주에 참여해서 금메달을 목에 건다. 그의 이야기는 1982년 아카데미 작품상 수상작 〈불의 전차〉에서도 소개되었다. 이후 선교사로 중국에 파송되었으며, 일본의 감옥에서 생을 마감한다.

최근 2019년에는 미국 워싱턴주의 한인 교포 고교생 남매가 워싱턴주 학생스포츠협회를 상대로 소송을 제기했다. 이들은 고교 테니스 대회 챔피언전 경기 일정에 제7일안식일예수재림교의 안식일인 토요일이 여러 번 포함되어 종교적인 신념을 지키지 못하도록 강요되었다고 주장했다. 결정적으로 플레이오프 챔피언 결정 토너먼트 경기 일정에 토요일이 끼여 원하지 않았으나 불참할 수밖에 없었고, 이것을 참가자들의 종교적인 편의를 고려하지 않은 협회의 책임으로 돌렸다.

운동 복장 제한은 어떨까? 이슬람교에서는 일상생활에서도 특정 복장을 착용하도록 교리상으로 의무화하고 있다. 특히 여성은 스포츠 경기에서도 반드시 히잡을 착용해야 한다. 히잡은 여성의 인권을 억압하는 대표적인 사례로 꼽혀 왔는데, 스포츠 장면에서도 불편을 감수하고 지켜야만 했다. 이슬람 국가들에서는 히잡 착용을 조건으로 올림픽 등 국제대회에 참가하도록 허용했으며, 심지어 수영 종목에서도 히잡을 반드시 써야만 한다. 2022년 서울에서 개최된 국제스포츠클라이밍연맹 아시아선수권대회에서 히잡을 착용하지 않은 이란 여자 선수가 본국으로 강제송환되기도 했다.

반대로 많은 스포츠 대회에서 히잡을 착용한 채 경기에 출전하는 것을 허용하지 않아 왔다. 다행히 2010년대에 들어와서 국제역도연맹, 국제배구연맹, 국제축구연맹, 국제농구연맹에서 차례로 히잡 착용을 허용했다. 맨살을 드러내서는 안 된다는 규율 때문에 수영장에서는 부르카와 비키니를 합친 부르키니라는 수영복이 개발, 시판되고 있다. 프랑스에서는 2011년부터 공공장소에서 부르카 착용을 금지하고 있다. 이에 이슬람 여성의 자율적인 선택에 따라 착용, 미착용을 결정하도록 착용 금지를 해제하라는 시위가 벌어지기도 했다.

종교적인 이유로 스포츠 참가는 물론 관람조차 허용되지 않는 경우도 있다. 요가는 힌두교의 종교적 철학을 반영하고 있어서 기독교인들이 해서는 안 된다는 주장(십계명 중 제1계명 "너는 나 외에는 다른 신을 네게 두지 말라.")이 있다. 평화를 사랑하는 불교나 기독교인들은 태권도나 K-1 같은 투기 스포츠를 멀리해야 한다(오계 중 제1계 "살생을 하지 말라.")고 말하기도 한다. 소를 신성하게 여기는 힌두교에서는 투우와 같은 동물 스포츠는 금지되고 있다.

이란에서는 1981년부터 여성의 경기장 출입을 금지했다. 그런데 2018년 10월, 37년 만에 국가대표팀 축구 시합에 약 100명의 여성을 입장시켜 응원하도록 허용했다. 2019년에는 2020년 도쿄올림픽 예선을 위해 사상 최초로 여자 축구 경기가 '축구의 성지'라고 여겨지는 이란의 아자디 스타디움에서 열렸는데, 여성 관중만 관람이 허용되었다. 2022년에는 이란 국내 프로팀의 직접 참관이 41년 만에 허용되었다.

스포츠와 종교의 호혜적 컬래버

스포츠와 종교는 상호 원원 관계를 만들어내기도 한다. 가장 대표적인 예는 고대 그리스제전이다. 그리스에서는 신들을 숭배하기 위한 스포츠 제전을 펼쳤는데, 올림피안 게임, 피티안 게임, 이스트미안 게임, 네메안 게임의 4대 제전이 유명하다. 올림픽 경기는 올림포스 산에서 하늘의 신 제우스를 위한 것이었다. 피티아 경기는 아폴로 신탁이 있는 델피신전에서 개최했다. 이스트미아 경기는 바다의 신 포세이돈을 기념하며 코린토스에서 열렸다. 네메아 경기는 제우스를 기리기 위해 네메아에서 열렸다.

불교는 신체활동을 심신 수련의 방편으로 개발하고 활용한 오래된 전통을 보여준다. 쿵푸는 중국 소림사의 시조인 보디다르마가 창시한 것으로 여겨진다. 동굴에서 9년간 면벽수행으로 허약해진 신체를 회복하고 깨달음을 견고히 할 목적으로 만들었다고 전해진다. 일본에서는 마라톤 수도승이라 불리는 불교인들이 있다. 천태종 승려들이 천태종의 총본산 엔랴쿠지(연력사)가 있는 히에이신(비예산)을 달리기 순례하는 수련을 9세기 이후 지속해오고 있다. 통상 100일 동안 매일 약 84킬로미터를 완주하는 수련을 쌓는다. 어떤 수도승들은 1천 일 또는 7년을 맹세하기도 한다.

기독교에서는 20세기 중반에 들어서면서 새로운 버전의 강건한 기독교주의가 생겨났다. 평론가 프랭크 드포드는 이를 '스포츠기독교'라고 명명했다. 스포츠인들을 복음화하고, 이들을 기독교 믿음을 전파하는 하나님의 도구로 적극 활용했다. 이를 국제적·체계적으로 진행시키기 위해 '기독교인운동선수회(FCA)' 또는 '행동하는 운동선수(Athletes in Action)' 같이 현재까지 활동하는 여러 단체가 발족했다. 이를 통해 예배 지원, 성경 공부, 신앙 상담 등을 제공하는 '스포츠 목회/사역'의 실천이 더욱 본격화되기 시작했다.

바티칸시국 교황청에서 진행하고 있는 가장 최근의 노력들은 스포츠와 종교의 호혜적 관계의 훌륭한 본보기가 되고 있다. 로마교황청은 2004년 문화체육부를 설치한 후 인류와 신앙과 교회에 대한 스포츠의 긍정적인 공헌 가능성을 인정하고 그 잠재력을 적극적으로 계발하기 위한 다각도의 시도를 하고 있다. 2011년 '교황 요한 바오로 2세 스포츠재단'을 설립했고, 2016년 '인류에 봉사하는 스포츠' 대회를 개최한 후 12조 목으로 된 스포츠와 교회 생활 선언문 〈스포츠와 크리스천 생활 선언〉을 발표했다. 더 나아가 2018년 스포츠와 신앙적 소명에 대한 신학적인 성찰과 교회의 가르침을 담은 최초의 문서 《나의 가장 좋은 것을 드림》을 공표했다.[4] 2019년에는 사상 최초로 사제, 수녀, 약사, 장애우 등 약 60명으로 구성된 육상팀을 창단했고, 2022년에는 장애인스포츠를 위한 세계대회를 개최했다.

달리기가 마음에 말하는 것

스포츠에는 분명히 종교적 차원이 존재한다. 각 종목에서는 이미 이 차원에 대한 자각과 추구의 기록이 있었다. 거의 모든 스포츠 종목에서 전문 스포츠인이든 아마추어 스포츠 애호가이더라도 각자 자기 스포츠 체험의 종교적 차원을 수필, 소설, 시, 회화 등으로 다양하게 소개하고 있는 것이다. 몇 가지 종목만 살펴보도록 한다.

먼저, 야구는 종교적으로 가장 많이 주목받는 스포츠일 것이다. 야구 종주국이자 기독교 국가로서 야구에 대한 미국의 신앙적 추앙은 타의 추종을 불허한다. 영화 〈19번째 남자〉의 여주인공 애니 사보이의 명대사가 그것을 증명한다.

"나는 야구라는 교회를 믿어요. 세상에 나온 큰 종교는 모두 다 믿어보았어요. 하지만 단 한 순간도 거름 없이 진정으로 우리 영혼을 키워주는 유일한 교회는 야구라는 교회뿐이에요."

야구를 종교적인 수준으로 믿는 미국인들을 대변하고 있다. 대표적인 인물 중 한 명이 뉴욕대학교 총장이었으며 미국학술원 회

원인 존 섹스본이다. 그는 《하나님께 가는 길로서의 야구: 게임 너머를 보다》라는 저서를 통해 야구가 종교의 수준에 있는 인간의 활동이라고 주장하며, 깊숙이 감춰진 야구의 종교적 차원을 하나하나 풀어헤쳐 보여준다. 그는 야구에서 종교의 진수가 드러나며, 야구 안에는 영성을 채우는 재료들을 찾아낼 수 있다고 알려준다. 실제로 대학생을 대상으로 책의 제목과 같은 〈신으로 향하는 길로서의 야구〉라는 강좌를 개설해서 이 주장을 구체적으로 설명하고 가르친다.[5]

야구의 인기가 매우 높은 우리나라이지만 아직 전문적인 야구신학은 전개되고 있지 않다. 다만 목회자들의 기독교적 야구 해석이 조금씩 소개되고 있는 중이다. 이성희 목사는 야구가 기독교인의 순례의 길을 빼닮았다고 말하고, 야구를 기독교인의 천로역정으로 풀어내고 있다. 예를 들면 야구에 홈런이 있는데, 기독교인의 삶은 홈런을 위한 삶이며, 기독교인은 삶의 본향(홈)을 향해 달리는(런) 것을 목적으로 삼는 삶으로, 따라서 모든 기독교인은 홈런 타자다.

동양 종교인 불교와 야구가 인연이 없는 것은 아니다. 야구공은 8자 모양의 가죽 두 쪽을 꿰매어 이은 실밥 자국이 108개다. 불교의 108번뇌를 연상시킨다. 도널드 로페즈는 《마운드 위에서 부처: 9이닝만의 깨달음》에서 불교적인 개념을 야구에 접목해 재치 넘치고 흥미진진하게 풀어헤친다. 양키 스타디움에서 발견된 가상의 '야구경'의 내용을 해설하는 형식을 취한다. 부처가 야구를 창안했음을 주장하며, 야구의 여러 측면 속에서 일체개고, 연기설, 팔정도 등의 불교적인 개념을 찾아내어 깨달음에 도달하도록 도와준다.[6]

야구와 달리 골프는 비교적 정적인 운동 특성상 다른 스포츠에 비해 상대적으로 불교적인 해석이 적극적으로 진행된 종목이다. 스포츠심리 전문가 조셉 패런트는 《젠 골프》에서 선사 초캄 트룽파 린포체의 가르침을 골프에 적용해서 풀어낸다. 현재 큰 인기를 끌고 있는 불교적 마인드풀니스 접근이 소개되기 전에 이미 마음챙김의 원리를 소개해주고 있다. 특히 온전히 비움을 강조하며, 이를 위한 실제적인 방법으로 준비–실행–반응으로 구성된 PAR 원리를 소개한다.[7]

미국 문수사 주지인 도범스님은 《골프공과 선사: 불교의 공에 답하는 불교 이야기》에서 불교의 어려운 개념들을 골프에 빗대어 쉽게 해석해주고 있다. 예를 들어 골프의 공과 불교의 공(空)의 연관성을 찾아내어 멸혹의 공문(空門)에 들어 마음이 비워진 상태가 공을 제대로 칠 수 있는 상태임을 알려준다. 골프는 왜 18홀이며 홀컵 지름이 108밀리미터인 이유도 불교적으로 풀이한다. 육근(六根. 눈, 귀, 코, 혀, 몸, 뜻)이 육진(六塵. 색깔, 소리, 냄새, 맛, 촉감, 의식)을 대상으로 작용할 때, 각각 좋음, 나쁨, 그저 그럼의 삼수(三受)로 나뉜다. 육근에 삼수를 곱해 18을 얻고, 염(染)과 정(淨)이 있어 18에 2를 곱해 36이 되며, 과거 · 현재 · 미래의 삼세가 있어 36에 3을 곱하면 108이 된다.

영국에서 기원한 골프는 기독교적으로도 많은 사랑을 받고 있다. 드넓은 페어웨이에서 3~4시간 동안 펼쳐지는 스윙, 워킹, 그리고 퍼팅의 향연은 인생의 파노라마 또는 축소판이라고 인정되고 있다. 홀 1에서 홀 18까지 다양한 성공, 좌절, 회복, 재기의 순간순간은 희로애락의 모든 인간 감정을 불러일으킨다. 전 과정이 자신의 의지만으로는 이루어낼 수 없고, 보이지 않는 커다랗고 위대한 존재를 인정할 수밖에 없게 된다. 인생은 물론 골프와 기독교가 얼마나 닮았는지도 알려준다. 개리 그라프는 《하나님께서 말씀하시되, 티업 시작!》에서 골프의 3요소라고 할 수 있는 골퍼, 골프공, 골프 코스가 성부, 성자, 성령의 성삼위일체와 유사하다고 지적한다. 셋 중 어느 하나만 빠져도 골프라는 게임이 성립되지 않듯 성삼위가 항상 채워지지 않고는 올바른 기독교란 상상할 수 없다.[8]

달리기는 어떨까? 달리기는 기독교에서 일찍부터 언급한 스포츠다. 《신약성경》 여러 구절에서 비유적으로 언급된다. 가장 유명한 것으로 "운동장에서 달음질하는 자들이 다 달릴지라도 오직 상을 받는 사람은 한 사람인 줄을 너희가 알지 못하느냐 너희도 상을 받도록 이와 같이 달음질하라."(〈고린도전서〉 9장 24절)와 "나는 선한 싸움을 싸우고 나의 달려갈 길을 마치고 믿음을 지켰으니"(〈디모데후서〉 4장 7절)가 있다. 고된 훈련을 견뎌내고 실제 경기에서 승리를 이루어내는 기독교인의 삶을 쟁취할 것을 주문하고 천명하고 있다.

가톨릭 사제인 로저 조슬린은 《영성의 길 위를 달리다》에서 '달리기 명상(달리기 기도)'의 아이디어를 소개한다. 불교의 좌선이 멈춘 채 앉아 하는 명상이라면, 달리기는 움직이며 하는 명상(動禪), 뛰면서 하는 명상(走禪)이라고 한다. 이른 아침 달리기를 하면서 움직이는 내 몸에 집중할 때면 "몸과 마음과 영혼의 연결성이 떠오른다. 신체와 정신과 영혼의 연결을 성삼위일체와 동일시한다. 정신은 성부, 신체는 성자, 그리고 성령은 호흡으로 느껴진다." 의와 지혜의 주관자이신 성부는 머리, 육신으로 오신 성자는 신체, 그리고 몸과 마음을 위한 생명의 원천인 성령은 들숨과 날숨으로 간주한다.[9]

불교에서도 달리기는 중요하게 여겨지고 있다. 쵸감 트룽파의 아들인 샤콩 미팜은 《마음에 대해 달리기가 말해주는 것들》에서 달리기는 그 자체가 자동적으로 명상은 아니라고 운을 띄운다. 달리기는 몸 운동이고, 명상은 마음 운동이다. 달리기는 생각, 근심, 걱정의 표층을 다룬다. 명상은 경계를 넘어 심층부까지 들어간다.[10] 하지만 마음챙김과 알아차림을 통해 달리기가 명상이 될 수 있음을 차근차근 설명해준다. 일본 히에이산의 천태종 승려들도 장거리, 장시간의 달리기를 깨달음을 위한 자기 수행으로 수련해왔다. 래리 사피로는 《선과 달리기》에서 선불교의 원리들이 달리기의 처음과 끝, 즉 동기 부여, 준비 단계, 장애물, 훈련, 실제 경기, 부상과 노화, 지속하기 등의 측면에 어떻게 적용될 수 있는지 친절하게 설명해주고 있다.[11]

믿음으로 뛰고 뛰면서 알리고

스포츠인들 가운데 믿음을 갖는 종교인이 상당수다. 불세출의 프로선수인 권투선수 무하마드 알리와 농구선수 카림 압둘 자바는 이슬람교로 개종하면서 본인의 성명을 이슬람식으로 개명했다. 이들의 본명은 각각 캐시어스 클레이와 루이스 앨신더 주니어였다. 농구선수 하킴 올라주원도 나이지리아 출신으로서 미국에서 활약할 때부터 무슬림 신자였다. 프랑스 축구선수 지네딘 지단과 러시아 테니스선수 마라트사핀도 무슬림 신자다.

불교가 주된 종교인 동양과 달리 서양에서는 불교도 스포츠인이 흔하지 않은 실정이다. 미국 프로농구 감독 필 잭슨과 미국 프로골프 선수 타이거 우즈가 가장 두드러진다. 필 잭슨은 별명이 '선사'일 정도로 자신의 농구 철학을 선불교(와 북미 인디언 사상)에 두고 있다. 타이거 우즈도 태국인인 어머니의 영향을 받아 어렸을 때부터 불교적 마음챙김 수련이 골프에 도움이 되었다고 말한다. 이외에도 이탈리아 축구선수 로베르토 바조, 프랑스 축구대표 파비앙 바르테즈, 미국 수영선수 앤서니 어빈 등이 알려져 있다.

기독교도 운동선수는 매우 많다. 미국 프로농구팀 골든스테이트 워리어스의 스테픈 커리는 거의 전도사 수준으로 하나님에 대한 자신의 믿음을 공공연히 말한다. 올림픽 금메달을 7개(400미터 계주와 200미터)나 딴 앨리슨 펠릭스는 자신의 모든 성공을 하나님의 은혜로 돌린다. 미국 프로야구팀 LA 다저스의 투수 클레이튼 커쇼도 시즌 후에는 봉사활동에 참여하는 것으로 유명하다. 남미와 유럽 출신의 축구선수들은 대부분 가톨릭 신자다. 킬리안 음바페, 크리스티아노 호날두, 네이마르 주니어, 디디에 드록바, 카카 등이 대표적이다.

국내로 고개를 돌려보면, 잘 알려진 불교 신자로 야구 이승엽 · 홍성흔 · 추신수 · 이대호 · 구자욱, 축구 박지성, 농구 허재 · 현주엽, 육상 이봉주 · 황영조, 골프 박세리, 쇼트트랙 최민정, 당구 스롱 피아비, 펜싱 김지연, 체조 양학선, 양궁 강채영 선수 등이 있다. 기독교인으로는 축구 이영표 · 박주영, 야구 이만수, 농구 우지원 · 서장훈, 탁구 현정화 · 유승민, 알파인 스키 김소희, 쇼트트랙 황대헌, 스피드스케이팅 이승훈, 피겨스케이팅 유영, 컬링 김영미 선수 등을 꼽을 수 있다. 아울러 스포츠인을 중심으로 스포츠를 통한 신앙 전파를 목적으로 조직한 국내외의 종교단체들도 있다.

협업의 르네상스를 꿈꾸다

스포츠와 종교는 인류의 역사 내내 다양하게 관계를 맺어 왔음에도 불구하고 현대인들 대부분은 그것을 거의 인식하지 못하고 있다. 최근 들어 서양은 상대적으로 스포츠와 기독교(및 종교 전반)의 관련성에 관한 학술적 연구와 일상적인 실천이 본격화되고 있다. 이에 비해 아쉽게도 우리나라는 아직 일천한 상황이다. 스포츠 참가율과 금메달 개수는 선진국 수준에 도달했으나 스포츠가 우리 문화의 다양한 영역과 어떤 관계를 어떤 수준으로 맺고 있는지는 여전히 미진하다. 스포츠와 문학, 예술, 종교, 역사, 철학의 관련을 탐색하는 스포츠인문학은 그런 상황에 반전을 가져오기 위한 적절하고도 효과적인 조처가 될 수 있다.

최근 들어 국내에서도 스포츠와 종교 관련성을 보다 활발하게 탐색하려는 노력이 잇고 있다. 학술적으로 체육학자들은 간간이 연구를 발표해오고 있으나 종교학적·신학적 깊이가 만족스럽지 못한 것이 현실이다. 2002년 한일월드컵을 계기로 2010년 이후 스포츠와 종교의 연관성을 문화종교학적으로 꾸준히 살펴보는 연구('종교와 스포츠의 접점', '종교인구 감소의 시대 종교의 스포츠 활용 현황과 과제' 등)가 진행되고 있다. 스포츠를 통한 선교('스포츠 선교의 나아갈 방향성과 환대 선교' 등)와 포교('스포츠 포교 방법 연구' 등) 방안을 강구하는 연구도 실행되었다.

그렇기는 해도 학술적인 탐구 활동 외에 보다 더 활성화해야 하는 측면은 현실 생활과 문화 속에서 종교와 스포츠의 연관이 더욱 뚜렷이 드러나고 더욱 강하게 맺어지는 것이다. 유명 스포츠인의 신앙생활에 대한 표피적인 호기심이나 일회성 궁금증에만 머무는 것이 아니라 각자가 자신의 일상 스포츠 활동 속에서 종교적·영적·신앙적 체험에 주목해 관심을 기울이는 습관과 노력이 필요한 시점이다.

감각적인 흥미와 육체적인 재미가 지배하는 현대 생활은 우리에게 종교라는 비실용적인 활동에 무관심과 피로감을 느끼도록 한다. 더구나 뉴스와 주변에서 보고 듣는 종교인들의 비윤리적인 행위, 종교가 야기하는 전쟁과 다툼으로 사람들은 싸늘한 시선을 거두지 않는다. 전 세계적으로 종교에 대한 관심도 감소하고, 종교를 갖는 이들의 비율도 축소되고 있는 현실이다. 반면에 스포츠는 세계인의 더 많은 주목과 사랑을 받고 있다. 참가율과 시청률은 지속적인 상승일로다.

　감각적인 흥미와 육체적인 재미의 끝판왕이 스포츠이기 때문일 것이다. 하지만 유희 활동으로서 스포츠는 단순한 표피적인 즐거움만 추구하는 오락행위에 그치지 않는다. 인간의 오랜 역사가 보여주었고 현재 여러 사례가 알려주듯이 스포츠는 종교적 차원을 담지하고 있다. 종교는 스포츠로부터 배울 점이 있고, 스포츠는 종교로부터 얻을 점이 있다. 이제 보다 명시적이고 본격적으로 스포츠와 종교의 결합, 융합, 나아가 하나 됨이 필요한 시기가 도달했다.

　종교학자 마르시아 엘리아데가 말했듯이 모든 성스러운 것은 세속적인 것 안에 들어 있다. 종교는 스포츠 속에 숨겨져 있다. 그것을 찾아내는 것이 스포츠 황금시대를 사는 우리 모두의 행복한 임무다. 결국 성(聖)과 속(俗)은 하나다. 성이 속이고, 속이 성이다. 더욱더 힘차고 세차고 당차게 스포츠-릴리전 컬래버를 추진하자. 스포츠와 종교의 지란지교를 일구자.

스포츠와 미술의 창의적 융합

예술은 참 어렵다. 그런데 좋아하는 마음은 있다. 이것이 일반인 대부분의 인식과 태도다. 나도 그렇다. 나는 개인적으로 예술전문가가 아니다. 그렇다고 해서 완전 문외한도 아니다. 공연 관람이나 전시 관람을 자주 하는 편에 속한다. 예술 장르 중 선호가 있다면 영화, 연극, 미술 장르를 특별히 더 좋아한다. 음악은 젬병이다. 물론 듣는 것은 좋아하지만, 부르는 것은 혼자 있을 때 이외에는 되도록 삼간다. 그만큼 음악에 재능이 없다.

그런데 미술은 덜 부담스럽다. 그림을 보는 것도 좋아하고, 가끔 펜으로 끼적거리기도 한다. 가장 선호하는 장르는 회화인데, 유화도 좋지만 수채화나 펜화에 좀더 매력을 느낀다. 전통적인 미술의 다른 장르에는 조각도 있고 판화도 있다. 최근에는 뉴미디어아트 등의 새로운 미술 장르도 빠르게 발전하고 있으나 예전 스타일인 나는 가장 전통적인 미술 장르인 회화를 좋아한다.

미술에 대한 관심이 최근 부쩍 증가하는 국내 상황이지만, 스포츠미술 분야는 전문가나 일반인을 막론하고 전혀 알려지지 않았다. 물론 미술이 가장 두드러지게 부각되는 스포츠 행사가 있다. 올림픽대회인데, 문화올림피아드라는 프로그램을 통해 미술을 포함한 음악, 무용, 연극 등에 걸쳐 연주, 공연, 전시 등 다양한 예술행사를 진행한다. 2018년 평창동계올림픽에서는 최초로 상주예

술가제도를 실시해 올림픽 행사 기간에 대회를 관람하면서 영감을 받아 미술작품들을 창작했다.[1]

스포츠를 즐기는 미술관

다들 비슷할 텐데, 나는 청각이나 후각보다는 '시각적인 것'에 더 잘 반응한다. 그래서인지 미술(과 미술적인 것)을 싫어한 적은 없었다. 미술 교과서에 실린 작품들과 디자인, 간판, 포스터 등 항상 미술적인 것에 관심을 가졌다. 그런데 1990년대 초반 진중권의 《미학 오디세이》를 읽고 그 해박함과 독창력에 충격을 받았다. 이에 더해 유홍준의 《나의 문화유산답사기》로 미술에 대한 문화적 안목이 일천함을 절절히 자각했다.

미술적인 것에 대한 무지 상태는 나 개인에 그치지 않았다. 그당시 한국 스포츠와 미술(포함 예술 전반)은 서로 완전히 다른, 멀리 떨어진 두 개의 섬나라였다. 반면에 서양에서는 스포츠와 미술이 아주 가까운 관계를 유지해왔다. 근대올림픽 초반에는 예술올림픽을 함께 개최했고, 스포츠를 소재로 하는 현대 유명 미술가도 많다. 동양에서는 1931년 일본이 일찌감치 "스포츠에 관련한 예술문화 활동을 통해 스포츠의 발전에 기여한다."라는 목적 아래 일본스포츠예술협회를 설립했다.

1988년 서울올림픽이 열린 지 30년이 지나고 선진국으로 자리잡은 2020년대의 우리나라는 어떤가? 사회 전반과 문화 일반에 걸쳐 미술의 발전이 눈에 띄지만, 스포츠 분야에서는 아직도 남의 이야기, 낯선 관계다. 체육계에서 미술에 대한 관심은 전무라고 말해도 될 수준으로 미미하다. 다만 국민체육진흥공단에서 1988년 서울올림픽을 기념해 세운 소마미술관이 있다. 이 미술관은 현재 스포츠와 미술의 유일한 상설 접점이라고 할 수 있다.[2]

우리나라에서 스포츠와 미술의 이와 같은 소원한 관계는 유감이 아닐 수 없다. 스펙터클하고 화려한 장면이 펼쳐지는 스포츠만큼 비주얼한 장르가 있는가? 스포츠 경기는 그 자체가 비주얼하지 않은가? 스포츠는 보는 이들로 하여금 넋을 놓게 하는 순도 높은 기술을 끊임없이 생산해낸다. 스포츠는 두 눈을 사로잡는 광경을 시도 때도 없이 연출해낸다. 즐거움과 긴장감이 가득한 스포츠 장면은 말 그대로 미술작가들의 블루오션이 아닐 수 없다. 시각예술가들은 각자 자신의 스타일로 그 순간들을 잡아내어 그림, 사진, 조각, 비디오(또한 만화, 애니메이션, 일러스트레이션) 등으로 재창출해낸다.

미술은 시각예술이다. 비주얼의 예술이다. 따라서 스포츠와 너무도 잘 맞는다. 속도도 늦고 규모도 작지만 그래도 스포츠와 미술의 융합, 스포츠미술에 대한 문화적 관심과 스포츠 작품전이 늘어나고 있다. 현대미술의 다양한 장르 안으로 스포츠가 스며들고 있다. 스포츠와 미술이 스포츠 리터러시의 중요한 자리를 차지하고 있다. 스포츠는 더이상 시합 구경이나 경기 관전에 그치지 않는다. 스포츠를 작품으로 감상하고 관람하는 시대가 이미 펼쳐진 것이다.

인류는 왜 그 동작을 그렸을까

인류 역사상 최초로 스포츠와 미술이 하나로 만난 기록은 언제, 어디일까? 통상적으로 이집트 남서부 길프 케비르 고원의 '헤엄 치는 사람들의 동굴'이라고 간주되고 있다. '그림의 골짜기'를 뜻하는 와디수라에 위치한 이 동굴 벽에 수영하는 사람들(로 추정 되는 모습)이 그려져 있다. 현재는 사막 지대이지만, 약 기원전 1 만~8천 년 전을 전후로 이곳에도 물이 풍족한 시기가 있었고, 사 람들이 모여 살면서 하마와 물고기, 수영하는 자신들의 모습을 그 렸다.

이후 그리스시대가 되면서 인류는 의도적이고 직접적으로 스포 츠와 미술의 접점을 확인하기 시작한다. 달리기와 원반던지기를 하는 남성 조각상과 다양한 경기에 참여하는 운동선수의 모습을 새긴 항아리가 유행이었다. 로마시대에는 전차 경주와 검투사 경 기가 흔하게 행해졌는데, 청동 조각상으로 표현하거나 귀족의 집 또는 공공건물에 타일 그림으로 유명 선수나 시합을 기념했다. 그 리고 헬레니즘 문화의 융성으로 스포츠와 미술의 만남은 최고조 에 이른다.

중세시대에는 기독교의 발흥으로 스포츠는 매우 위축되었으며, 기사들의 마상 대결 등 매우 제한적인 내용으로만 그림과 조각으로 남아 있다. 서양에서 스포츠가 다시 주목을 받기 시작한 것은 르네상스 시기였으며, 15세기에 이르러서야 미술적으로도 다시금 소재화가 되기 시작했다. 이탈리아에서는 로렌조 드 메디치 가문의 사람들이 구기 운동에 빠졌을 정도로 구기가 전 유럽적으로 인기 있는 스포츠가 되었다. 로마가톨릭교회도 스포츠에는 유연한 태도를 보였고, 토너먼트 마상 시합이 유행해 수많은 그림으로 기록되었다.

현재 우리가 알고 있는 형태의 스포츠는 17~18세기에 접어들면서 본격적으로 영국과 유럽에서 시작했다. 특히 영국은 근대 스

와디수라의 '헤엄치는 사람들의 동굴'에 그려진 벽화.

포츠의 발생지라고 불릴 정도로 많은 새로운 종목을 탄생시켰다. 다만 스포츠와 미술은 예술문화가 월등히 발달해 있던 유럽 본토에서 보다 활발하게 연계되고 있었다. 테니스, 축구, 크리켓, 승마, 권투, 골프, 요트, 수영 등의 인기 스포츠가 빈번히 그림 소재가 되었다.

19세기는 스포츠와 미술 양자 모두에 대부흥기라고 할 수 있다. 산업혁명으로 인한 경제적 풍요와 교통의 발달로 지리적 교류가 활발해졌다. 증기기관차와 자동차의 발명으로 이동시간이 단축되어 유럽 각 국가 간, 그리고 국가 내 지역 간 경기가 늘고, 신흥 부자들의 예술작품에 대한 수요가 높아진 시기다. 모네, 마네, 세잔, 쇠라 등 인상파 화가들도 수영, 승마, 요트 등의 그림을 즐겨 그렸다. 강, 들, 산, 바다 등을 배경으로 많은 이들이 모여 있는 장면을 즐긴 것이다.

〈롱상의 경주〉, 에두아르 마네, 1866.

20세기는 명실공히 스포츠의 시대라고 불린다. 온갖 종류의 스포츠가 전 세계 곳곳에서 융성했다. 특히 스포츠의 천국으로 불린 미국을 중심으로 TV 중계와 프로스포츠가 급격히 발달했다. 예술 분야에서도 다양한 장르의 자유롭고 추상적인 화법과 미디어를 활용한 새로운 방식의 시각예술이 불붙듯이 발흥했다. 일상에서 스포츠 체험을 많이 겪은 미술가들이 등장해서 스포츠미술 작품을 왕성하게 창작했다. 선진국에서는 스포츠미술이 하나의 정식 장르로 정립했다.[3]

21세기 스포츠는 많은 미술가가 선호하는 최상의 소재로 정착했다. 스포츠를 주로 그리는 미술가 개인의 창작 활동은 물론 골프, 축구 등 단일 종목을 중심으로 다양한 작품을 모아 전시회를 개최하는 일은 이제 국내에서도 그리 낯선 행사가 아니다. 스포츠 전용 미술관은 아직 드물지만, 미술작품이 많은 부분을 차지하는 스포츠박물관은 이미 전 세계적으로 일반화된 현상이다.[4]

올림픽의 미술 사랑, 예술올림픽

근대올림픽의 창시자 쿠베르탱은 예술을 존중했다. 올림픽경기대회 시 운동 시합과 함께 예술올림픽 경연이 열렸다. 실제로 예술가들이 작품을 출품하고 그중에서 순위를 결정해서 메달을 수여했다. 제1, 2차 세계대전 중이던 1916년, 1940년, 1944년 3회를 제외하고는 제5회 1912년 스톡홀름 대회부터 1948년 제13회 런던 대회까지 7차례 열렸다. 전문 예술가들의 지나친 참여로 올림픽의 아마추어 정신을 훼손한다는 애버리 브런디지 위원장의 주장에 따라 1952년부터 폐지되었다.

건축, 음악, 회화, 조각, 문학 분야에서 경연을 펼쳤기 때문에 예술올림픽은 '뮤즈들의 5종 경기'라는 별칭으로 불렸다. 스포츠로부터 영감을 받은 내용으로 발표된 적이 없는 창작품들을 대상으로 각 분야에서 1, 2, 3위를 선정해서 금, 은, 동메달을 수여했다. 5개 분야로 시작했는데, 인기가 높아지자 세부 영역들로 갈라지면서 메달 수가 많아졌다.

회화와 조각이 미술과 직접적으로 연관된 두 분야였다. 회화는 단일 장르로만 선발하다가 1928년부터 소묘, 인쇄미술, 회화로

1932년 예술올림픽 조각 부문 금메달을 수상한 〈녹다운〉(마혼리 영).

나뉘었으며, 대회마다 약간씩 재조정했다. 1932년 대회에서는 유화, 판화, 수채화/데생이었다. 1936년에는 판화 장르가 그래픽 아트로 재조정되었으며, 마지막 대회에서는 응용미술, 공예, 동판화, 유화/수채화 부문으로 운영했다. 조각은 한 부문으로 이어왔으나, 1928년과 1932년에는 조각과 부조/메달의 두 부문으로 분리했으며, 1936년부터는 부조와 메달 부문을 분리해 조각, 부조, 메달에서 작품을 선별했다.

예술올림픽 미술 부문 최고 수상자는 1924년과 1928년 회화 부문에서 2회 연속 금메달을 차지한 룩셈부르크의 화가 장 자코비였다. 스위스 화가 알렉스 디겔만은 회화 부문에서 금메달 1개, 응용미술과 공예 부문에서 각각 은메달과 동메달을 받았다. 놀랍게도 경기올림픽과 예술올림픽 미술 부문에서 모두 수상한 선수도 있었다. 1908년과 1912년에 각각 금메달과 은메달을 딴 미국의 사격선수 월터 위난스는 1928년 〈미국 승마선수〉라는 조각 작품으로 금메달을 수상했다.[5]

역동적인 순간을 위하여

스포츠와 미술의 본격적인 만남은 20세기 초에 현대미술의 새로운 시도들이 유럽 전역에서 펼쳐지면서부터다. 회화 장르에서 표현주의, 야수파, 입체파, 미래파, 다다이즘, 초현실주의, 추상주의가 등장했다.

1908년 프랑스의 앙리 루소는 〈럭비선수들〉을 발표했는데, 그당시 대세이던 엄격한 원근법과 사실적인 묘사에서 벗어나 희화화되고 자유스러운 화법을 선보인 초기작이다. 프랑스 입체파 앙드레 로트는 1917년 제1차 세계대전에 참전하고 전역한 후 전쟁의 참혹함과 공포심을 테니스 선수들의 모습에 투영시켜 〈테니스 선수들〉을 그렸다.

이보다 더 파격적인 그림은 이탈리아의 미래파 화가들이 시도했다. 산업화와 기계화를 긍정적으로 바라보고, 정치적 보수와 기존 문화에 반대하는 화풍을 보였다. 이들은 움직이는 시점으로 바라본 속도와 운동을 하나의 화폭에 옮겨 놓으려고 노력했다. 1913년 움베르토 보치오니의 〈축구선수의 다이나미즘〉은 일정 시간에 행해진 다양한 축구 동작을 제한된 화폭 공간 속에 한꺼번에 잡아넣었다.

스포츠가 인기 높던 미국에서도 미식축구, 권투, 야구 등 다양한 종목이 새로운 실험적인 화법의 소재로 주목받았다. 권투화가라고 불리는 조지 벨로우스는 30년간 권투선수와 관중의 흥분과 열광을 빛과 어둠을 활용해 극명하게 느껴지도록 하는 화풍을 구사해서 명성을 떨쳤다. 1909년 흑인과 백인이 피가 낭자한 혈투를 벌이는 장면을 거친 붓칠로 그린 〈이 클럽의 양쪽 멤버들〉은 최고의 명작 중 하나다.

제2차 세계대전 전후 20세기 중반 전 세계 미술은 새로운 시도

〈축구선수의 다이나미즘〉, 움베르토 보치오니, 1913.

로 더욱 활발해졌다. 전후의 사회적 불안과 실존적 고통, 그리고 그 극복을 화폭에 옮기려고 시도한 추상적 표현주의가 있다. 추상주의와 표현주의의 중간 지점을 찾아낸 추상적 표현주의 화가 페르낭 레제의 1942년 작품 〈수영하는 사람들〉은 이를 대표하는 작품이다. 1966년 후안 미로의 〈스키 코스〉와 1961년 파블로 피카소의 〈축구선수들〉도 유명하다.

1960년대 영국과 미국에서 동시에 시작된 새로운 시도로 팝 아트가 있다. 일상생활 용구, 만화, 광고, 보도사진 등을 그림의 주제와 소재로 삼아 기존 회화 개념을 전복시킨 미술 장르다. 1961년 로이 리히텐스타인의 〈공을 가진 여자〉가 초기 작품 중 하나이며, 1977년 앤디 워홀이 무하마드 알리 등 운동선수 10명의 얼굴을 작품화한 연작 시리즈 〈운동선수들〉이 유명하다.

현대미술에서 스포츠는 더욱더 중요한 소재가 되었다. 현존하는 가장 유명한 화가인 데이비드 호크니는 일상의 수영장을 즐겨 소재화했는데, 1967년 〈첨벙〉은 2020년에 2,300만 파운드에 경매되기도 했다. 미국의 르로이 네이만은 강력한 색채감을 활용해 액션 페인팅과 같이 흩뿌리는 듯한 스타일로 엘리트 스포츠의 역동성을 감상자에게 그대로 전달하는 화법으로 유명하다. 특히 1979년 켄터키 더비 경주마들의 결승선 질주를 소재로 그린 〈스트레치 스템피드〉와 1983년 테니스선수 존 매켄로의 서브 장면을 묘사한 〈볼보 마스터즈〉가 잘 알려져 있다.

〈볼보 마스터즈〉, 르로이 네이만, 1983.

살아 움직이는 듯한 동작들

회화 다음으로 스포츠를 사랑한 미술 장르는 조각이다. 그 대표적인 사례로 영국 국립박물관에 소장된 미론의 〈원반 던지는 사람〉이 곧바로 떠오른다. 거의 완벽한 준비동작으로 보는 이의 감탄이 절로 우러나는 작품이다. 스포츠를 숭앙한 그리스인들은 스포츠하는 인물을 작품화하길 즐겼다. 대결을 마친 후 자리에 앉아 누군가를 보며 대화하는 듯한 〈휴식하는 권투선수〉도 잘 알려져 있다. 로마시대의 청동 작품으로 표정과 전신의 근육이 너무도 세밀해서 실제로 살아 있는 듯한 느낌을 준다.

현대에 와서 스포츠 조각은 유명 선수(동물)나 감독(팀)의 기념, 특정 종목의 동작 표현, 스포츠 자체에 대한 창의적인 표현을 소재로 하는 세 부류가 주를 이룬다. 먼저, 특정 인물(팀, 동물)을 기념하기 위한 동상이나 조각이 가장 흔하고 인기가 있다. 서울 손기정기념관에 놓인 손기정 동상과 부산 사직야구장에 있는 최동원 동상이 대표적이다.

다음으로, 특정 스포츠의 동작을 형상화한 조각들은 운동장이나 스타디움 또는 독립된 조각공원 등에서 볼 수 있다. 서울올림픽공원과 수원월드컵경기장 조각공원의 특정 구역, 또는 서울올림픽 때 출품한 스포츠 조각 작품들이 서울 잠실대로 중앙 분리 구역에 수백 미터에 걸쳐 전시되어 있다. 마지막으로, 예술가의 순수예술적 창작품으로서 스포츠 조각들은 주로 기획된 전시회에서 소개된다.

영국에서는 〈운동장에서 설치대로: 스포츠 조각상 프로젝트〉라는, 전 세계 스포츠 조각 분포 현황을 파악하려는 장기 프로젝트가 진행되고 있다. 셰필드대학 교수 크리스 스트라이드의 주도하에 2010년부터 시작한 이 프로젝트는 현재 약 1천 개 이상의 조각들에 관한 정보를 확보했다. 특별히 영국에 있는 스포츠 조각들, 미국에 있는 야구 조각, 전 세계 크리켓 조각, 전 세계 축구 조각들에 관한 데이터베이스를 집중적으로 구축 중이다.[6]

〈휴식하는 권투선수〉.

미술가가 된 스포츠 선수들

앞서 잠깐 언급했지만 20세기 초반 올림픽경기에서 운동선수로 메달을 딴 후 예술올림픽에서 미술작가로 참가해 메달을 수상한 이들이 있었다. 유명했던 운동선수들 가운데 은퇴 후에 전문 미술가로 활발히 작품 활동을 하는 이들이 적지 않다.

이 가운데 올림픽 출전 경력의 미술가들이 두드러진다. 가장 널리 알려진 작가로 영국의 로얼드 브래드스톡이 있다. 그는 1984년 LA, 1988년 서울올림픽 때 투창 종목에 출전했다. 이후 2000년 미국올림픽위원회의 스포츠미술대회에서 대상을 받음으로써 본격적으로 시각예술가 활동을 개시했다. 2002년 올해의 국제스포츠미술가상을 수상하고, 2005년에는 미국육상협회의 공식 미술가로 지명받았다. 2006년 올림픽 출전 예술가들의 국제 협회인 '올림피언아트'의 원년 회원이 되었다. 그의 별명은 '올림픽 피카소'다.

국제올림픽위원회(IOC)의 하위 기관인 '문화와 유산을 위한 올림픽기금'은 2018년 평창동계올림픽부터 '올림픽상주예술가' 프로그램을 운영하기 시작했다.[7] 이때 선정된 4인의 미술가는 올림픽대회 기간 중 또는 매 대회 사이에 보고 느낀 것들을 미술작품화하는 임무를 수행했다.

이 프로그램에 더해 2020년 도쿄올림픽에서부터는 '올림픽 아고라'라는 공식 올림픽 문화행사를 실행했다. 여기서는 6명의 미술가를 선정했다. 2022년 베이징동계올림픽에서는 7인의 동서양 미술가가 초청되었다. 이들은 회화, 조각, 사진 등 다양한 장르의 작품을 제작해서 전시했다.[8] 초기 예술올림픽대회 그 자체는 사라졌지만, 스포츠와 예술을 사랑하는 올림픽 정신은 여전히 살아남아 더욱 성장하는 모습을 보여주고 있다.

움직임을 새롭게 해석하다

스포츠 경기를 보는 것은 관전이며, 미술작품을 보는 것은 관람이다. 그렇다면 스포츠미술 작품을 보는 것은 무엇이라고 불러야 할까? 미술작품을 보는 것이니 시청보다는 감상이라고 하는 것이 맞을 듯하다. 최근 국외 미술관에서는 단일/종합 종목을 주제로 다양한 작품을 한곳에 모아 집중적으로 감상하는 기회를 적극적으로 마련하고 있다.

미국 노스캐롤라이나 주 그린스버러 시의 웨더스푼 미술관에서는 2020년 12월 농구 작품 특별전인 〈농구 골대(To the Hoop)〉를 기획했다. 미국 내 최고 인기 스포츠 중 하나인 농구를 소재와 매체로 약 20여 명의 작가가 창의적인 작품을 출품했다.[9]

영국 런던에 위치한 자리 갤러리에서는 2022년 5월 〈운동선수의 미술〉 특별전을 열었다. 현직/전직 스포츠 선수들이 지닌 미술적 재능을 많은 사람과 공유하려는 의도로 기획했다. 유명 작가이자 신수인 로얼드 브래느스톡(부장), 킬리 호지킨슨(800미터), 크리스틴 오후루오구(400미터) 등의 작품을 전시했다.[10]

반갑게도 국내에서도 스포츠미술 전시회에 대한 관심도가 높아지고 있다. 기획 수준이 만족스러웠던 한 사례를 소개한다. 2012년 7월 런던올림픽 당시 〈한국 스포츠미술 2012〉 전시회를 런던 목스페이스 갤러리에서 개최했다. 한국 신진작가 14명이 회화, 사진, 일러스트레이션, 비디오 설치미술, 조각, 피규어, 스니커즈 커스텀, 디자인 등 다양한 장르를 망라해 관객들의 미술적 상상력을 충족시켜 주었다.

2013년 7월 서울미술관에서 야구선수 박찬호 은퇴를 기념하기

〈농구 골대〉, 웨더스푼 미술관, 2020.

위한 최고 수준의 미술전시회가 열렸다. '더 히어로—우리 모두가 영웅이다'라는 제목으로 강익중, 권오상, 김태은, 송필, 유현미, 이현세 등 전업작가들이 제작한 회화, 조소, 모빌, 설치미술 등 다양한 장르의 작품들을 전시했다.

2021년과 2022년 올림픽공원 내 소마미술관에서 3개월에 걸쳐 〈스포츠×아트 스테이션〉 전시가 열렸다. 7개의 스테이션으로 구분해 변대용, 윤상윤, 이연숙, 조민서, 정형대, 지희킴, 안성석 등 작가 7명이 신체와 움직임에 대한 새로운 해석과 스포츠의 활동적 에너지 분출에 대한 회화, 사진, 설치, 조각 등의 장르로 각자의 해석과 표현을 감상하는 기회를 제공해준다.

창의적인 만남을 기대하며

우리가 사는 현대적인 일상의 중심에 스포츠와 미술이 있다. 스포츠와 미술은 함께할 때 시너지 효과를 내며 증폭해서 서로 성장한다. 우리나라 스포츠는 대회 성적과 메달 색깔에서 뛰어난 성과를 거두고 있다. 이제 필요한 것은 문화적 품위를 갖추는 것이다. 수준 높아진 우리 미술에 간절한 것은 스포츠에 필적할 만한 일반 국민의 관심과 사랑이다. 미술은 기본적으로 향유의 대상이지 투자의 대상이 아니다. 스포츠와 미술의 다채로운 만남이 서로 필요를 충족시켜 성공을 가져다줄 것이다.

스포츠미술(미술스포츠)은 스포츠에는 문화적 품위를, 미술에는 국민적 사랑을 선물해줄 것이다. 특히 스포츠는 보다 더 적극적이고 다양한 형식으로 미술화가 되어야 한다. 지금 우리에게는 스포츠의 미술화가 시급하다. 스포츠미술 작품이 많이 나와야 한다. 스포츠미술 전시회가 열려야 한다. 스포츠미술 작가를 육성해야 한다. 스포츠미술관을 개관해야 한다. 스포츠미술 대회를 개최해야 한다.

스포츠와 미술의 창의적 융합이 교육적으로, 정책적으로 장려해야 한다. 스포츠와 미술의 창의적 만남을 적극적으로 응원하자! 스포츠여, 미술을 스카웃하라! 미술이여, 스포츠를 캐스팅하라!

6장

스포츠는 어떻게 시작했을까

어떤 것이라도 처음 시작을 찾는 일은 쉽지 않다. 그 어떤 것이 사물이거나 개념, 제도이든 마찬가지다. 그것의 출현이 역사적으로 오래되었을수록, 그 존재가 전 지구적일수록 더욱 어려워진다. 이는 대개 서로 다른 역사와 문화 속에서 다양한 형태와 의미로 존재했고 실재하기 때문이다. 한마디로 단일적이지 않다. 다형적이다.

스포츠가 그 대표적인 것 중 하나다. 스포츠는 단일적이지 않고 다형적이다. 그것도 극다형적 · 초다형적이다. '스포츠'라고 불리는 신체활동, 유희 활동의 종류는 다양함을 넘어 무한대라고 할 정도로 많다.[1] 그리고 그 범위의 한계가 정해질 수 없는 상황이다. 그만큼 오래된 인간의 활동이고, 그렇게 지속한 인간의 문화이기 때문이다.

'학교'라는 개념과 제도와 형태를 생각해보자. 지금 현재 시점에서 우리가 생각하는 학교는 사회의 공적 제도로 존재한다. 사회가 구성원들에게 자격을 부여하기 위해 만든 시스템이다. 시민과 국민으로 살아가는 데 필요한 필수 공통 소양들을 학습해서 공동체의 유지에 도움 되는 것을 일차적인 목표로 한다. 그리고 자격을 부여함으로써 공적 전문성을 인정받도록 한다. 일반적으로 초등학교, 중등학교, 대학교, 대학원 등의 형태로 존재한다.

그렇기는 하지만 학교가 항상 이런 모습이었던 것은 아니다. 인류의 역사와 문화를 되돌아볼 때, 고대사회와 중세 사회에서는 이와 같은 학교의 모습은 존재하지 않았다. 고대문명 속의 학교와 중세 동서양의 학교는 의미도 모양도 서로 달랐다. 현대에서조차 학교의 전형적인 모습에 쉽게 포함되지 않는 '학교들'이 있다. 학교의 이와 같은 다양성과 변형성은 그만큼 모든 역사와 문화 속에서 필수적이고 기본적인 인간 조건이기 때문이다.

'스포츠'도 역시 인간의 기본조건이다. '호모 루덴스'라는 용어가 무엇 때문에 널리 수용되었겠는가?[2] 인간은 근본적으로 '놀이하는 존재'다. 규칙화된 유희는 인간만이 즐기는 놀이다. 인간은 수만 년에 걸쳐 유희 본능을 가다듬고 발휘해 '스포츠'라고 통칭할 수 있는 유희적인 놀이 활동을 만들어 왔다. 전 지구적인 스케일로 시대와 국가를 가리지 않고 재미있는 놀이를 창안하고 열렬히 즐겨왔다.

스포츠라고 할 수 있는 신체활동은 너무도 다양해서 다 열거할 수 없을 정도다. 놀이, 게임, 스포츠라는 구분이 일반적으로 받아들여지는 범주다. 규칙성과 경쟁성이 그리 높지 않은 신체활동을 놀이(play)의 범주에 놓는다. 유아들의 즉흥적인 놀이나 구슬놀이 등이다. 게임(game)은 상대방과 벌이는, 경쟁성이 높으며 규칙이 체계화된 형태의 유희 활동으로, 바둑이나 카드 같은 두뇌게임부터 에어 하키 같은 신체 게임이 있다. 스포츠(sport)는 높은 규칙성과 경쟁성을 바탕으로 신체적인 기술을 발휘해서 상대방과 우얼을 가리는 신체활동을 말한다. 고대문명에서 행해진 볼 경기, 중세시대의 활쏘기와 창 대결, 현대의 축구, 야구 등등이다.[3]

그런데 우리는 일상에서 이런 다양한 종류의 신체활동을 하나로 묶어 보통 '스포츠'라고 부른다. 이렇게나마 다루지 않으면 이야기를 풀어나갈 수 없기 때문이다. 놀이든 게임이든 스포츠든 정확하게 개념이 규정되어 있지도 않고, 학자들은 여전히 그 개념들에 각종 근거를 대면서 논쟁 중이기 때문이다.

'스포츠들'은 어떻게 생겨났을까? 이것이 이 장에서 알아보려는 궁금증이다. 수많은 이유가 있겠지만, 여기서는 그 발생 방식을 세 가지로 요약해 살펴보겠다. 첫째, 그 존재는 짐작되지만 생겨난 원인을 알 수 없어 추측만 할 뿐인 경우다. 둘째, 문헌이나 그림 등의 자료를 통해 행해졌음을 잠정적으로 결정하는 경우다. 그리고 셋째, 창안자가 발표나 특허등록으로 분명히 드러나는 경우다. 예상할 수 있듯이 시대적으로 매우 오래전일수록 첫 번째 부류, 근대에 가까워지면서 세 번째 부류의 경우가 많아진다.

스포츠의 오랜 흔적을 찾아

스포츠활동의 흔적은 대부분 그림으로 남아 있다. 선사시대에는 바위에 그렸고, 고대시대에는 건물의 벽이나 식기의 표면에 색을 칠하거나 홈을 내어 그림을 그리는 것이 가장 확실한 방법이었다.

원시적인 상형문자가 발견된 이후에야 가까스로 스포츠활동에 대한 간단하고 희미한 기록이 남겨지기 시작한다.

레슬링의 흔적부터 살펴보자. '레슬링'은 인간의 다툼 방식 중에서 가장 원초적이고 오래된 활동이라고 할 수 있다. 그래서 신화 같은 문학적 자료나 경전 같은 종교적 자료에서 그 기록이 발견된다. 물론 서로 몸을 붙잡고 뒤엉켜 상대를 제압하는 이런 활동을 지금 말하는 '레슬링'이라고 부를 수는 없을 것이다. 사실 요즘 레슬링의 범주에도 서로 모양을 달리하는 종목들이 전반적으로 포함되고 있다. 아무튼 인간의 역사에서 가장 오래된 대결 방식으로 서로 붙잡고 하는 몸싸움의 수준에서 뭉뚱그려 레슬링이라고 할 수 있을 것이다.

가장 먼저, 메소포타미아문명의 발원지인 수메르 지역의 신화 《길가메시 서사시》는 기원전 2300년경에 기록된 가장 오래된 문학작품이라고 인정되고 있다. 길가메시는 우르크의 왕이 된 영웅이다. 신들이 그에게 완벽한 신체와 능력을 주었으나 그는 그것을 자기 과시에만 사용한 탓에 인간들로부터 미움과 두려움의 대상이 된다.

이에 신들은 또 다른 완벽한 존재인 엔키두를 창조해서 길가메시와 서로 상대하게끔 한다. 엔키두는 길가메시가 영웅이 되기 위해 떠난 여정 도중 레슬링으로 우열 가리기를 청한다. 혈투 끝에 길가메시가 엔키두를 이기며, 이 둘은 이후 평생의 친구와 동료로 지낸다.

길가메시가 나타나자 엔키두가 거리에서 길을 막아섰다. 둘은 서로 맞잡고 엎치락뒤치락 두 황소처럼 큰 소리를 지르면서 겨루었다. 이 둘은 집 문설주를 부서뜨리고 벽을 뒤흔들었다. 하지만 길가메시가 바닥에 발을 단단히 고정하고 허리를 굽혀 엔키두를 던져버렸다. 그러자 길가메시의 분노가 가라앉았고 그 자리를 떠났다.[4]

고대 이집트에서도 레슬링은 매우 인기 높은 활동이었다. 그림과 벽화에 레슬링 모습이 수없이 묘사되어 있다. 고위관리였던 바케이 3세의 무덤(15호) 벽화에는 약 400개 정도의 레슬링 동작이 그려져 있다. 각각의 그림은 모두 두 명이 한 쌍을 이룬 모습을 묘사하고 있다. 동일 인물들의 연습 또는 경기 모습을 한 컷씩 구분해서 그린 것인지, 주요 기술을 훈련 매뉴얼을 대신해 상세히 그린 것인지는 확실하지 않다.

이집트는 아래쪽에 위치한 누비아와 영토 경쟁을 위해 자주 싸움과 전쟁을 벌였다. 승리에 대한 대가로 광물, 곡식, 노예 등을

이집트 바케이 3세의 무덤 15호 속의 레슬링 벽화.

요구했고, 누비아의 뛰어난 레슬러들을 데려와서 자기 나라 선수들과 경연을 벌이게 하고 귀족들이 관람하게 했다. 누비아 선수들이 이기는 경우는 허용되지 않았다.

기원전 1200년경 람세스 3세의 무덤에서도 이런 레슬링 장면이 그려져 있다. 오늘날의 프로레슬링 선수들의 엄포 장면과 유사한 모습을 연상하게 하는 글이 적혀 있다. 이집트 챔피언이 누비아 선수를 잡아 누르면서 "누비아 적군이여, 잘 들어라. 내가 오늘 파라오 왕이 보는 앞에서 너를 꼼짝 못 하게 때려눕히겠다!"고 말한다.[5]

현대에 가장 유명한 공차기 놀이는 논란의 여지없이 축구다. 축구는 구기 스포츠에 한정되지 않고 모든 스포츠 중에서 가장 인기 높다. 영국 축구협회는 1863년에 결성했지만, 그것은 현대 스포츠로서 축구의 생일이라고 할 수 있다. 우리가 축구라고 부르는 종류의 스포츠들은 역사적으로 아주 오래전부터 행해져 왔다. 고고학적 자료에 근거해 메소아메리카와 중국이 각각 동서양의 축구 발생지로 여겨지고 있다.

고고학적으로 가장 오래된 볼 경기는 기원전 1400~1500년경 중남미 문명에서 발견된다. 마야문명의 잔해로 멕시코, 과테말라, 벨리즈와 온두라스 등이 위치한 유카탄 정글 여기저기에 유적들이 산재해 있다. 작은 마을부터 큰 도시까지 I자 모양의 볼 경기장이 약 1,500여 개 정도 발견된다. 마야인들은 무거운 고무공을 경기장 중앙 벽에 높이 수직으로 설치된 작은 원 모양의 골대에 집어넣는 공 게임을 했다. 엉덩이와 허벅지로만 공을 터치할 수 있었다.

마야인의 전설과 역사가 실려 있는 《포폴 부》에는 우나푸와 스발란케 쌍둥이 영웅의 이야기가 실려 있다.[6] 이 쌍둥이의 조상은 운 우나푸와 부쿱 우나푸라는 쌍둥이로 유명한 볼 게임 선수들이었다. 그런데 너무 시끄럽게 경기를 해서 지하 세계 거주민들의 심기를 건드린다. 이들은 그 벌로 죽음의 신과 경기를 치러야 했다. 형제는 신들을 이길 수 없어서 경기에 져 죽임을 당한다. 이들의 시신은 지하 세계에 남는다.

이들의 자손인 우나푸와 스발란케는 성인이 되자 지하 세계와 리턴 매치를 벌인다. 이 쌍둥이는 신들이 호박을 공으로 착각하게 해서 쫓게 하고, 너구리와 토끼 같은 작은 동물의 도움으로 진짜 공으로 골을 넣어 1 대 0의 승리를 거둔다. 분노에 찬 신들의 추격을 가까스로 피해 지상 세계로 무사히 나온 이 쌍둥이는 하늘나라로 올라가 해와 달이 된다.

이런 신화적 배경을 지닌 마야의 볼 경기는 유럽인들의 침략으로 멸망할 때까지 약 3천 년간이나 이어졌다. 여러 지역에서 다양한 형태와 방식으로 행해졌는데, 틀라츠틀리, 울라말리츠틀리, 폭타폭 등 시대와 장소에 따라 여러 명칭으로 불렸다. 세부적인 경기 방식은 알 수 없는데, 그림이나 조각 등의 자료만 있을 뿐 문자적 기록이 남아 있지 않기 때문이다.[7]

중국에서는 축국이라고 불리는 공놀이가 이미 2,300년 전부터 행해졌다. 축국이라는 단어 자체가 찰 '축(蹴)'과 공 '국(鞠)'이 합쳐진 말이다. '공차기'라는 의미가 한자어 자체에 이미 담겨 있다. 축국의 기원에 대해서는 중국의 전설상의 제왕들인 삼황오제 중 하나인 황제(黃帝)의 이야기에서 언급된다. 황제가 치우를 죽이고 그 위장을 꺼내 지푸라기로 채운 후에 그것을 공으로 사용했다는 것이다.

2014년 국제축구연맹(FIFA)의 수장인 제프 블레터는 중국의 축국을 축구의 기원이라고 공식적으로 인정하고 FIFA 뮤지엄 홈페이지에서 그림과 함께 설명을 제공하고 있다. 한나라 시인 이읍(서기 50~130)은 〈국성명(鞠城銘)〉이라는 시에서 축국의 여러 요소와 특징을 언급하고 있다. 16세기의 왕운정은 축국에 대한 자세한 도해 설명서 《축국보》를 지었다. 다만 축국보의 이 운동이 신

명나라 화가 두근의 축국 작품.

화시대 황제 때나 한나라의 축국과 동일한 운동인지는 확실하지
않다.

인류가 기록한 스포츠

　스포츠의 발생에 대해서 좀더 명확한 근거가 기록물로 본격화되기 시작한 시기는 중세의 후반과 르네상스다. 중세의 한가운데에는 기독교의 신체 경시적인 태도로 인해 스포츠 경쟁 놀이가 위축되었다. 그러나 중세시대에도 유희적인 신체활동을 완전히 억누를 수는 없었기 때문에 소극적으로 행해지고 있었다. 이때 유행하면서 근대에까지 이어온 몇 가지 스포츠활동을 살펴본다.

　먼저, 가장 인기 있는 라켓 스포츠인 테니스는 통상적으로 프랑스에서 시작했다고 알려져 있다. 13세기경 프랑스 수도승들에 의해 본격적으로 시작했다. 시간이 많고 할 일이 별로 없던 젊은 수도승들이 수도원 코트나 회랑에서 줄을 치고 손으로 공을 쳐서 넘기는 활동을 했다고 한다. 헝겊이나 가죽으로 만든 공을 손바닥으로 쳐서 넘기는 운동이었다. 그래서 '죄드폼(jeu de paume)', 즉 손바닥으로 하는 게임이라는 이름을 갖게 되었다.[8]

　처음에는 손바닥으로 공을 쳤으나 시간이 지남에 따라 손의 통증을 줄이는 방안을 찾아냈다. 우선 장갑을 끼고 시작했고, 얼마 후 장갑의 손가락 사이에 줄을 매어 연결했다. 16세기에 들어와서

는 줄을 교차시켜 반발력을 높인 라켓을 만들어 사용하면서 흥미성과 경쟁성을 더 높였다.

테니스가 수도원 내에서 너무 인기 있던 나머지 예배나 기도를 소홀히 하는 등 수도원 생활에 부정적인 영향을 미치자 1245년 대주교 로뎅은 모든 성직자에게 테니스를 금지하는 교지를 내리기도 했다. 하지만 큰 효과는 없었다고 전해진다.

곧바로 테니스는 수도원 담장을 넘어 왕족과 귀족들에게 전파되어 왕궁에서 행해지고 왕들이 사랑하는 운동이 된다. 프랑스의 루이 10세는 1316년 27세의 나이에 테니스를 치다가 걸린 폐렴(또는 늑막염)으로 인해 사망하기도 했다. 이 일로 그는 '최초의 테니스선수' 라는 명예를 얻었다.

15세기, 테니스화 된 죄드폼.

이처럼 테니스는 왕늘에게 사랑받아 '로얼 테니스' 또는 이탈리아어로 왕을 뜻하는 '레알레(reale)'가 변해 '레알 테니스'로 불리기도 했다. 로열 테니스는 미국식 영어로는 19세기 현대화된 테니스인 잔디 테니스와 대비해 '코트 테니스'라고 표현한다.

왕, 귀족, 성직자 등 상류 계층에 국한되어 행해지던 테니스는 르네상스 시대에 프랑스 전역에서 일반인도 즐기기 시작한다. 북부 피카르디와 플랑드르 지역의 시장 광장들에서 널리 행해졌다는 기록이 있다. 13세기 말에 이르러서는 파리에 공 제작사가 13곳이나 있었다. 영국으로 전파된 시기는 14세기경으로, 스코틀랜드를 거쳐 전해졌을 것으로 추측된다. 15세기에 신성로마제국과 스페인 등 유럽의 여러 나라에서도 널리 행해진다.

현대식 테니스는 1874년 영국의 퇴역 소령인 월터 윙필드가 만들었다. 그는 잔디 위에서 하는 테니스와 비슷한 라켓형 놀이를 창안했으며, '공놀이'를 뜻하는 그리스식 이름 '스파이리스티케'로 게임 세트를 특허등록했다. 이 게임 세트는 출시하자마자 귀족은 물론 일반인들에게도 엄청난 호응을 일으켰다. 곧바로 발음과 뜻이 너무 어렵다는 지적을 받고 '스틱키'로 잠깐 바꾸었으나 다시 잔디 위에서 하는 테니스라는 의미의 '잔디 테니스'로 최종 변경했다. 현재는 잔디 테니스가 코트 테니스를 대체했으나 유럽에는 아직 극소수나마 코트 테니스가 실행되고 있다.

골프는 영국에서 탄생한 스포츠로 알려져 있다. 스코틀랜드의 세인트앤드루스가 골프의 발생지라고까지 공인받은 상태다. 하지만 그것은 영국 측의 주장일 뿐이다. 다른 기원을 주장하는 대표적인 두 나라가 있다. 네덜란드와 중국이다. 이들의 이야기, 그리고 또 다른 이야기들도 들어볼 필요가 있다.

우선, 1887년 《골프의 기술》을 쓴 영국 작가 월터 그린들레이 심슨 경의 주장이 일반적이다. 정확히 언제인지는 모르지만, 지금 세인트 앤드류스라고 부르는 스코틀랜드왕국 동쪽 해안에 위치한 파이프셔 마을의 양 목초지에서 심심해하던 어린 양치기가 막대기로 자갈을 치는 장난을 하고 있었는데, 우연히 개 자갈 하나가 토끼굴로 들어갔다. 그 돌을 꺼내려는 중에 그것을 본 다른 양치기가 자기와 대결해보자고 했다. 이 둘이 각자 돌을 쳐서 토끼굴에 넣는 시합을 한 것이 시발점이었다. 물론 이 둘의 시합에 대한 기록은 남아 있지 않다.

골프의 기본 형식은 막대기로 특정 지점에 볼을 쳐서 보내는 것이다. 이런 형식의 놀이는 세계 전역에서 여러 시대에 걸쳐 발견된다. 가장 흔하게 일컬어지는 놀이는 로마인들이 '시골 사람의 게임'을 뜻하는 '파가니카'라고 부르던 것이다. 로마제국 시대에 전 유럽과 영국에 걸쳐 널리 전파된 놀이다. 끝이 구부러진 막대기와 새 깃털을 가죽에 넣어 만든 공을 사용하던 스포츠였다. 아쉽게도 이 스포츠는 로마제국과 함께 사라져버렸다.

튜톤족의 게르만계 유럽 국가들은 막대기라는 뜻의 용어로 독일에서는 코르브(korbe), 네덜란드에소는 콜프(kolf), 벨기에는 클로에(chole)를 사용했다. 영국은 클럽(club)을 사용했다. 골프는 막

빙판 위에서 행해지던 콜프.

대기와 동일한 의미를 지닌 켈트족 버전 단어다. 실제로 네덜란드에서는 빙판 위나 코트 위에서 하는 콜벤(kolven)이라는 게임이 유명했다. 네덜란드의 콜벤 경기는 벨기에에서 행해지던 클로에라는 게임이 프랑스에서 넘어오면서 변형된 형태로 행해지던 것이다.[9]

　이 게임이 콜벤이라는 네덜란드의 국민 게임으로 자리잡으면서 골프의 발상지로 주장하는 근거가 되었다. 13~14세기부터 네덜란드의 무역상들이 스코틀랜드 세인트앤드루스 항구로 교역하면서 깃털 공을 주문받아 팔았다고 주장한다. 하지만 콜벤에 대한 자세한 내용을 알 수 있는 15~16세기 네덜란드의 문헌은 거의 없다. 화가들의 그림으로만 추측할 뿐이다. 16세기 초·중반에 출판된 문헌에 신뢰할 만한 언급이 등장한다.

스코틀랜드에서도 이미 15세기 전에 골프가 유행하고 있었다는 근거는 명확하다. 골프에만 빠지다 보니 전투를 위한 활쏘기를 훈련하지 않아 국가 전력 약화가 걱정될 정도가 된다. 1457년 스코틀랜드 의회는 골프가 훨씬 더 중요한 활쏘기를 방해한다는 주장을 제기했다. 제임스 2세는 (축구와) 골프 전면 금지 조처를 내린다. 제임스 3세와 제임스 4세도 각각 1471년과 1491년에 유사한 칙령을 내린다. 당연히 이런 조치는 일반인들에게 큰 압력을 가하지 못하고 얼마 가지 못해 흐지부지된다.

유럽의 그 어떤 나라보다 더 이른 시기에 골프와 거의 동일한 스포츠를 한 증거를 지닌 나라가 있다. 중국이다. 10세기 당나라 시절 궁중에서 막대기로 공을 쳐서 구멍에 넣는 '추환' 놀이를 했다고 주장한다. 당나라 황제 현종이 클럽처럼 생긴 막대를 들고 깃대가 꽂혀 있는 구멍 5개가 그려진 놀이장에 있는 그림이 있다. 명나라 두근의 그림에 나타난 추환은 공과 클럽이 거의 골프채와 골프공과 놀랄 정도로 유사함을 보여준다.

명나라 화가 두근의 추환 작품.

필요와 모두를 위한 출발

　현대에 가장 인기 높은 스포츠들 가운데 대부분이 19세기 말이나 20세기 초에 시작했다. 이들은 특정 개인에 의해 구체적인 필요로 창작된 발명품이다. 농구, 배구, 축구, 럭비 등은 창안자가 명확하다.

　농구는 미국 매사추세츠 주 스프링필드 시 YMCA 국제훈련학교(현재의 스프링필드대학)의 강사였던 30세의 제임스 네이스미스가 1891년 12월에 개발했다.[10] 맥길대학의 졸업생이었던 네이스미스는 장로교 목회자이기도 했다. 검증되지는 않았지만, 종교적인 교육을 받은 네이스미스가 마야문명의 공놀이를 알고 있었고, 그것에서 농구의 힌트를 얻었으리라는 추측도 있다.

　네이스미스는 북동부의 추운 겨울 동안 청소년들의 건강을 유지하기 위한 실내운동이 필요함을 고민해왔다. 당시 인기 있던 미식축구나 럭비는 남학생들의 특성상 지나친 몸싸움으로 많이 다치는 단점이 있었다. 레슬링이나 체조도 건강에 도움이 된다고 생각했지만, 전자는 신체 접촉이 너무 강했고 후자는 체력 증진에 큰 도움이 될 것 같지 않았다.

　네이스미스는 공 운동이 체력과 즐거움을 동시에 충족시킬 수 있다고 판단했다. 다만 배트나 스틱으로 작은 공을 치는 운동 말고, 모두가 쉽게 익히며 기술로 잘할 수 있도록 하는 운동이 호응이 좋으리라 생각했다. 그래서 다루기 쉬운 큰 공을 발이 아니라 손을 사용하는 운동을 떠올렸으며, 공중에 매달린 (복숭아) 바구니 안에 공을 던져 넣는 스포츠를 고안해냈다. 그리고 그 이름을 '바스켓볼' 이라고 명명했다.

배구는 1895년 미국의 윌리엄 모건이 시작했다.[11] 모건은 1892년 스프링필드 YMCA에서 네이스미스를 만났으며, 그가 창안한 농구라는 스포츠에 매우 고무되었다. 이후 홀리오크 YMCA의 센터장으로 농구를 적극 실천했으나 회원의 대다수를 차지하던 중년 사업가들로부터 농구의 운동 강도가 힘에 부친다는 고충을 들었다. 이것이 운동 강도가 좀더 낮고 신체 접촉이 적은 운동을 고안하는 계기가 되었다.

초창기 남자 배구 경기 모습.

모건은 핸드볼, 테니스, 배드민턴, 농구 등의 운동들로부터 아이디어를 얻었다. 테니스 네트를 체육관 바닥 위에 높이 매달고 체육관을 크게 나누었다. 네트를 사이에 두고 공을 손으로 쳐서 넘기는 운동을 개발했으며, 당시 처음에는 그 이름을 '민토네트'라고 지었다. 그런데 1896년 최초 시범경기 과정에서 한 동료가 "선수들이 공을 바닥에 떨어뜨리지 않고 주고받는(volleying) 동작을 하니까, 이 단어가 이 새로운 운동의 명칭으로 좀더 쉽고 나은 것 같다."고 조언했다. 그래서 '발리볼'이 되었다.

한편 지금 우리가 '축구'라고 부르는 스포츠는 매우 다양한 형태를 띠고 여러 종류로 행해지고 있다. 우선 사커라고 불리는 풋볼이 있고, 미식축구라고 불리는 아메리칸풋볼이 있다. 영국령이었던 나라들에서 유행하는 럭비풋볼이 있고, 호주에서 개발된 오스트레일리안 룰스 풋볼도 있다. 아일랜드에서 주로 행해지는 게일릭 풋볼도 있다.[12]

현재는 완전히 다른 스포츠인 사커와 럭비가 풋볼이라는 한 뿌리에서 태어난 것이 참으로 놀랍다. 지금 새들의 조상이 공룡이라는 학설만큼이나 믿기 어려운 사실이다. 공룡의 날카로운 발톱과 비늘의 흔적이 지금의 조류에 남아 있는 것처럼 풋볼이라는 이름을 모두 가지고 있어서 서로가 한 조상에서 갈라져 나온 것을 확인할 수 있다.

군중풋볼은 누가 어떻게 창안했을까? 앞서 설명했듯이 13세기에 이미 발이나 손, 막대기를 사용해서 공을 차는 운동이 유럽 여러 나라에서 인기리에 행해지고 있었다. 이탈리아는 칼초, 프랑스는 라 솔, 영국은 푸트볼로 불렸다. 부활절이나 크리스마스 등 기독교적 행사, 또는 마을과 마을의 경쟁과 결속을 목적으로 영국에서 가장 오랫동안 가장 열렬하게 행해졌다. 다치는 사람은 물론 사망자까지 속출하는 매우 난폭하고 규칙이 전무하다시피 한 운동이었다.

수도사 윌리엄 피츠스테판이 1175년경에 쓴 내용이 최초의 축구 관련 기록물로 인정받고 있다. 그는 매년 '속죄의 화요일'에 런던에서 이루어진 군중풋볼(folk football)에 대해 이렇게 말하고 있다.

런던의 청년들은 공놀이 시합을 하기 위해 평지를 찾아 시 외곽으로 나간다. 각 학교의 학생들은 본인 팀의 공을 가지고 왔다. 다양한 직역에 종사하는 노동자들 역시 자신들의 공을 지니고 왔다. 나이가 많은 시민들, 즉 부모들이나 관직에 있는 이들이 말을 타고 와서 청년들의 경기를 관람했다. 이들은 자기 도시의 젊은이들의 스포츠활동에 자신들의 방식으로 참여한 것이다. 그 같은 격렬한 운동을 직접 눈으로 목격하는 것과 거침없는 젊음의 즐거움 속에 참여함으로써 혈기를 되찾는 것처럼 보였다.[13]

이렇듯 12세기에 이미 런던에서 발과 손으로 공을 차고 던지는 놀이(foot-ball)에 대한 언급이 나타나 있다. 이때의 '풋볼'은 찬다는 뜻보나는, 발을 다고 하는 폴로 같은 스포츠가 아니라 자기 발로 뛰면서 하는 운동이라는 의미가 훨씬 강했다. 몇십 명에서 몇백 명이 공을 차고, 잡고, 몰고 상대방 지역에 공을 넣는 게임을 했는데, 점차 거칠고 폭력적인 형태로까지 발전해서 14세기에는 한동안 금지령이 내려지기도 했다.

어소시에이션 풋볼은 누가 시작했을까? 17세기에 왕위에 오른 제임스 1세의 허용으로 영국 전역에서 지역별로 다양한 형태로 발전했다. 마을마다 서로 다른 방식으로 행해지다가 19세기에 이르러 증기기관의 발명으로 교통이 발전하면서 지역 간 경기가 점점 많이 열렸다. 통일된 규칙을 가지고 경기를 해야 할 필요가 급

군중풋볼.

중한다. 이 당시 영국 스포츠의 중심은 '퍼블릭 스쿨'이라 불리던 귀족들의 사립 고등학교였다. 특히 축구를 장려해서 많이 하고 있었다.

그런데 이 학교 졸업생들이 대학에 진학하자 경기 진행에 문제가 발생했다. 고등학교처럼 동문들만 시합할 때는 문제가 없었는데 여러 학교에서 모여들어 대학에 오자 각자 자기 출신 학교의 규칙을 고집하거나 익숙했다. 이에 규정의 통일성이 더욱 필요해졌으며, 1863년 10월 26일 14개 클럽 대표들이 런던에서 모여 '풋볼협회'를 설립하고 최초의 13개 규정을 확정했다.

그런데 이 과정에서 중요한 규칙을 두고 두 그룹으로 나뉜다. 당시에 군중풋볼의 특징이 남아 있었으며, 특히 공을 손에 들고 뛰거나 상대의 정강이를 차는 것이 허용되고 있었다. 대다수 학교가 이를 금지해 발로 드리블하는 동작만 가능하고 정강이 킥을 허용하지 않는 규정을 수용했다. 하지만 럭비학교 졸업생이 대부분이었던 블랙히스클럽에서는 이를 반대하고 탈퇴해서 다른 종류의 풋볼협회를 결성한다.

이 합의된 규정대로 행해지는 풋볼을 '어소시에이션 풋볼'이라고 불렀다. '사커'라는 용어는 여기서 생겨났다. 그 당시 함께 행해지던 럭비풋볼 선수들을 '러거'라고 불렀는데, 어소시에이션 풋볼 선수를 '사커'라고 불렀다. 선수들을 지칭하던 단어가 간편해서 종목의 명칭이 된 것이다. 미국인들은 당시 자기 나라에서 새롭게 즐기던 아메리칸풋볼과 구분하기 위해 사커라고 불렀다.

럭비학교의 기념비에 적힌 기록에 의하년, 어소시에이션 풋볼협회가 설립되기 훨씬 전인 1823년 영국의 유명한 사립학교였던 럭비스쿨에서 윌리엄 웹 엘리스라는 학생이 풋볼 경기 중 손으로 공을 들고 골까지 뛰어가는 사건이 있었다고 한다. 이것이 럭비풋볼의 발생지로서 럭비학교가 인정받는 근거다. 그래서 명칭도 럭비가 되었다.

하지만 실제로는 손으로 공을 잡고 뛰는 풋볼 방식은 이미 여러 지역과 학교에서 허용되고 있었다. 지역 및 학교 간 대항 시합의 기회가 잦아지고 규칙의 통일이 절실해진다. 이 과정에서 드리블하며 공을 차는 기술을 중심으로 게임을 하는 어소시에이션 풋볼에 동의하지 않은 클럽들이 모여 손도 사용하는 종목으로 발전시켜 럭비풋볼이라는 명칭을 지었다. 그리고 1871년 '럭비풋볼 유니언'(15인제)을 결성했다.

그런데 산업화가 먼저 진행된 잉글랜드 북부 지역에서 광부와 공장 인부들이 운동을 통해 생계에 도움이 될 방안을 요청했다. 사립학교를 중심으로 구성된 럭비풋볼 유니언은 아마추어 정신을 유지하고 싶어 했다. 이에 불만을 품은 클럽들이 독립해 1895년 북부 럭비풋볼 유니언을 구성했고, 1922년 '럭비풋볼 리그'(13인제)로 이름을 바꾸었다. 아마추어와 프로페셔널이라는 이념을 두고 두 개의 럭비풋볼로 갈라진 것이다. 공은 두 손으로 잡아야 하고 패스는 옆과 뒤로만 할 수 있다. 앞으로 보내려면 들고 뛰거나 발로 찰 수만 있었다.

한편 19세기 중반 이후 미국에서는 아이비리그 대학들이 있던 북동부를 중심으로 풋볼(사커)이 인기를 얻고 있었는데, 1874년 럭비 요소를 덧붙였다. 하버드대학이 캐나다의 맥길대학과 친선 경기를 하면서 럭비 규칙의 흥미로움을 발견하고, 이를 하버드-예일 정기전에서 선보임으로써 널리 알렸다. 예일대 졸업생인 월터 캠프는 이후 규정을 보다 더 가다듬고 새로운 경기로 만들어 '아메리칸풋볼(미식축구, 11인제)의 아버지'라는 별명을 얻었다. 헬멧과 숄더 패드 등 보호 장비를 갖추고 시합하며 공을 한 손으로 잡고 전후좌우로 패스할 수 있다.

호주에서는 영국의 럭비 스쿨에서 공부하고 1856년 귀국한 토머스 웬트워스 윌스는 사커, 럭비, 게일릭 풋볼(아일랜드의 전통 풋볼, 15인제), 원주민의 전통놀이를 반영해 호주의 기후에 좀더 적합한 '오스트레일리안 룰스 풋볼'(18인제)을 개발했다. 1859년 멜버른 풋볼 클럽을 시작으로 규정이 세련해지면서 호주에서 가장 인기 있는 스포츠로 성장했다.

마지막으로, 게일릭 풋볼은 아일랜드와 아일랜드인들이 이민 간 국가들에서 행해지는 축구다. 아일랜드에서는 14세기부터 축구를 언급한 기록이 보이며, 15세기에 잠시 금지했던 적도 있다. 그런데 17세기가 되면서 매우 인기 있는 스포츠로 발전하며 지주나 귀족들도 경기의 후원을 자처한다. 19세기 앙숙이던 영국 스포츠의 전파를 막기 위해 아일랜드도 1873년 게일릭 풋볼을 창안하며 게일릭운동협회에서 1887년 공식 규정을 공포한다.

스포츠가 융성한 이유

수십 세기를 거쳐 즐겨온 스포츠가 생겨난 과정을 추측, 기록, 창작으로 크게 묶어 살펴보았다. 첫째, 선사시대나 역사 초기에 행해졌으나 약간의 흔적만이 남아 어떻게 생겨났는지 도저히 알 수 없어 추측에 근거해 그 기원을 추정하는 경우가 있다. 둘째, 문자가 발명되고 문화가 융성해지면서 서적, 그림, 조각 등 다양한 기록과 자료가 남아 있어 누가 만들었는지는 몰라도 언제 어떻게 행해졌는지를 알 수 있는 경우가 있다. 그리고 근대에 이르러 특정인이나 그룹이 명문화된 형태로 스포츠의 명칭과 규정을 창작한 경우다.

좀더 나아가 어떤 특정 시점에 어떤 특정 지역에서 스포츠가 생겨나는 구체적인 원인이나 이유는 무엇인가? 마야문명에서 생겨난 공차기 경기의 목적은? 그리스 도시국가들이 올림픽 경기를 개최한 이유는? 중세 기사들의 자우스트 마상 경기를 벌인 목적은? 근대 영국에서 축구가 특히 인기 높던 이유는? 물론 스포츠 종목에 따라 다를 것이다. 그리고 동일 종목도 시대와 지역에 따라 목적과 이유가 달라졌을 것이다.

초기에 만들어졌을 때를 중심으로 특정 스포츠가 인기리에 행해진 이유를 간단히 살펴보자. 인간의 경쟁적인 본능과 오락적인 욕구는 제외하기로 하고, 어떤 유희 활동을 개발해 유행하게 된 대략적인 이유를 종교, 전쟁, 교육, 지리로 소개해본다.

고대는 제정일치적 사회로, 종교행사의 중요한 일부분으로 스포츠가 만들어지고 행해지는 것이 일반적이었다. 중남미 대륙의 마야문명, 아즈텍문명 등에서 행한 공차기는 신들에게 지내는 제사 행사의 일부분이었고, 패배한 팀의 특정 선수를 희생 제물로 바쳤다고 한다. 올림픽, 피티아, 이스트미아, 네메아의 그리스 4대 제전 경기들도 기본적으로 모두 각각 제우스, 아폴론, 포세이돈, 제우스를 주신으로 기리는 종교 제전들이었다.[14]

기독교에서는 중세 수도원에서 허튼 생각이 스며들지 않고 하나님 말씀에 따르는 생활을 위한 건강을 유지하기 위해 공놀이 테니스(죄드폼)이 유행했다. 건강한 신체가 훌륭한 신앙인을 만든다는 강건한 기독교주의가 널리 강조되던 근대 미국에서는 YMCA에서 겨울 동안 청소년들의 정서적 · 신체적 건강을 위해 농구와 배구를 개발해서 개신교 선교를 위한 중요한 교육 도구로 활용했다.

다음은 전쟁이다. 말, 활, 돌, 창, 칼, 주먹을 사용한 승마, 양궁, 창/원반던지기, 펜싱, 검도, 우슈, 태권도 등의 스포츠는 모두가 생존과 싸움을 위한 전투 기술로부터 진화한 것들이다. 기원전 16세기경의 이집트 무덤에는 두 청소년이 마주보며 권투를 하는 벽화가 있다. 고대 그리스의 학교 김나시온에서 가르쳤던 '판크라티온'은 권투와 레슬링을 혼합한 운동이었다. 도시국가 간의 전쟁이 일상이었던 시대에 예비 남자 시민의 필수 교과목이었다. 히포드롬이라는 경기장에서 행해지는 2필 또는 4필의 말이 끄는 전차경주도 인기 높은 스포츠였다.

중세에는 기사들의 마상 창 시합이 유행이었다. 기사라는 사회 계층이 생겨난 것에 연유한다. 마상 전투에서 착안한 1095년 최초의 경기가 프랑스에서 시작되어 12세기 영국, 네덜란드, 독일 등으로 퍼졌다. 두 명의 기사가 마주보며 대결하는 마상 창 시합은 라틴어는 육스타(juxta), 프랑스에서는 주트(joute), 영어로는 자우스트(joust)라고 발음한다. 탁 트인 전쟁터에서 양측이 격전을 벌이는 형태의 전투를 프랑스에서 tourmoiement이라고 하는데, 라틴어 torneamentun과 독일어 tornament를 어원으로 하며, 게르만족의 이동으로 영국까지 퍼져 tournament가 되었다.[15]

궁술은 특히 영국에서 발전했다. 13세기 영국 성인 남성은 자기 키만 한 활을 지니고 있어야 했다. 이것이 유명한 영국 장궁(長弓)

중세 마상 창 시합, 자우스트.

이다. 전쟁을 대비하기 위해 항상 시간이 될 때 궁술 연습을 할 수 있는 연습장이 런던 주변에 많이 소재했다. 이 장궁에 숙달한 덕분으로 프랑스와 전투에서 승리를 올릴 수 있었다. 장궁과 함께 석궁도 사용했으며, 이후 총과 대포 등 화기의 등장으로 궁술의 중요성이 쇠퇴함으로써 여가활동으로 전환한다.

다음은 교육이다. 사람들은 제의나 전쟁, 재미만을 위해 스포츠를 만들어 중요시하고 즐기지 않았다. 자라나는 청소년이나 성인들을 국가를 위한 시민과 국민으로 성장시키기 위해 스포츠를 적극적으로 장려하고 진흥시켰다. 그리스시대의 핵심 교육기관인 김나시온에서는 문학, 음악, 체육이 3대 교과목이었다. 도시국가를 이끌고 나갈 시민 리더로서 읽고 쓸 수 있는 소양, 서사시나 노래를 부를 수 있는 소양, 그리고 신체 단련을 통한 신체 능력의 소양이 중요했다. 스타디움과 팔레이스트라라는 실내외 체육장에서 투기와 육상 종목들을 배웠다.

19세기 초 유럽에서는 식민지 개척과 민족주의 사상이 융성하면서 독일과 덴마크, 스웨덴 등에서 신체적·정신적으로 강인한 국민을 육성하려는 체육지도자들의 움직임이 불붙듯이 일어난다. 독일의 프리드리히 루트비히 얀은 영어식 체조의 의미를 지닌 단어 gymnastik를 대체하기 위해 중세시대에 스포츠 시합이라는 뜻을 지닌 turnier를 변형해 체조라는 뜻의 turnen이라는 신조어를 만들었다. 얀은 '체조의 아버지'로 불리고 있다. 현대 남녀 기계체조의 종목들은 독일 체조인들이 고안한 체조 종목들이 그 근간을 이룬다.

18~19세기 영국 퍼블릭 스쿨에서는 스포츠를 중요한 교육 수단으로 적극적으로 장려했다. 10대 남자아이들의 격렬한 활동성을 밖으로 쏟아내는 것과 함께 하나의 공동체로서 단체정신과 책임감을 증진하는 목적을 지향했다. 학생들은 학교 내에서 스포츠 활동을 운영할 때 학교의 지도 감독을 받지 않고 전적으로 자율적인 운영의 자유를 가졌다. 인성교육을 위해 축구, 크리켓, 조정 등 단체경기가 인기가 높았다. 특히 전인교육을 강조한 토머스 아널드가 교장으로 있던 럭비학교에서는 축구를 하다가 럭비라는 신종 스포츠를 개발하는 계기가 생기기도 했다.[16]

마지막은 지리다. 산업혁명으로 19세기 증기기관차의 발명이 이루어지고 나서야 현대의 스포츠가 모습을 갖추기 시작한다. 이전까지 스포츠는 주로 단일 지역 내에서 주민들 사이에 행해졌다. 그래서 동일한 스포츠라도 지역별로 통일된 규칙과 운영 방식이 정해지지 않고 있었다. 기차와 증기선의 교통수단이 발달하면서 지역 간의 이동이 자유로워지고 스포츠 교류도 활발해진다. 서로 다른 지역 간의 시합 규칙이 통일될 필요성을 느끼고 그에 따라 '협회'와 '연맹' 들이 생겨나기 시작한다. 현재 인기 많은 스포츠 종목들은 대부분 이때 구성된 개별 종목 스포츠 단체와 조직들이 결성된 이후 그 모습이 통일되고 정리되었다.[17]

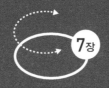

7장

e스포츠도 스포츠인가

2022년 항저우 아시안게임이 2023년에 열렸다. 2020년 도쿄올림픽과 마찬가지로 코로나19로 인해 1년간 연기된 결과였다. 4년마다 정기적으로 열리는 스포츠대회이고 중국에서 개최된다는 사실은 그다지 큰 뉴스거리가 아니었다. 다만 항저우 아시안게임에는 아시아 스포츠계 또는 세계 스포츠계에서 하나의 분수령이 될 만한 사건이 있었다.

e스포츠가 정식종목으로 채택된 것이다. e스포츠는 비록 명칭에 스포츠라는 단어를 포함하고 있지만 오랫동안 정식 스포츠로 인정받지 못해왔다. '정식 스포츠'란 전통적으로 신체적인 기술을 겨루는 종목들을 말하는데, e스포츠는 신체적인 기술이라고 하기에는 부족한, 눈과 손의 작은 움직임이 전부다. 그래서 e스포츠는 스포츠 종목으로서 인정받지 못했다.

국제올림픽위원회(IOC), 국제스포츠연맹글로벌협의회(GAISF) 등 권위 있는 국제 스포츠 기관들에서는 아직까지 e스포츠의 스포츠 자격에 유보적이다. 보수적인 견해에서 스포츠를 규정하고 그에 따른 올림픽 종목 선정이나 여타 맥락에서 정식 스포츠로 인정과 지원에 적극적이지 않은 것이다.

그런데 아시아올림픽평의회(OCA)에서는 e스포츠를 2022년 항저우 아시안게임부터 정식종목으로 선정한 것이다. 매우 혁신적이고 진보적인 선택이었다. 물론 e스포츠계에서 한국, 중국 등 아시아의 실력은 전 세계 최고 수준으로 인정받고 있는 것이 그 한 이유이기도 했을 것이다. 아무튼 e스포츠 경기들은 현장중계와 온라인중계를 통해 매우 큰 성과를 거두었다.

이것은 일반인들에게 한편으로는 놀라운 사건이면서 다른 한편으로는 너무도 당연한 조처이기도 했다. e스포츠는 10대와 20대는 물론이고 나아가 일부 30대와 40대 일반인들에게 하나의 일상이면서 매우 인기 높은 게임이자 스포츠이기 때문이다. 그렇기는 해도 'e스포츠의 스포츠 여부'는 스포츠 전문가들 사이에서는 오랫동안 논쟁의 소재가 되어 온 이슈였다.

e스포츠를 스포츠로 인정할 것이냐 인정하지 않을 것이냐의 이슈는 스포츠철학자들 간의 개념적인 논쟁을 넘어 행정적인 수준에서도 논란거리였다. 예를 들어 대한체육회의 가맹단체로 받아들일 것인가? 나는 개인적으로 항저우 아시안게임에 e스포츠를 정식종목으로 채택했다는 뉴스를 들었을 때 매우 놀랐다. 나는 e스포츠를 스포츠의 한 종류로 인정하고 있었으나 이렇게 큰 종합대회에서 과감히 메달 수여 종목으로 결정했다는 것은 내게도 빅뉴스였다.

도대체 스포츠란 무엇인가? 또 스포츠가 아닌 것은 무엇인가? 예전에는 곧바로 답할 수 있던 아주 단순한 질문이었는데 이제는 그에 대한 대답이 그다지 쉽사리 주어질 수 없는 상황이 되었다. 그만큼 스포츠(라고 불리는 유희적 신체활동)의 세계가 다양하고

복잡해졌기 때문이다.[1]

레저, 애슬레틱스, 댄스, 엑서사이즈, 게임, 플레이 등등 우리 주변에는 스포츠와 관련된 다양한 유희적 신체활동의 명칭이 이리저리 활용되고 있다. 비슷한 듯 서로 다른 용어들이다. 여기에 체육, 운동, 여가, 놀이 등등 한글화된 명칭들도 있다. 영어 단어와 한글 단어들이 복잡하게 얽히고설킨 관계망 속에서 '스포츠란 무엇인가'의 개념적·현실적인 문제들이 다루어져 왔다.

우리가 'sport'라고 말할 때

스포츠는 sport 또는 sports를 우리말로 옮겨 적은 것이다. 흔히 영어 단어로 알고 있지만 사실은 프랑스어가 영어화 된 용어다. 그리고 또 이 프랑스어는 그 어원을 거슬러 올라가면 라틴어에 근거하고 있다. 그 어원을 설명하는 대표적인 문헌들을 살펴보자.

먼저, 가장 간명한 설명은 이렇다.

영어 명사와 동사로 사용하는 sport는 중세 영어 동사 disporten과 sporten으로부터 만들어졌으며, (중세와 르네상스 이탈리아어의 diporto에 해당하는) '즐거운, 재미있는'이라는 뜻을 지닌다. 이 중세 영어 단어들은 고대 프랑스어 de(s)porter(최종적으로는 '옮겨지는, 밀려나는')라는 뜻의 라틴어 deporto에서 유래

되었다.[2]

좀더 상세한 설명은 이렇다.

'sport'는 '즐겁게 하다'라는 뜻의 라틴어 'se deportare'에서 유래했다. 12세기 초반 스페인어 'deportarse'와 프랑스어인 'deporter 또는 se deporter'에서 발견된다. 14세기 앵글로-프렌치어에서 같은 의미의 'disport'가 등장한다. 명사(프랑스어 deport 또는 desport, 앵글로-프렌치어 disport)는 동사로부터 생겨났다. 15세기 영국어에서 줄여진 형태로 'sport'가 처음 등장하며, 자유시간, 힘든 일로부터의 여가, 즐거운 오락, 게임 등의 의미를 가졌다.[3]

더 상세하게 설명해주는 경우도 있다.

라틴어 deportare가 다른 로만계 언어들에 스며들었다. 가장 먼저 프로방스어 deport가 역사적으로 카탈라냐어 deport, 이탈리아어 disporto, 포르투칼어 desporto, 프랑스어 desport, 카스틸리안어 deporte로 발전했다. 이 단어들은 '레크리에이션, 오락, 여흥'을 의미했다. 13세기 프랑스에서는 deport(변형어 desport)가 사용되었다. (프랑스의 지배력이 강하던) 14세기 영국에서 변형어인 desport가 소개되어 disport를 사용했다. 이후 여러 차례의 이두음소실 현상을 겪고 15세기에 마침내 disport 에서 sport로 정착했다. 1523년 《뉴 잉글리시 딕셔너리》는 처음 으로 'sport'의 정의를 '게임 또는 시간을 보내는 특정 활동'이 라고 규정했다. 18세기에 들어와서야 경쟁성을 띤 야외게임이 나 경기의 의미로 확정된다.[4]

복잡해 보이는 설명을 요약 정리하면 이렇다. 처음 시작은 라틴 어 (se) deportate다. 로마제국의 언어는 그 지배하에 있었던 중세 여러 지역과 국가들에 영향을 미쳤다. 이 단어는 어형을 비슷하게 유지한 채 deport, disporto, desporto, desport, deporte 등의 형 태로 변화했다. '즐거운, 재미있는' 또는 '다른 곳의, 옮겨지는' 의 뜻을 지녔다. 12~13세기 유럽의 핵심 세력이었던 프랑스와 영 국에서 desport와 disport로 사용되다가 15세기에 sport라는 단어 가 공식적으로 사용되기 시작했다. 16세기 영어사전에 '자유시 간, 여가, 오락, 게임' 등의 의미를 갖게 되었다. 최종적으로 18세 기가 되자 경기, 시합의 의미로 고정된다.

스포츠라는 단어는 로마의 라틴어로부터 유래했음을 살펴보았 다. 현재 우리가 사용하는 스포츠라는 단어는 그리스에서 유래하 지 않았다. 그런데 우리에게는 스포츠의 기원이 로마보다는 그리 스에 있는 것으로 여겨진다. 고대올림픽 때문이다. 기원전 776년 부터 시작된 고대올림픽 경기는 그리스의 전 도시국가를 하나로 묶는 기능을 했다. 그리고 그곳에서는 그 당시 인기가 높은 다양한 스포츠 경기가 진행되었다.

　이때의 그리스에서는 앞서 살펴본 '스포츠'라는 단어는 존재하지 않았다. 기원 이전 시대 당시 그리스에서는 이를 위한 다른 단어가 사용되고 있었다. 그것은 '애슬레우에이엔(athleuein)'과 '짐나스티케(gymnastike)'였다. 이 두 단어는 고대 그리스 당시 요즘의 '스포츠'와 거의 동일한 의미로 사용되었다. 현재 영어 단어 속에서는 전자는 육상경기(또는 운동 시합), 후자는 체조로 한정해서 이해되고 있지만 말이다.

　우선, 그리스 스포츠의 최고 권위자로 꼽히는 스테픈 밀러는 명사형인 '애슬레온(athleon)'을 설명한다.[5] 이것은 최초에는 '상' 또는 '보상'을 의미했다. 그리하여 이것의 동사형인 '애슬레우에이엔(athleuein)'은 '보상을 위하여 경쟁하다'를 뜻했다. 그리고 이런 보상을 위한 시합을 '애슬레타에(athletae)', 경쟁하는 이를 '애슬릿(athletes)'이라고 불렀다. 이를 통해 우리는 영어 단어 '애슬레틱스(athletics)'가 상을 놓고 다투는 경쟁 대결임을 확인할 수 있다.

　그리스시대의 운동경기는 누드로 참여했다는 것이 정설이다. 특히 올림픽 경기의 몇몇 종목에서는 그렇다. 그리스시대 도자기의 그림들에서 이를 명확하게 확인할 수 있다. 이런 참여 방식은 스포츠 단어에 그대로 남아 있다. 오늘날 '짐나스틱스(gymnastics)'와 관련 있는 고대 단어 '짐나스티케(gymnastike)'가 있다. 이 단어는 'gymnos'인데, 직접적인 뜻이 '벌거벗은(nude, naked)'에

서 비롯한다.[6]

이것의 동사형이 'gymnazein'으로, '벌거벗고 수행하다'라는
의미를 지닌다. 형용사인 'gymnikos'는 다른 단어와 결합해서
활용되었다. 특히 경쟁 또는 시합을 뜻하는 '아곤(agon)'(복수형
은 agones)을 수식하며 서로 다른 종류의 스포츠 경기를 설명하는
데 사용된다. '짐니코이 아고네스(Gymnikoi agones)'는 달리기,
5종 경기, 그리고 권투 등 맨몸으로 겨루는 종목들을, '히피코이
아고네스(Hippikoi agones)'는 전차경주와 승마경주와 같은 마상
종목을 이야기한다.[7]

그러나 스포츠 진화한다

이렇듯 경쟁적인 유희 활동들은 서로 다른 문화적 지역과 시대
적 배경 속에서 적어도 3천여 년 동안 발생하고 진화해왔다. 오늘
날 대표적인 용어로 '스포츠'가 선택받아 사용된 것은 여러 가지
이유가 있다. 가장 근본적인 이유는 사회가 산업혁명에 힘을 받은
근대 시민사회로 바뀌기 시작했기 때문이다. 19세기에 들어와 귀
족이나 신부 등 특정 소수만이 아니라 일반인들도 함께 누리는 보
편적인 활동이 되었기 때문이다.

다른 이유로는 근대 스포츠가 제도적인 형태를 갖추고 새로운
종목들이 등장하면서 체계적이고 보다 조직적으로 즐기는 시스템

을 갖추기 시작했기 때문이다. 영국의 경우, 주요 스포츠 협회 대부분이 19세기 말과 20세기 초에 조직되었다. 축구협회는 1863년에, 수영연맹은 1869년에, 럭비협회는 1871년에 출발했다. 미국에서는 야구협회가 1858년(프로야구는 1871년), 육상경기연맹이 1879년에, 농구협회는 1901년(프로농구는 1898년)에 결성되었다.[8]

현재 스포츠라는 경쟁적인 신체활동의 종류와 종목의 숫자가 얼마가 되는지는 알 수 없다. 아마도 수백 수천 가지일 것이다. 다만 우리가 주로 체험하고 시청하는 종목들은 많은 인기를 끌고 있는 전통적인 스포츠다. 이것은 골프, 축구, 야구처럼 수백 년 전부터 해오던 오래된 것들도 있으며, 농구, 배구, 배드민턴 등과 같이 비교적 근대 후반기에 창작된 것들도 있다. 현대에는 3대3 농구, 베이스볼5, 피클볼 등과 같이 기존 종목의 개량 종목이나 완전히 새로운 종목들도 계속해서 나오고 있다.

이런 전통적인 스포츠들은 신체적 운동 기술을 핵심으로 하고 있다는 특징이 있다. 앞에서 언급했던, 무엇이 스포츠인가에 대한 논쟁은 이 특징을 중심으로 전개되고 있다. 이것을 기준으로 '정통'인지 아니면 '비정통'인지를 구분해야 한다는 주장이 기존의 정통주의자적 입장이다. "스포츠는 경쟁성과 신체성을 근본 특징으로 한다. 신체를 기반으로 하는 운동기술이 직접적으로 발휘되지 않는 경쟁 활동은 스포츠라고 할 수 없다."는 것이다.

나는 이런 전통 스포츠 우선적 사고방식('스포츠 정통주의'라고 하자)에 의견을 달리한다. 지금 현생 인류는 '호모 사피엔스'로, 외모는 모두 다르지만 그래도 하나의 인간종에서 나온 것에는 의심의 여지가 없다. 우리는 모두 종족적으로 하나의 근원 조상을 지닌 인류다. 반면에 스포츠는 하나의 근원 스포츠로부터 생겨나지 않았다. 스포츠의 기원은 다르다. 스포츠는 너무도 다른 시대와 지역에서 각자 다른 방식으로 발생했다.

현생 인류는 오스트랄로피테쿠스, 호모 하빌리스, 호모 에렉투스, 호모 에스가스터, 호모 네안데르탈렌시스, 호모 사피엔스 등으로 오랜 시간에 걸쳐 진화의 단계를 밟았다. 다만 호모 사피엔스를 제외한 다른 인류는 모두 멸종했을 뿐이다. 비유하자면 스포츠는 서로 다른 종들이 멸종하지 않고 모두 한 시대에 그대로 남아 있으면서 그 생명을 유지함으로써 서로 그 외형과 특징이 확연히 달려졌을 뿐이다.

언제까지 과거에 머물 것인가

나는 이런 상황의 현대 스포츠를 나름의 방식으로 분류하고 있다. 할리우드도 인정한 김지운 감독의 명작 중에 〈좋은 놈, 나쁜 놈, 이상한 놈〉이 있다. 보통 줄여 '놈놈놈'으로 부른다. 정우성이 좋은 놈, 이병헌이 나쁜 놈, 송강호가 이상한 놈으로 각자 최고의 연기를 보여준다. 너무도 낯선 한국형 서부극이지만 김지운 감독 특유의 스타일리시한 액션 연출로 많은 관객의 사랑을 받았다. 이상한 놈, 송강호의 독특한 연기가 특히 기억에 남았다.

스포츠에도 이상한 놈이 주목받고 있다. 단연코 e스포츠다. 스포츠 정책이 정부 국정 과제 선정에서 푸대접받는 중에도 게임산업은 국가적인 육성을 약속받고 있다. 게임은 질병이 아니라고 하며, e스포츠를 미래 산업으로 키우겠다고 한다. 좋은 방향이다. 하지만 나는 e스포츠와 관련해서 더 근본적인 조처가 절실한 시점이라 생각한다. e스포츠는 산업적으로만 진흥되는 선에 그쳐서는 안 된다. 한 걸음 더 나아가 e스포츠는 전통적인 스포츠처럼 국민 체육진흥의 본류에 포함해야만 한다.

사실 e스포츠라고 부르기는 해도 주류 체육계에서는 정식 스포츠로 인정받지 못하는 실정이다. 또한 대다수 일반인에게도 e스포츠는 아직은 중독성 강한 인터넷게임으로만 인식되고 있다. 전 세계적임에도 불구하고 '이상한 놈' 취급을 벗어나지 못하고 있다. 한국 e스포츠협회(KeSPA)는 오래전부터 정식 스포츠 가입을 요청해왔다. 그러나 국제올림픽위원회(IOC)는 물론 대한체육회에서도 e스포츠는 정식 회원 스포츠로 인가하지 않고 있다.

국내외 체육학계에서는 e스포츠의 스포츠성에 대한 논의가 분분하다. e스포츠라는 용어가 일상화된 지 오래임에도 학술적인 개념 정의는 여전히 논쟁 중이고 정리되지 못하고 있다. 논란의 원천은 e스포츠의 신체적 관여도다. e스포츠는 축구, 수영, 달리기 등 우리가 통상적으로 스포츠라고 부르는 경쟁적인 유희 활동처럼 신체적인 기술 발휘가 중요한 요소가 아니라는 것이다. 손가락과 손목을 까딱거리는 정도의 신체활동으로는 스포츠의 축에 끼지 못한다.

신체활동이어야만 스포츠일까? 나는 그렇게 생각하지 않는다. 나는 스포츠를 피지컬 스포츠, 멘탈 스포츠, 디지털 스포츠로 분류한다. 각각 P(hysical)sport, M(ental)sport, D(igital)sport라고 부른다. 신체활동이 주가 되는 전통적인 신체 기술 스포츠, 체스나 바둑같이 두뇌를 쓰는 마인드 스포츠, 디지털기술을 활용한 테크놀로지 스포츠다.[9] 인간의 오랜 역사와 다양한 문화는 온갖 종류의 별의별 게임을 만들었다. 디지털기술은 상상을 초월할 정도의 속도와 스케일로 게임들과 결합되고 있다. 이런 상황에서 신체적인 관여도를 절대 잣대로 사용할 수는 없다.

e스포츠를 바라보는 인식의 정상화가 필요하다. e스포츠는 돈되는 게임산업의 블루오션에 그치지 않는다. e스포츠는 새로운 시대에 나타난 디지털 스포츠의 대표주자다. 19세기 유럽은 신체 교정과 국민교육을 위한 기계적 도수체조의 패권 시대였다. 하지만 영국과 미국에서 다양한 종류의 스포츠가 개발되고 확산해서 오늘의 스포츠 황금시대에 이른 것이다. 지금은 주연급인 스포츠들도 한때는 (조금 또는 매우) 이상한 놈들이었다.

디지털 스포츠로서 e스포츠는 (멘탈 스포츠와 함께) 새로운 한국 체육을 위해 일반 스포츠로 인정해야 한다. 학교체육, 생활체육, 전문체육의 한 부분으로 새롭게 포함해야 한다. 체육 교육 과정에서 다루어져야 하며, 스포츠지도사 자격이 신설되어야 하며, 국가대표 선수로 육성되어야 한다. 한마디로 문화체육관광부, 교육부, 국민체육진흥공단, 대한체육회에서 한국 체육의 핵심 진흥 영역으로 간주해야만 한다. 스포츠의 범주를 미래지향적으로 재규정하는 근본적인 재접근이 필요하다.

멘탈 스포츠, 마인드 스포츠

2019년 5월 중국 허베이성 형수이 시에서 열린 국제마인드스포츠협회(IMSA) 주최의 '2019 월드 마스터스 챔피언십' 바둑 종목에서 한국은 여자 단체, 혼성 페어에서 금 2개, 남자 단체에서 은 1개를 얻어 금 1개, 은 1개에 머문 중국을 꺾고 3연속 종합우승했다. 49개국에서 온 240명의 선수가 바둑, 체스, 브리지, 체커스, 장기 등 5개 종목, 17개 분야에서 99개의 금·은·동 메달을 걸고 '두뇌싸움' 또는 '반상의 결투'를 벌였다.

내가 멘탈 스포츠라고 부르는 '마인드 스포츠(mind sport)'는 바둑이나 브리지처럼 신체적 기량이 아니라 지적 역량을 겨루는 스포츠다. 브레인 스포츠라고도 한다. 그런데 바둑이나 브리지를 스포츠라고 부를 수 있을까? 카드와 보드를 사용하는 게임들을 모두 통틀어 마인드 스포츠라고 부르고 있으니 당연히 스포츠인가? 현실에서는 그렇게 분명한 문제가 아니다. 스포츠인들 사이에서 오랫동안 논란이 되어 왔으며, 아직은 신체 부위와 신체 기술이 분명하고도 중요하게 관여되지 않기 때문에 스포츠라고 부를 수 없다는 의견이 더 우세하다.

한 예로 2017년 유럽사법재판소는 브리지가 스포츠가 아니라고 판정했다. 영국브리지연맹이 브리지가 '카드에 기초한 두뇌스포츠'의 한 가지라고 주장하면서 제기한 소송이었다. 영국에서 브리지 대회에 참가하려면 부가가치세가 포함된 참가비를 내야 하는데, 스포츠 경기로 분류되면 세금을 면제받을 수 있다. 스포츠 경기로 분류되면 약 3만 명의 회원들이 참가비 면제 혜택을 받을 수 있기 때문이었다.

스포츠로 인정하는 것에 동의하지 않는 사람들은 신체적 기술의 발휘가 경기의 핵심적인 부분이 아니라는 이유를 든다. 자리에 가만히 앉아 머릿속에서 정리된 전술 전략을 발휘하는 것만으로는 스포츠라고 부르기가 충분하지 않다는 것이다. 이런 지적에 자극받아 2003년에는 체스와 복싱을 번갈아 하는 '체스복싱'이라는 스포츠가 등장하기도 했다. 체스 라운드로 시작하며, 6라운드의 체스와 5라운드의 권투로 최대 11라운드까지 번갈아 반복하는 경기다.

마인드 스포츠로 부르기를 찬성하는 이들은 스포츠의 형태가 너무도 다양하기 때문에 신체의 사용만으로 스포츠 여부를 결정하는 것은 부당하다고 주장한다. 단지 신체적 움직임이 최소화되어 있을 뿐 엄청난 정신적 기술과 전술, 전략이 필요하며, 그에 따라

체력과 정신력도 같은 수준으로 소모되는 점에서 전통적 스포츠와 그리 다르지 않다는 것이다.

이들은 축구나 야구, 농구를 비롯한 전통적인 스포츠를 '신체적 스포츠(physical sport)' 라고 지칭하면서, 정신적 스포츠인 '마인드 스포츠' 는 스타크래프트나 리그 오브 레전드와 같이 컴퓨터 및 네트워크 등을 이용해 승부를 겨루는 'e스포츠' 와 함께 현시대의 3대 스포츠 장르를 구성하고 있다고 주장한다.[10]

다른 한편 이론적인 결정이나 법률적 판단이 아니라 어떤 게임을 정식 스포츠로 인정하는 권위 있는 스포츠 조직은 국제올림픽위원회(IOC)와 국제경기연맹총연합회(SportAccord)다. IOC에서는 마인드 스포츠를 아직까지 정식종목으로 인정해주고 있지는 않고 있다. 그런데 스포츠어코드에서는 비교적 허용적이다. 2011년 '스포츠어코드 국제마인드게임대회' 가 베이징에서 열려 체스, 드라우트(체커스), 바둑, 장기, 포커, 마작, 브리지 등의 두뇌스포츠 종목들이 경기에 포함되었다.

우리나라에서는 한국바둑협회가 대한체육회(KSC)에 소속된 59개 정회원 단체 가운데 하나다. 국가가 인정하는 스포츠 단체인 대한체육회의 회원 단체이므로 스포츠로 일정 부분 인정받은 것으로 볼 수 있다. 실제로 우리나라뿐만 아니라 아시안게임에서 체스가 2006년과 2010년, 바둑과 장기는 2010년, 콘트랙트 브리지는 2018년 정식종목으로 채택되기도 했다. 2022년 항저우 아시안게임에서는 체스, 바둑, 장기, 콘트랙트 브리지 네 종류의 보드

게임을 시행해 메달 경쟁을 벌였다.

'마인드 스포츠'가 스포츠의 한 영역으로 국제적인 주목을 받기 시작한 것은 1997년 '마인드 스포츠 올림피아드'가 영국 런던에서 열리면서부터다. 이후 매년 이어져 가장 최근 2024년 28회 대회가 런던에서 성황리에 마쳤다. 초기 대회부터 올림픽 5종 경기에 해당하는 '펜타마인드'라는 종목이 있었고, 나중에 10종 경기 같은 '데카멘타스론'으로 발전해 만능 두뇌스포츠 선수를 가리는 시합도 있다.

이런 시도에 힘입어 2005년 세계브리지연맹, 세계체스연맹, 세계드라우트연맹, 국제바둑연맹이 한데 모여 국제마인드스포츠협회를 결성하고, 2008년 중국 베이징대회에서 제1회 '월드 마인드 스포츠 게임'을 개최하면서 하계올림픽과 동계올림픽에 이어 제3의 올림픽대회로 발전시키려고 노력했다. 하지만 2012년 제2회 대회가 프랑스 릴에서 열리고, 2016년 제3회 대회를 브라질의 리우데자네이루에서 개최하기로 하고 연기한 이후 현재는 중단된 상태다.

스포츠 곁의 디지털 스포츠

새로운 스포츠가 나날이 등장함에 따라 전통적인 인기 스포츠만을 스포츠의 범주로 고집하는 데는 한계가 있다. 새롭게 탄생한 스포츠는 경쟁적인 요소가 덧붙여져 흥미를 높여 갈 것이다. 또한 인터넷과 IT 기술의 발달로 상상하지 못한, 많은 사람이 함께 즐기는 새로운 형태의 게임과 종목이 계속해서 등장할 것이다. 특히 인지능력 향상으로 치매 예방과 치료에 도움 된다는 최근 의학 연구 결과의 증가로 그 필요성과 수용도가 더욱 커질 것이다.

이와 같이 e스포츠에 대한 급격한 사회적·문화적 수용으로 새로운 변화들이 생겨나고 있다. 먼저, 지난 동안 e스포츠에 대한 보수적인 태도를 보여온 IOC는 2018년부터 'e스포츠 프로그램'이라는 명칭의 시범적 활동을 펼쳐 왔다. 가장 최근인 2023년에는 싱가포르에서 '올림픽 e스포츠 위크'를 개최해 태권도, 양궁, 야구, 체스, 사이클, 댄스, 모터스포츠, 요트, 사격, 테니스 등 10개 정식종목과 6개 시범종목을 게임화해 운영했다.

얼마 전 2024년 프랑스올림픽 직전에 열린 제142회 IOC 총회에서, 2025년부터 2036년까지 사우디아라비아에서 'e스포츠올림픽' 개최가 통과되었다. 토마스 바흐 IOC 위원장은 "지금은 IOC에 있어서 참으로 새로운 시대다. IOC는 올림픽 e스포츠 종목 신설을 확정하며 디지털 혁신의 변화 속도에 발맞추고 있다."라고 설명했다. 개최에 관한 자세한 사항은 앞으로 보다 면밀하게 검토하고 결정될 예정이다.

이제 e스포츠를 포함한 디지털 스포츠는 우리 문화와 산업 속에서 어느 정도 자리잡은 상태라고 인정해야 할 시점이다. 디지털 스포츠는 우리가 자주 보는 인터넷게임과 e스포츠를 훨씬 넘어서는 포괄적인 범주다. 예를 들어 로봇 스포츠나 드론 레이싱 등의 스포츠들까지도 확장적으로 포함한다. 최근 들어 이런 다양성을 체계적으로 개념화시켜 정리하려는 시도들이 보인다. 이 중에서 두 가지를 소개해본다.

첫 번째, 영국 맨체스터 메트로폴리탄대학의 크랜머 박사 등은 다양한 종류의 e스포츠를 명료하게 정리해 보여주는 'e스포츠 매트릭스(Esports Matrix)'를 만들었다.[11] 이들은 신체적 관여도의 다소와 테크놀로지 사용의 강약을 기준으로 디지털 스포츠를 4개의 부류로 세분한다.

E-sport Matrix

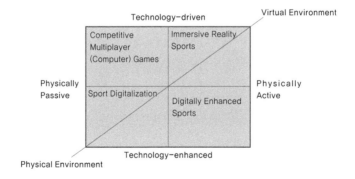

X축을 신체활동의 활발/미약으로, Y축을 테크놀로지 보조/주도로 4개의 분면으로 구분하고, 각각의 분면을 기존 스포츠를 디지털화한 게임(Sport Digitalization), 다중이 참여하는 컴퓨터 게

임(Competitive Multiplayer Games), 디지털기술로 증강시킨 스포츠(Digitally Enhanced Sports), VR이 활용되는 실감형 가상현실 스포츠(Immersive Reality Sports)로 구분한다. e스포츠도 여러 형태로 진화하고 있음을 확인시켜 준다.

두 번째, 덴마크의 코펜하겐대학의 게벨러 교수와 동료들은 최고도로 발달한 디지털기술이 스포츠 분야에 적극적으로 접목되고 활용됨으로써 혼종의 하이브리드 스포츠화가 진행되고 있다고 설명한다.[12] 스포츠를 신체적 영역과 디지털 영역의 두 영역으로 크게 양분한다. 이 두 영역이 독립적이면서도 서로 관계를 맺으며 서로 강화되기도 하고 보완되기도 한다.

이런 얽힘은 네 가지 유형으로 구체화된다. 신체적 영역에서는 디지털로 보조되는 스포츠(digitally supported sports, DS스포츠)와 디지털로 증강되는 스포츠(digitally augmented sports, DA스포츠)로 분류된다. 그리고 디지털 영역에서는 디지털로 복제된 스포츠(digitally replicated sports, DR스포츠)와 디지털로 전환된 스포츠(digitally translated sports, DT스포츠)로 분류된다.

DS스포츠는 신체적 노력의 결과가 주가 되며 디지털기술은 주변적인 역할을 하며, 심판 판정을 향상하는 기술이나 운동 역량을 높여주는 장비 등을 말한다. DA스포츠는 신체적 수행의 결과가 디지털기술에 의해 결정되며, 카레이싱 등이 그 예다. DR스포츠는 디지털 공간에서 한 명의 선수와 하나의 아바타로 만나 진행하는 경우이며, The Tour de France, the Zwiftcycling platform 등이 그 예다. DT스포츠는 디지털기술 속에 선수가 함몰되며 여러 아바타와 만나 경기를 벌이며, LOL, FIFA football, NBA2K 등이 포함된다.

스포츠를 개념화하라

현재 우리 주변에서 이미 하나의 문화가 된 새로운 스포츠들을 정리하는 과정에서 '스포츠의 개념화'에 대한 논의가 재점화되고 있다. 이제 어떤 기준(또는 기준들)을 '모두' 충족해야만 스포츠로 인정하는 개념 정의 방식은 폐기해야 한다.

이미 언급했듯이 스포츠들의 발생 배경, 문화, 조건, 방식 등이 전부 각양각색이기 때문이다. 어떤 특정한 잣대, 즉 기준(들)으로 서로 달리 태어난 모든 스포츠를 재단하는 것은 옳지 않다. 21세기 사회에서 그리스신화에 등장하는 프로크루스테스의 침대를 연상하게 한다. 침대의 길이를 기준으로 사람을 잡아 늘이거나 잘라 맞춘다. 서로 다른 시대와 지역에서 다른 방식으로 발생한 모든 스포츠를 포용하기에는 맞지 않는 기준이다.

스포츠의 기준은 배타적이기보다는 포용적이어야 한다. 즉 스포츠들의 특징을 살펴보며 지난 수백 년 동안 변화한 중요한 핵심 기준들을 다수 선별해낸다. 그리고 크게 분류한 스포츠 범주들이 그 기준의 2분 3 또는 3분 5 이상을 충족시킨다면 그것을 모두 스

스포츠 분류와 충족 기준

	Physical Sport	Mental Sport	Digital Sport
유희성	○	◎	◎
경쟁성	◎	◎	◎
신체성	◎	―	―
기술성	◎	○	◎
제도성	◎	○	○

포츠로 인정해주는 융통성 있는 방식을 택해야 한다. 즉 절대적인 잣대로 필요충분조건으로 상정하는 '신체성'은 유일무이가 아닌, 여러 기준 가운데 하나로 간주해야 한다.

고대, 중세, 르네상스에 이어 근대로 넘어오면서 새로운 모습의 유희적 신체활동들이 등장하고 이때마다 스포츠에 대한 새로운 개념화가 진행된다. 현대에 들어와서는 기술의 발달과 기술의 접목으로 스포츠의 재개념화가 이전과는 전혀 다른 수준으로 혁신적으로 진행되고 있다. 하나의 기준이 아니라 여러 개의 기준이 필요한 시점에 도달한 것이다. 한 사례로 내가 주장하는 방식을 소개해본다(표 참조).

P-sport는 오래전부터 해오고 있는, 현재 주류로 인정받는 신체적 기술 발휘가 두드러진 활동들이다(육상, 체조, 농구, 수영, 테니스 등). M-sport는 브레인 스포츠, 마인드 스포츠라고도 불리며, 주로 보드게임이라고 불리던 활동을 경쟁성을 높여 운영하는 것들이다(바둑, 장기, 체스 등). 그리고 D-sport는 e-sport를 포

함해 디지털기술을 활용한 다양한 종류의 테크놀로지를 활용하는 활동들이다(LoL, 로봇축구, wii 등).

그리고 스포츠가 충족해야 하는 기준으로 유희성, 경쟁성, 신체성, 기술성, 제도성을 제시한다. 유희성은 생산성이나 결과물이 목적과 핵심이 아닌, 정서적 즐거움을 추구하며 놀이하는 것이다. 경쟁성은 상대방과의 대결을 중시하면서 공적인 경기나 시합의 형식으로 진행하는 것이다. 신체성은 주된 경쟁 수단으로 신체를 활용해 수준 높고 복잡한 기술을 활용하는 것이다. 기술성은 기술 발휘에 복잡한 전술과 전략을 마련해서 구사하는 것이다. 제도성은 상대와의 경쟁 과정을 체계화하고 제도화해 공정하게 운영하는 것을 말한다.

이 기준에 따르면 P-sport는 유희성, 경쟁성, 신체성, 기술성, 제도성을 모두 충족한다. 강한 경쟁적인 특성으로 인해 유희성의 측면에서만 다른 두 스포츠 종류에 비해 낮은 충족도를 보인다. 나머지 네 가지 기준은 강한 수준의 충족도를 보여준다. 축구, 야구, 수영 등 전통 스포츠 종목들은 대부분 새로운 기준들에도 높은 충족률을 보여준다.

바둑, 장기 등 M-sport는 유희성과 경쟁성은 높으나 기술성과 제도성의 기준들은 낮은 충족도를 보여준다. 특히 신체성에서는 매우 부족하거나 아예 없는 상태로 행해진다. 온라인게임이나 e-스포츠는 유희성, 경쟁성, 기술성에서는 높은 충족도를 만족한다. 다만 아직은 협회나 단체의 조직 구성과 사회적 인정이 미흡한 상황이다. M-sport와 마찬가지로 신체성은 매우 부족하거나 거의 없다고 할 수 있다.

비트겐슈타인은 이와 같은 방식의 유사성을 '가족유사성'이라고 불렀다. 여기 가족 5명이 있다. 부모와 자녀 3명이다. 이 가족은 외모가 완전히 일치하지 않는다. 아빠나 엄마의 일부분, 또는 엄마와 아빠의 부분 부분을 조금씩 닮았다. 엄마 모습 약간과 아빠 모습 약간이 아이들의 외모에서 언뜻언뜻 비친다. 어떤 경우에는 어느 한쪽의 모습을 많이 닮을 수도 있지만 완전히 똑같은 경우는 거의 없다. 가족이란 이렇게 닮은 모습을 띤다.

스포츠의 가족에서도 동일한 유사성이 발견된다. 모든 가족 구성원이 완전히 동일할 수는 없다. 고리 5개가 서로 얽혀 하나를 이루는 오륜기를 떠올려보라. 각 동그라미가 나머지 4개와 모두 얽혀 겹쳐진 부분은 없다. 2개만 겹쳐져 중복되는 작은 부분들이 있을 뿐이다. 우리는 스포츠 가족을 이런 방식으로 생각하고 인정해야 하지 않을까.

다시 스포츠란 무엇인가

일반인들에게 '스포츠'의 개념이나 분류가 그다지 중요한지는 잘 모르겠다. 단순히 주변에서 부르는 방식이나 방송과 인터넷에서 일상적으로 언급하는 명칭이 귀에 거슬리지 않으면 그것으로 중분힐 수도 있다. 스포츠 비슷한 것을 스포츠라고 부르는 것이 무엇이 잘못이며, 그것이 큰 문제가 되는지 이해되지 않을 뿐만 아니라 지나치게 문제시하는 것일 수도 있다.

당연한 생각이다. 부르기 쉽고 귀에 와 닿으면 충분하지 않은가? 이미 우리 생활에서는 그렇게 부르고 있고 그렇게 그 존재를 받아들이고 있다면 그것을 수용해야 하지 않은가? 맞는 말이다. '무엇이 스포츠인가'에 대한 판단은 일상과 문화가 중요한 기준으로 인정해야 한다. 연구자와 학자들의 개념화 시도는 현실과 일상을 가장 체계적이고 합리적으로 정리 정돈해주는 것을 지향해야 한다.[13]

제도적인 인정이나 사회적 인기와 관계없이 우리는 피지컬 스포츠, 멘탈 스포츠, 디지털 스포츠를 모두 인정해야 할 것이다. 인종이 다양한 것처럼 우리는 스포츠의 다양성도 기꺼이 받아들여야만 한다. 2024년 파리올림픽 중 열린 IOC 총회에서 '올림픽 e스포츠 경기' 개최를 결정한 것은 이제 그 추가 기울었음을 상징적으로 알려준다. IOC 총회는 스포츠계의 대법원 같은 곳이다. 이곳에서 내린 결정은 다른 스포츠 단체들에도 큰 영향을 미친다. 선수는 물론 일반인의 스포츠 일상에까지 미치는 메가톤급의 영향력을 끼친다.

우리나라는 세계 최초로 e스포츠 협회를 설립한 나라다. 1999년 '21세기프로게이머협회'라는 명칭으로 발족했으며, 2001년 '한국프로게이머협회'로 변경한 후 2024년 현재 '한국이스포츠

협회'로 발전했다. 2022년 항저우 아시안게임에 국가대표 선수가 출전하도록 애써서 2021년 대한체육회의 준회원 가입을 승인받았다.

이런 점에서 아시아는 북미나 유럽보다 훨씬 더 스포츠에 융통성 있는 입장을 취하고 있음을 알 수 있다. 글로벌한 인기를 누리는 전통적인 종합스포츠 대회인 아시안게임에서 바둑 등 멘탈 스포츠와 LOL 등 디지털 스포츠를 정식종목으로 수용했다. 올림픽 경기 대회에서는 다들 엄두도 내지 못하던 일을 실행에 옮겨 그 인기를 확인한 것이다. IOC가 2024년 파리올림픽에 앞서 내린 결정도 항저우 아시안게임 사례를 통해 젊은 세대들의 무관심을 극복하는 방안의 하나로 e스포츠의 가능성을 확인했기 때문일 수도 있다.

8장

우리 시대의 김나지움을 위하여

교육은 가장 중요한 인간사 가운데 하나다. 개인적으로는 물론 국가적으로도 핵심 관심사다. 교육은 개인과 국가의 존재 흥망을 좌우하는 기초 토대이자 중추 뼈대이기 때문이다. 대부분의 나라에서 가계소비지출의 큰 부분을 차지하고, 국가 행정기관의 주요 정책 영역으로 면밀한 관리의 대상이다.

교육의 핵심 관심 영역은 대개 흔히 말하는 주지 교과들이다. 국어, 영어, 수학, 과학 및 사회다. 기술, 윤리, 가정 등 비주지 교과나 체육, 미술, 음악 등 예체능 교과는 열외 또는 소외 대상이다. 대학에 진학하기 위해 절대적인 우위를 차지하는 교과이기도 하지만, 사회에서 존중받는 고소득 직업을 얻으려면 무엇보다 지적 능력이 중요하기 때문이다.

주지적 교육 중시 현상은 전 세계적이다. 세상 어느 곳을 막론하고 교육의 핵심으로서는 지성과 이성을 최고이자 최우선으로 대우하고 있다. 특히 선진국일수록 그 경향성이 더욱 강하다. 경제적·문화적 부와 안정을 이룬 나라들에서 보여주는 이런 경향은 예외가 없다. 교육의 핵심은 사고력, 창의력, 문제해결력 등 지성이 중심이 되는 역량들을 계발하는 것이기 때문이다.

그런데 스포츠가 교육의 중심이자 핵심이었던 국가와 시대가 있었다. 그것은 고대 그리스, 특히 아테네였다. 기원전 5~4세기 그리스 고전기 아테네의 학문과 문화가 최고조로 발전했던 시기다. 아테네는 그리스 도시국가들 가운데 귀족을 포함한 남성 시민을 위한 체계적인 공적 교육이 가장 발달한 곳이다. 유소년 시기에서 시작해 성인이 되기까지 약 10년 동안의 학교교육이 그리스 국가들 중 가장 뛰어난 문명을 자랑하는 토대를 만들어주었다.[1]

스파르타는 아테네와 함께 그리스 도시국가들의 양대 주축이었는데, 교육에서는 두 나라가 극명한 대조를 보여주었다. 스파르타가 어린 소년들이 군인 시민이 되도록 훈련받았던 것에 비해 아테네의 소년은 교양 시민이 되도록 교육받았다. 두 나라 모두에서 체육 교육을 강조했지만, 전자는 군사적인 목적을 위한 것에 한정해서 제공된 것이 큰 차이다.

아테네의 학교에서 진행된 체육 교육은 스포츠가 주된 내용이었으며, 소년들이 국가를 이끌어가는 리더 시민이 지녀야 할 통합적 자질을 갖추는 종합적인 과정에서 다루어졌다. 아테네의 공립학교들에서는 문법(gramatike), 체육(gymnastike), 음악(mousike)의 3대 과목이 골고루 종합적으로 제공되었다. 요즘 표현으로 한다면 각각 인지적 측면, 신체적 측면, 정서적 측면을 담당하면서 아동의 전인적 발달을 도모한 것이다.

'그램마티케'는 쓰고 읽고 말하는 것을 가르치는 교과로, 오늘날의 국어에 상응한다고 볼 수 있다. '짐나스티케'는 체력 증진과 스포츠 기술에 숙달하는 교과로, 체육 과목이라고 할 수 있다. 마지막으로 '무지케'는 문예를 함께 다루는 영역으로, 문학과 음악을 통합해서 가르치는 교과다. 이 시대는 음송과 낭독으로 문학적인 전수가 이루어졌는데, 많은 내용을 외우기 쉽도록 운율을 입혔던 것이다. 물론 악기 연주도 배웠다고 한다.

스포츠가 주된 내용이었던 체육 과목은 신체적인 강인함과 이를 통한 예비 전투력의 증진으로 편향된 한계가 있었다. 하지만 전체 교육적인 맥락에서 체육 교육을 전인의 형성을 위해 필수적인 부분이라고 인정하고 강조했다. 그리고 수천 년 인류 역사 속에서 체육의 교육적 가치를 그와 같은 비중과 수준으로 강조한 때와 장소는 찾아볼 수 없다는 것이 교육학자들의 전반적인 평가다.

'아테네 학당'에서 만나는 김나시온

이제 고대 그리스 아테네의 주요 교육기관, 즉 학교라고 할 수 있는 곳을 살펴보자. 현재 그때의 학교들을 볼 수 있는 어느 정도 형체가 남겨진 건물은 없고, 그런 흔적과 잔재가 소수 발굴되었을 뿐이다. 아테네의 공립학교들은 '김나시온'이라고 불렸다. 영어의 김나지움과 연결된 단어다. 김나시온은 로마시대 라틴어로 바뀌어 김나지움으로 통용했고, 그것이 현재의 영어와 독일어에서 그대로 사용되고 있다.

대표적인 김나시온의 이미지가 있다. 대부분 본 적이 있을 것이다. 작가와 제목은 몰라도 이미지는 낯익을 것이다. 1500년대 초반 르네상스 화가 라파엘로가 바티칸의 한 홀에 그린 벽화 〈아테네 학당〉이다. 그리스시대에 활약했던 유명 철학자들을 모두 한자리에 모아 놓았다. 한가운데에 그리스 철학의 투톱인 플라톤과 아리스토텔레스를 위치시켰다. 각자 들고 있는 책의 제목으로 누군지 구별되도록 해놓았다.

이탈리아어 제목으로 'Scuola di Atene'인 이 벽화의 영어 제목은 'School of Athens'다. 보통 'school'은 학교라고 번역된다. '학당'이라는 번역은 학교라고 부르기에는 규모가 작은, 그러나 교육이 이루어지는 곳이라 그렇게 옮겨졌을 것이다. 그리스시대 도시국가들의 통상적인 교육기관을 배경으로, 그것을 학당이라고 부른 것이다.

〈아테네 학당〉, 라파엘로 산치오, 1509~1510.

이탈리아어 scuola를 영어로 school로 옮긴 것은 잘못이 아니다. 이 교육 장소를 학교라는, 16세기 당시의 개념(단어)으로 표현한 것도 오류가 아니다. 하지만 스포츠 교육의 눈으로 볼 때 이것은 정확한 표현(과 번역)이 아니다. 그리스 아테네 당시에는 물론 공식 교육기관이 존재했다. 그런데 그곳의 명칭은 앞서 언급한 대로 '김나시온'으로 불렸다.

사실 플라톤과 아리스토텔레스는 각각 아카데미아와 리케이움이라는 김나시온의 설립자다. 이 두 곳과 더불어 키노사르게스가 함께 아테네의 3대 김나시온으로 유명했다. 아테네의 고등교육기관이었던 이 3곳은 오늘날 SKY 대학과 같은 명성을 갖고 있었다. 행정당국의 지원을 받아 남성 시민들을 위한 최고의 종합적 교육이 이루어지던 공공 교육장이었다.

그리하여 이 그림의 정확한 제목은 'Gymnasion of Athens', 즉 '아테네 김나시온'이어야 할 것이다. 장소는 어느 특정한 김나시온(예를 들어 아카데미아, 리케이움 또는 키노사르게스)을 옮겨 그린 것이 아니다. 상상 속의 학교이며, 그래서 시대와 장소가 다른 유명한 철학자들을 한 장면에 모두 모아 그려 놓은 것이다. 이런 이유로 '아테네 학문의 전당'이 보다 정확한 제목이지 않을까 생각된다.

옷차림을 보라. 등장인물들이 모두 (완전한 정장은 아니더라도) 정장을 하고 있다. 아니, 학교에서 제대로 옷을 입고 있는 것이 잘못인가? 교복은 아니더라도 단정한 복장 착용은 기본 아닌가? 아무리 그리스시대라도? 그런데 그리스시대 김나시온이라는 교육장의 특징을 이해하면 그렇지 않다는 생각도 든다.

김나시온의 주된 교육활동은 크게 문법, 체육, 음악이었다. 각각 대화와 토론, 트레이닝과 스포츠, 시가와 음률을 내용으로 하는 가르침과 배움이 주된 활동이었다. 이 벽화의 장면은 첫 번째 영역만을 보여준다. 그런데 김나시온의 핵심 활동은 사실 체육이었다. 도시국가를 수호하는 건장한 남자 시민을 양성하는 것이 주된 목적이었기 때문이다.

더구나 아테네는 신체 단련은 정신과 영혼의 완성을 이루어주는 고귀한 활동으로 간주했다. 아레테(arete. 탁월성)와 칼로카가티아(kalokagathia. 아름다움과 선함)의 가치를 최고의 이상으로 추구한 아테네인들은 스포츠 활동을 통해 이것들의 성취가 가능하도록 여겼다. 아레테는 훌륭함(德)과 뛰어남(秀越)을 의미하고, 칼로카가티아는 아름다움(美. kalos)과 올바름(善. agathos)을 가리킨다.

이때의 (현대의 엑서사이즈를 포함하는) 스포츠는 전라 또는 반라로 행해졌다. 사실 김나시온이라는 단어는 'gymnos'(나체의)와 'gymnazo'(운동하는)로부터 생겨난 것이다. 글자 그대로 풀이하면 김나시온은 '맨몸으로 운동하는 장소'라는 곳이다. 이 그림 속에 등장하는 인물들 대부분은 김나시온에서 배운 적이 있는 이들로, (중앙 하단 계단에 기댄 듯 앉아 있는) 통 속에서 살았으며 무소유로 유명한 거리의 철학자 디오게네스를 제외하고는 다들 옷을 잘 차려 입은 상태다.

우리가 아는 김나시온은 기원전 6세기경의 완성태다. 그 이전 기원전 7~8세기에 김나시온이 있었는지에 대해서는 의견이 분분하지만, 원시적 또는 초기 형태로서는 주로 신체활동에 국한해서 운영된 곳이 존재했을 것으로 인정하고 있다. 이것이 나중에 확장되어 다른 교육활동도 진행되는 종합적인 교육기관으로 자리잡은 것이다(라고 학자들은 의견 일치를 보인다).[2]

이번에는 장소로 눈을 돌려보자. 이곳은 실내라고 추측되는 중앙홀인 듯 보인다. 그런데 김나시온의 주된 교육장은 '팔라에스트라'라는 실외 체육장과 달리기를 할 수 있는 옥외 주로인 '스타디온'이었다. 체육활동이 핵심 교육 내용이었던 관계로 레슬링, 권투, 구기 종목 등을 위한 활동 공간이 필수 시설로 자리잡은 것이다.

실내 공간이 없었던 것은 아니지만, 대부분의 교육활동은 옥외, 또는 날씨가 좋지 않을 경우 지붕이 덮인 주랑에서 이루어졌다. 로마의 유명 건축가였던 비트루비우스가 그의 한 저작에서 김나시온의 완전한 모습을 옮겨 그린 평면도와 설명이 남아 있다. 또한 20세기에 들어와 그리스와 아테네 주변의 몇몇 고대 김나시온 흔적이 발굴되어 비교하며 전체 모습을 상상할 수 있다.

물론 벽화 장면은 대화와 토론을 주로 하는 철학적 교육활동의 한 단면을 그린 상상화다. 여기 모인 이들은 동시대에 함께 활동한 인물들이 아니다. 수백 년에 걸쳐 그리스의 이상 시대를 연 철학자들을 한자리에 불러 장관을 연출한 것이다. 멋진 창의력이다. 하지만 나로서는 라파엘로가 정신적인 측면에 한정해서 아테네의 학교, 즉 김나시온을 묘사한 것이 아쉽다.

여기에 모인 철학자들 대부분은 수준급 운동 전문가, 적어도 애호가들이다. 이들은 아레테나 칼로카가토스를 강조하며 심신(과 영혼의) 통합적인 성장을 주장했다. 잘 알려져 있듯이 플라톤은 도시국가 대항전 이스트미아제전의 레슬링 경기에서 두 차례나 우승한 전력이 있다. 그의 원래 이름은 아리스토클레스였으나 어깨가 넓은 것에 빗대어 코치가 지어준 별명이 오히려 본명으로 되었다.

김나시온의 체육 공간과 활동

김나시온의 규모는 도시의 크기와 비례했다. 김나시온에서는 체육이 매우 중요한 교육과정으로 여겨졌기 때문에 스포츠 시설이 항상 갖추어져 있었다. 특히 격투 씨름을 위한 팔라에스트라와 육상 훈련을 위한 스타디온이 기본적으로 마련되어 있었다.

스포츠가 중시된 교육기관이었던 김나시온의 가장 큰 특색은 '팔라에스트라'라고 불리는 씨름장 또는 레슬링장이었다. 팔라에스트라는 김나시온의 기본 시설이었으며 이 시설이 없는 김나시온은 없었다. 이 시설은 김나시온에 부속하지 않고 독립된 개별

씨름장으로도 설치, 운영되었다. 하지만 김나시온에서는 반드시 이 시설이 포함되어 있었다.[3]

팔라에스트라는 스타디온 경주로 곁에 위치해 있으면서 주로 권투나 레슬링 같은 투기 스포츠가 행해졌다. 다소 예외는 있었으나 거의 대부분 햇볕을 막고 비를 피하도록 지붕이 쳐진 복도로 둘린 정사각형의 구조였다. 복도의 외벽은 트여 있었고 안쪽에 중정이 놓여 있었으며, 이 중정에서 투기 스포츠의 훈련이 이루어졌다. 탈의실, 목욕실, 보관실 등이 복도 기둥 뒤에 위치해 있었다.

스타디온은 달리기 경주장을 말한다. 스타디온에서는 육상경기를 훈련했다. 김나지움에서는 인기 있던 스포츠였던 5종 경기(높이뛰기, 달리기, 씨름, 창던지기, 원반던지기)가 필수적으로 가르쳐졌다. 스타디온은 시설을 의미하면서 동시에 거리 단위로 사용되기도 했다. '스타디온' 또는 '스타데'는 약 185미터 전후(로마 단위로 600피트) 정도의 길이를 나타내는 단위다. 지역별로 정확

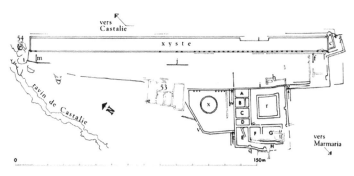

델파이의 유적지를 근거로 재구성한 김나지온 평면도.

한 길이가 통일되지 않아 1 스타디온이 올림피아에서는 191미터, 델파이에서는 177미터였다고 한다. 2 스타디온의 단거리 경주인 '디아올로스'와 20 또는 24 스타디온의 장거리 경주인 '돌르코스'가 행해졌다.

이외에 다양한 운동 공간이나 운동 준비 공간이 있었으며, 토론과 음악 훈련을 위한 강의실과 연습실도 함께 마련되었다. 모든 김나시온에 이와 같은 시설이 동일하게 존재했던 것은 아니며, 오늘날의 공공체육센터와 마찬가지로 구비 시설의 종류와 규모는 각 김나시온 마다 서로 달랐다.

그 외 운동 공간은 모래를 쌓아둔 방, 샌드백을 설치한 방, 링을 갖춘 권투연습실, 노천의 주로 혹은 산책로, 지붕을 덮은 보행

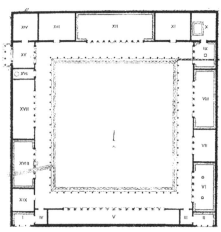

팔라예스트라 공간 구성

로, 높이뛰기 트랙으로 이루어진나. 한편 운동 전후에 사용하는 공간에는 탈의실, 올리브유 마사지방, 몸의 기름과 먼지를 씻는 방, 그리고 간혹 수영장과 증기탕 등이 있었다.[4]

누가 가르치고 배웠을까

고대 그리스의 교육은 아동을 훈육한다는 의미에서 '파이데이아(paideia)'라고 불렸다. 김나시온의 주요 학습자들은 유·청소년이다. 7세에서 18세까지의 남자아이들이 교육을 받았다. 공공시설이었지만 무료가 아니었고 매우 희소한 시설이었기 때문에 일반 시민이나 시골 거주자는 이용이 거의 불가능했다. 큰 폴리스에 거주하는 유력자의 자제들이 주요 사용자들이었다. 유소년 그룹과 청소년 그룹으로 나누어 교육했다.

김나시온의 운영은 체계적인 행정 속에서 이루어졌으며, 여러 직책을 맡은 관리자와 지도자가 나뉘어 있었다. 김나시온의 전체 행정을 담당하는 관리자로서 학교장은 '짐나시아르코스'로 불렸다. 재정적 책임을 담당해야 하기 때문에 부유한 귀족 시민이 맡는 것이 일반적이었다. 교장을 도와 실무적인 총책임을 맡은 이는 '파이도노모스'였으며 40세 이상이어야만 했다.

김나시온의 교육 담당자들 중에서 특별히 체육활동을 가르치던 지도자는 '짐나스테스' 또는 소년 트레이너인 '파이도트리베'라는 이들이었다.[5] 짐나스테스는 일반적인 교육활동으로서 스포츠와 엑서사이즈를 지도했고, 파이도트리베스는 현대의 코치로서 스포츠 경기대회에 출전한, 남다른 기량을 지닌 학생들에게 더 높은 수준의 운동 기술을 전문적·체계적으로 지도해서 시합에 함께 참여했다.

> 비록 파이도트리베라는 낮은 이름을 가지고는 있었지만, 단연 훈련교관 이상의 인물이었다. 그는 진정한 교육자였고, 운동능력 이외에도 이때까지 희랍의 의학이 축적해온 위생학의 법칙, 신체 발달의 규칙 및 처방, 각종 연습의 신체적 효과, 다양한 기후에 적합한 체중조절법과 훈련법 등을 망라하는 심오한 지식을 갖춰야 했다.[6]

김나지움의 공식 교사들 이외에 귀족의 자녀들은 개별 학생들의 보조교사 역할을 했던 개인 과외 시종들이 있었다. 이들은 '파이도고고스(敎僕)'라고 했는데, 전쟁을 통해 포획한 포로들 중에서 교육을 받은 이들을 노예로 사들인 귀족들이 소유자였다. 그리스 귀족들은 자식의 교육을 위해 이들을 등하교 시 김나지온에 함께 동행하도록 했으며, 집에서는 그곳에서 배운 내용들을 제대로 숙지하도록 추가적인 지도를 했다.

온전한 쉼으로써 얻는 것

그리스시대 학교, 체육과 연관해서 살펴볼 표현과 개념이 하나 더 있다. 영어 단어 중에 'leisure'가 있다. 휴식, 여유, 한가, 놀이 등의 뜻을 지니고, 스포츠 분야에서 일상적으로 듣는 단어 중 하나다. 통상적으로 '여가'라고 번역된다. 현대인은 여가로서, 또는 여가시간에 운동과 스포츠를 가장 많이 한다. 이 단어는 어디에서 유래했을까? 레저라는 단어의 출처, 어원은 무엇일까? 분명히 희랍어 또는 라틴어일 것이다.

놀랍게도 레저의 어원은 희랍어 'schole'와 라틴어 'schola'다. 단어의 모양새가 오늘날 영어 단어인 school(학교)과 scholar(학자)와 유사해 보인다. 어찌 된 일일까? 여가와 휴식을 의미하는 단어가 학교와 학자를 뜻하는 용어로부터 나온 것이라고? 오늘날 새의 조상이 공룡이라고 하는 학설과 유사한 정도로 믿기 어려운 환골탈태적 변화이다. 그만큼 의미상의 연관성이 없어 보인다.

'스콜레'의 개념은 아리스토텔레스가 교육의 목적을 설명하고 규정하기 위해 중요시하며 사용했다. 중세시대로 오면서 아리스토텔레스의 철학을 자신들의 핵심 사상으로 채택한 '스콜라주의자'들이 있었다. 라틴어로 '스콜라티쿠스'로 불렸는데, 스콜라스티구스는 '평생 동안 일상적인 일로부터 해방되어 마음을 계발하는 일에 헌신하는 사람'을 뜻했다. 말 그대로 오늘날의 '학자'라고 불리는 이들이다.

학교와 학자를 의미하는 이 여가의 어원은 어찌 된 일일까? 학교와 학자의 공통분모는 무엇이며, 여가는 이것에 어떤 관련을 맺고 있을까? 학교와 학자의 핵심은 '공부'다. 배우는 것이다. 그런데 이때의 공부는 지식을 배우는 것에 한정되지 않는다. 희랍인과 로마인들이 스콜레와 스콜라로 의도한 배움의 내용은 몸과 마음의 배움을 넘어 영혼의 배움에까지 도달하는 것이었다. 따라서 여가는 놀이가 아니다. 여가는 그것을 향유하는 이를 성장시키는 공부다.

희랍인들은 '여가를 갖지 못하는 것(a-scholia)'이라는 표현도 썼다. '비여가'는 먹고살기 위한 생업에 몰두한 상태를 나타내는 데 사용했다. 일 또는 노동을 가리키는 단어가 '아스콜리아'였다. 로마인들도 마찬가지로, 노동을 뜻하는 '네고티움(negotium)'은 여가를 뜻하는 'otium'에 반대를 뜻하는 접두어 'neg-'를 붙인 것이다. 일과 노동은 '여가 하지 못함' 또는 '여가 갖지 못함'을 의미한 것이다. 그리고 이 상태를 빈둥거리며 노는 '나태'와 같이 취급했다. 얼마나 역설적인가? 여가를 갖지 못하고 일만 하는 상태를 게으름이라고 했다니 말이다.[7]

여가는 일에서 벗어나서 몸과 마음을 온전히 쉬는 휴식의 소극적인 의미를 넘어선다. 여가는 참된 깨달음에 다다르기 위한 안식이다. "너희는 가만히 있어 내가 하나님 됨을 알지어다."(〈시편〉 46장 10절)라는 《성경》 구절은 이것을 뜻한다. 여기서 '가만히 있어(be still)'는 《70인 번역 성경》에서 '여가를 가져(have leisure)'

로 번역되기도 한다. 영원한 존재와 하나 되는 경지, 또는 불교에서 추구하는 궁극적인 도의 깨우침(得道)은 분주함 속에서는 갖기 어렵다. 이것은 온전한 쉼, 즉 여가함으로써만 얻어질 수 있다. 명상과 묵상과 참선은 여가함의 여러 방식이다. 스포츠도 그 하나가 될 수 있다.

그러므로 김나지움에서 최고의 교육적 이상은 여가다. 여가는 몸과 마음을 계발해 일차적으로 시민으로서 사회를 이끌어나가는 사람으로 키우며, 궁극적으로는 관조의 즐거움을 깨달아 최고의 선을 이루는 사람으로 기르는 것이다. 희랍시대에는 아레테와 칼로카가티아의 이상을 갖춘 교양 시민이, 중세시대에는 기독교적 이상을 갖춘 '호모 카팍스 우니베르시(homo capax universi, 全人)'를 최고의 선을 이룬 사람으로 간주했다.

김나시온이라는 스포츠센터

지금까지 살펴보았듯이 아테네 핵심 교육기관의 명칭은 '스쿨'이 아니라 김나시온이다. 여기서는 철학과 음악도 가르쳤지만 체육이 주된 교과영역이었고, 스포츠가 주요 내용이었다. 그러나 김나시온은 언제나 운동과 훈련, 그 이상을 위한 장소였으며, 성인 남성들은 스포츠를 통해 사회적이고 지적인 교류의 기회를 활발히 가졌다.

자유민 남자 시민들에 의해 운영된 그리스 도시국가들에 김나시온은 사회적으로 필수적인 기본 인프라 시설이었다. 아니, 그 이상으로 가장 핵심적인 제도이자 기관이었다. 교육적 배움의 기관, 개인적 사교의 기관, 시민적 교류의 장이었다. 이 안에서 (엑서사이즈를 포함한) 스포츠는 가장 중요한 활동으로 인정받고 존중받고 있었다.

2,500년 전 그리스시대의 김나시온 이야기를 꺼낸 이유는 무엇인가? 앞에서 설명했듯이 김나시온의 현대 (독일어 및) 영어 표기는 김나지움이다. 이 단어는 미국으로 건너가 '짐(gym)'으로 축약해서 사용했다. 한국인의 경우 '김나지움'이라고 하면 실내체육관을 의미한다.[8] 그리고 '짐'이라고 하면 동네의 피트니스센터, 속칭 몸을 만드는 헬스장을 지칭한다. 근력, 근지구력 등 체력을 단련하는 곳이다.

그리스시대 김나시온의 의미와 기능으로부터 한참이나 축소되었다. 시대를 탓할 수는 없다. 그것이 잘못도 아니다. 지금은 김나시온이 했던 역할과 기능을 다른 곳, 즉 '학교(school)'라는 곳에서 충실히 수행하고 있기 때문이다. 김나지움이나 짐은 보다 특수한 신체활동을 보다 집중적으로 하도록 변모(진화하거나 추락)한 현대적인 기관들이다.

이를 편잔하려는 의도가 아니다. 내가 김나시온에 대한 회상을 통해 재조명하려는 이유는 따로 있다. 그것은 우리나라 전국에 퍼져 있는 공공 '스포츠센터'(문화체육센터, 청소년체육센터 등등)

들이다. 1990년대부터 체육 인프라 구축으로 문화체육관광부와 국민체육진흥공단에서 전폭적으로 신설, 확장, 보수를 위한 지원을 아끼지 않은 실내외 체육장이다.

건물 내외에 수영장, 건강체조장, 헬스장, 농구장, 탁구장, 스포츠클라이밍 장 등 다양한 스포츠 활동을 할 수 있는 다양한 규모와 장소의 필수 체육장들이다. 다시 말하면 현대의 김나시온이라고 할 수 있는 스포츠장이다. 그런데 돌이켜보자. 점차 다양한 형태로 새로워지고, 많은 회원을 수용하는, 최신의 스포츠센터들의 개념과 목적과 기능을 말이다.

한국체육 3.0(1988년 서울올림픽~2018년 평창동계올림픽) 시기는 양적으로 절대 부족한 시·군·구 다목적 실내 체육시설의 증설이 최우선 목적이었다. 하지만 한국체육 4.0을 지향하는 현시점에서도 그런가? 물론 시설은 여전히 부족하고 앞으로도 부족할 수밖에 없다고 말할 수 있다. 스포츠 선진국들에서도 자국의 인프라가 여전히 부족하다는 자기평가가 일반적이니 말이다.

나는 다목적 종합 실내 스포츠센터의 기능이나 목적에 대한 기존의 개념('스포츠레저센터' 개념)을 재검토하고 새롭게 설정해야 한다고 생각한다. 우리 국민은 이미 수준 높은 서비스를 기대하고 희망한 지 오래되었다. 한국체육 4.0의 종합스포츠센터들은 오락과 건강을 넘어 교육의 기능과 목적을 지향하는 'K-김나시온'으로 탈바꿈해야 한다. 일차원적 수준의 신체 건강과 여가 오락의 기능 제공에서 그치지 말자. 그 이상을 추구하도록 하자.

플라톤과 아리스토텔레스가 심신이 조화된 시민들을 교육하던 교육기관 김나시온으로 다시 가꾸어 가자. 김나시온은 스포츠 활동이 핵심 교육과정으로 존중받고, 필수적으로 가르쳐지던 체육학교였다. 체육에 문법(토의)과 음악(문예) 활동이 함께 가르쳐졌다. 김나시온의 이상적인 교육에 대해 플라톤은 《국가》에서 소크라테스의 입을 빌어 이렇게 말하고 있다.

> (소크라테스) 그렇다면 글라우콘, 음악과 체육, 이 두 가지 활동의 참된 목적은 우리가 통상적으로 알고 있듯 전자는 정신의 훈육을 추구하고, 후자는 육신의 단련을 도모하는 것이 아니라네.
> (글라우콘) 그럼 도대체 그 둘의 진정한 목적은 무엇입니까?
> (소크라테스) 그 두 가지 활동을 가르치는 교육자가 이 둘을 통해 가장 염두에 두는 것은 바로 '영혼의 성숙'이라네. 그리하여 글라우콘, 어떤 신이 인간에게 두 가지 기예, 즉 음악과 체육을 주신 것 같은 생각이 드네. 몸과 마음에 적절한 긴장과 여유를 유지하면서 이 둘을 조화롭게 하나로 만들 수 있도록 말이네.
> (글라우콘) 예, 말씀을 들으니 그런 생각이 드네요.[9]

김나시온에서는 음악과 체육의 두 핵심 교과 영역을 통해 몸과 마음의 조화로운 성장, 즉 '영혼의 성숙'을 추구한 것이다. 체육은 육신을, 음악은 정신을 각각 독립적으로 도맡아 다루도록 의도하지 않았다. 체육과 음악, 이 두 가지가 하나로 뭉쳐 몸과 마음

모두에 녹아들 경우에만 영혼이 자라나고 여문다.

작은 짐이든 큰 짐이든 한국의 스포츠센터들과 피트니스짐들은 이제 육신의 건강과 스트레스 해소만을 위한 제한된 단련의 장소를 넘어서자. 이를 뛰어넘어 심신의 조화로운 성숙을 통한 전인적 자아의 완성을 위한 스콜레의 학교가 되자. 그리스시대 김나지온의 교육적인 바람은 아동들이 아레테와 칼로카가티아의 최고선을 갖추도록 하는 것이었다. 중세 르네상스에서 쫓던 호모 카팍스 우니베르시, 그리고 현대의 호울 퍼슨을 길러내자. 지금 우리나라에서 그것을 이룬다면 더 바랄 것이 없겠다.

경쟁에 매몰되지 않는 공간

생활체육을 위한 스포츠센터만이 아니다. 스포츠 선수를 육성하는 체육 중·고등학교는 물론 시·도 체육회와 대한체육회에서 운영하는 대표단 합숙소 및 진천 국가대표선수촌도 김나시온이 되어야 한다. 우승과 메달 획득만을 추구하는 단련장이라는 편협한 장소를 넘어서야만 한다. 전투에서 승리하기 위해 집중적인 군사훈련을 받아 살상력을 높이는 집체훈련소가 되어서는 안 된다.

체육 중·고등학교, 합숙소와 선수촌은 선수들의 전인적인 성장이 함께 도모되고 실현되는 스포츠 학교, 즉 김나시온으로 기능해야만 한다. 개인적인 승리와 우승만을 쫓아다니는 것이 아니라 자신이 대표하는 축구, 양궁, 육상, 수영 등 각 종목의 발전을 위해 자신의 역량을 드높이는 장소임을 스스로 인식해야 한다.

모든 사회는 정치, 교육, 군사, 의료 등 기본 분야의 발전과 전승을 위한 시스템을 지니고 있다. 체육도 예외는 아니다. 그 일을 담당하는 대표적인 기관이 체육학교와 훈련원들이다. 이 기관들은 체육이 인류가 대대로 발전시켜 온 실천 전통으로서 다음 세대에 올바로 전수되고 뛰어난 수준으로 전달되도록 한다. 국가와 공공기관의 책임으로 최고 수준의 교육 환경이 마련된다.

다만 지금은 그 취지가 퇴색해 우승, 메달, 진학 등이 최우선적 가치로 추구되는 장소로 변질되었다는 지적이 크다. 그 존재 근거와 이유에 대한 근본적인 재검토가 이루어져야 하는 시점이다. 가장 훌륭한 스포츠 교육이 진행되는 현대의 김나시온으로서 예전의 허물을 벗고 새로운 모습으로 단장해야 한다. 그리하여 졸업이나 퇴촌 후에는 운동선수나 메달리스트로 남는 것이 아니라 현대사회의 훌륭한 시민 리더로서 생활하고 일할 수 있어야 한다.

중심 교육이어야 할 스포츠

"10대와 20대에는 국·영·수로 살았지만, 40대 이후는 체·음·미로 살아요."

내가 심심치 않게 듣고 있는 이야기다. 세상사에 그리 밝지 않은 내 귀에까지 들리니 얼마나 널리 만연되어 있는지 짐작할 만하다. 나는 대학 선생이라 대부분 대학에 근무하는 이들과 주로 교류하는데, 청년 시절까지 공부에 몰두했던 이들이 장년에 들어와 운동에 빠지는 일이 흔하다. 늦게 배운 도둑질에 날 새는 줄 모른다는 옛말이 그대로 맞아 떨어지는 경우가 부지기수다.

국민체육진흥공단에서 해마다 국민 신체활동 참여율을 조사한다. 코로나19로 몇 년간 현저히 낮아졌으나 2025년 현재 이제는 이전 수준으로 회복했다. 성인의 경우 1회 30분 이상, 주 3회 이상 활동을 기준으로 60퍼센트 이상이 예전 수준이었는데, 이제 그 수준으로 가까워졌다. 이동제한 시절에 하지 못한 소비지출을 보상하는 심리기제로 보복소비가 유행인데, 그동안 움츠렸던 신체활동을 다시 활발히 행하는 '보복운동'도 함께 진행되고 있는 것이다.

'배움은 멈춰서는 안 되며, 멈출 수도 없다'는 것이 현대인의 상식이다. 개인적으로도 그렇고 집단적으로도 그렇다. 우리나라는 이미 오래전부터 정부가 평생교육진흥원을 설립해서 국민 개인과 전체의 평생 배움을 국가적인 차원에서 관리하고 지원하고 있다. 스포츠 평생교육은 국민체육진흥공단에서 집중적으로 지원하는 중이다. 1988년 서울올림픽 이후 한국체육 3.0 시기 약 40여 년간 운영되어 일반 국민을 위한 체육 진흥을 위해 지대하고 결정적인 영향을 해왔다.

한국체육 4.0이 진행되는 현시점에서 스포츠의 가치를 새롭게 조명해야 한다. 한국체육 3.0의 지향이 오락, 건강, 친교였다면, 한국체육 4.0에서는 교육의 가치를 강조하고 추구해야 한다. 일반 국민의 스포츠의 일상화(생활화)가 전혀 이루어지지 않던 상태에서는 진흥의 방향은 당연히 참여율 증가, 시설 확충, 대회 활성화 등등 양적 확대에 집중된다. 기반을 마련하고 다지는 기초적인 수준의 노력이다. 개인적인 판단이지만, 한국체육 3.0은 이 점에서 큰 성공을 이루었다.

참여, 시설, 대회 등 양적 측면들에서 전반적으로 잘 다져진 기초 위에 진행해야 하는 다음 조처는 무엇인가? 어떤 가치와 방향으로 노력을 집중해야 할까? 내 판단은 교육이다. 우리를 개인적인 수준과 집단적인 수준에서 더욱 성숙한 존재, 더욱 원숙한 국민으로 생활하는 데 도움 되는 교육적 체험으로, 그리고 그 학습장으로서 스포츠를 고대 그리스시대 이후로 다시금 재조명해야 한다.

스포츠가 국민교육의 중심이었던 시대가 있었다. 모든 교육을 통틀어 체육이 교육의 핵심이었던 시대 말이다. 나는 이 글에서 그 시대의 주요 교육장이었던 김나시온을 자세히 살펴보았다. 이 당시 최고의 학교였던 김나시온에서는 체육이 교육과정의 중심자리에 놓여 있었으며, 실지로 시민 리더의 전인적인 소양을 길러주는 주요 내용으로 스포츠 활동들이 가르쳐지고 장려했다. 인류의 교육 역사상 체육과 스포츠가 학교교육의 중심추로서 인정받은 유일한(적어도 최고의) 시기였다.

나는 특히 일반 국민이 참여하는 생활체육의 장면에서 가지의 재초점화가 더해지기를 희망한다. 평생스포츠가 평생교육화로 이어지기를 열망한다. 그 기대를 가시화하기 위해 그리스시대의 아레테, 칼로카가티아, 스콜레 등 교육적 이상을 언급했다. 이런 이상의 실천과 실현을 위해 채택된 김나시온, 짐나스티케, 파이도노모스 등의 장소와 활동을 설명했다. 한국체육 4.0을 위해 기원전 4세기의 아테네로부터 배울 점이 있는지 되새김질이 필요한 시점이다.

9장

스포츠 더 깊은 곳으로

"스포츠를 인문적으로 발견한다."라는 말은 무엇을 뜻하는가? 발견이라기보다는 재발견이라고 하는 편이 더 정확하다. 우리는 오랫동안 스포츠를 해왔고 또 보아왔기 때문이다. 스포츠가 운동 기술적 특성을 강하게 지닌 유희적 신체활동이기 때문에 그 기술의 수준을 높이기 위해 노력해왔다. 그래서 지난 20세기 후반부터 스포츠과학이 발달했고 지금도 여전히 스포츠를 과학적으로 재발견하고 있다.

지금은 엑서사이즈 사이언스, 스포츠 사이언스 등의 표현이 일반화되었다. 스포츠는 과학적으로 수행하고 이해해야 하는 분야이자 활동으로 간주하고 있다. 수백 년 동안 주먹구구식 경험에 근거해 실행해온 관례를 이제는 멈춰야 한다는 것이다. 시행착오의 거친 경험에 기댄 실천은 수행자의 실패와 부상, 심지어 사망을 초래하는 일이 다반사로 발생하기 때문이다. 그런데 과학은 검증된 자료에 근거한 실천으로 성공을 높이고 실패를 낮춘다.

지금은 스포츠과학의 시대다. 일상인의 건강 높이기와 체육인의 수행 높이기는 과학에 근거해서 실천된다. 운동의 방법은 물론 장비와 도구도 모두 과학을 통해 개발된 것들이다. 스포츠 실천에는 과학적 접근이 알파요 오메가다. 기본이자 필수다. 그런데 왜 여기에서 '인문적인 재발견'이 필요한가? 왜 인문적으로 스포츠를 다시 살펴보고 새로운 것을 찾아낼 필요가 있는가? 무엇 때문에 인문적 시각으로 스포츠를 바라보고 향유해야 하는가?

그것은 인간의 모든 활동이 (자연)과학적인 것과 인문(학문)적인 것을 모두 요청하기 때문이다. 새는 좌와 우 두 쪽의 날개로 날 수 있고, 태극은 음과 양 양의(兩儀)로 이루어진다. 과학(자연학문)과 인문학(인문학문)은 세상과 현상을 이해하는 두 개의 관점이다. 그렇다면 과학과 인문학은 각각 어떤 특징을 가진 관점인가?

'인문'이라는 말은 '觀乎天文 以察時變 觀乎人文 以化成天下'라는 《주역》비괘 풀이에서 유래했다.[1] '하늘의 이치를 살펴서 때의 변화를 알아내고, 인간의 이치를 살펴서 세상을 교화시켜낸다'라는 뜻이다. 하늘의 이치를 알아내는 이성적인 노력이 서양의 자연 학문과 일치하고, 인간의 이치를 살펴내는 성찰적인 노력이 서양의 인문 학문과 유사한 것으로 파악되어, 일본인들에 의해 번역어로 선택된 것이다.

천문과 인문에서 사용되는 문(文)의 뜻은, 원래 '무늬'를 뜻하며 한자 '紋'과 같은 글자다. 그런데 문(文)은 여러 겹의 뜻을 품고 있는데, 안쪽으로 더 들어갈수록 깊은 의미가 있다. 무늬라는 일차적인 뜻 속에는 '밖으로 드러난 모습'의 이차적 의미가 들어 있고, 더 나아가 삼차적 의미로 '감추어져 있는 기본 원리의 드러남'까지도 내포하고 있다. 외형적인 모습 뒤에 속 깊은 의미가 담겨 있는 내면적 차원이 더 있음을 뜻한다.

자연 학문(과학)과 인문 학문(인문학)은 그 깊은 속을 들여다보고 그 본래의 것을 찾아내는 성찰적인 노력이다. 그런데 이 둘은 서로 다른 대상을 살피고 다른 시각으로 통찰한다. 조동일은 자연 과학과 인문학문의 시각을 잘 정리해 보여주고 있다.[2] 그는 자연 학문의 시각은 '과학'이고, 인문 학문의 시각은 '통찰'이라고 말한다. 통찰은 통과 찰이 각각 합쳐진 개념으로서, 통(通)은 밖의 것을 알아내어 마음속으로 가져오는 행위, 찰(察)은 생각을 가다듬어 대상을 바르게 살피는 것을 말한다. 어떤 대상을 바르게 크게 멀리까지 미쳐서 살피고 그것을 마음에 안착시키는 행위를 말하는 것이다.

과학(자연 학문)과 통찰(인문 학문)의 시각

	과학	통찰
1	분석과 귀납	종합과 연역
2	오랜 기간의 점수	문득 깨닫는 점오
3	측정 가능한 영역	측정 불가능한 영역
4	주체와 분리된 연구 성과	대상과 주체가 합치되는 통찰력
5	가치 배제, 가치중립	가치 함유, 가치 판단
6	수리언어 사용	상징 언어 사용
7	자연 학문 위주	인문 학문 위주
8	기술과의 연관	종교와의 연관

　사람과 사람이 만든 문화를 연구하는 인문 학문은 종합과 연역, 문득 깨달음, 측정 어려운 영역, 대상과 주체의 합치, 가치 판단, 상징적 언어, 종교와 연관 등을 특징으로 하는 '통찰'의 패러다

임에 보다 가깝다. 그래서 스포츠의 인문학문적 이해는 분석과 귀납, 오랜 관찰과 검증, 측정 가능한 영역, 주체와 대상의 분리, 가치중립, 계량적 언어, 기술과 연관 등을 특징으로 하는 자연과학적 패러다임과는 성격을 달리하고 있다.

로고스와 미토스

앞에서 동양적 관점에서 자연과학과 인문 학문의 서로 구분되는 특징을 살펴보았다. 서양에서도 인간 인식을 서로 다른 두 방식으로 구분해보는 전통이 일반적이다. 예전부터 널리 알려진 다양한 분류 중 대표적인 것은 '로고스(logos)'와 '미토스(mythos)'다. 로고스는 이성과 논리를 중시하며, 미토스는 감정과 신화를 통해 이해한다. 로고스는 객관적인 진리를 추구하는 반면, 미토스는 주관적인 경험과 의미를 탐구한다.

로고스는 논리적 사고와 이성을 강조하는 개념으로, 사실과 증거에 기반한 사고, 체계적이고 조직적인 방법론 사용, 이론적이고 과학적인 접근에 중점, 합리적인 설명과 논증을 통한 이해를 강조한다. 반면에 미토스는 신화나 전통적인 이야기에서 유래된 개념으로, 인간의 경험과 감정을 표현한다. 감정적이고 상징적인 요소 강조, 문화적·역사적 맥락에 뿌리내림, 개인적 또는 집단적 경험을 통해 진리를 탐구, 도덕적 또는 교훈적 의미를 전달하는 경향을 지닌다.

현대에 이와 같은 두 방식의 인식체계를 가장 두드러지게 구분한 이로는 저명한 심리학자 제롬 부르너가 있다. 그는 사람이 채택하는 사고 양식에는 근본적으로 구분되는 두 가지 양태가 있다고 말한다.[3] 하나는 '패러다임적 사고 양식'(혹은 논리−과학적·명제적 사고 양식)이고, 다른 하나는 '내러티브적 사고 양식'(혹은 인문적·서사적 사고 양식)이다.

패러다임적 사고 양식은 우리가 잘 알고 방식이다. 논리, 수학, 과학 등의 영역에서 사용되는 종류의 사고방식이다. 우리의 경험적 감각과 합리적 사고를 통해 생각하고 관찰할 수 있는 세계를 다루는 방식이다. 자극과 반응, 원인과 결과, 조건과 필연으로 이루어지는 세계를 이해하고 설명하는 사고 양식이다. 어떤 현상에 과학적이고 합리적인 이해를 추구하며, 전제와 결론이 서로 일관되고 비모순적으로 연결되어 있는 설명체계를 추구하는 사고방식이다. 이 과정은 모두 경험적으로 관찰 가능하며, 논리적으로 이해 가능하며, 객관적인 방식으로 이루어진다.

반면 내러티브적 사고 양식은 통상적으로 학문의 세계보다는 일상의 세계에서 훨씬 더 많이 활용되는 사고방식이다. 일상인이 체험한 것과 알게 된 것을 정리하는 효과적인 방법은 서사적인 방식으로 그것들을 정리하는 것이다. 자신이 알게 된 것과 체험한 것을 이야기의 형태로 처리해서 갖는 것이다. 패러다임적 사고방식을 적용하면 좋은 이론, 치밀한 분석, 논리적 증거, 탄탄한 논증,

합리적인 가설을 통한 경험적 발견을 하게 된다.

하지만 내러티브적 사고방식을 적용하면 좋은 스토리, 가슴 뭉클한 드라마, 사실 같은 역사적 이야기가 만들어진다. 내러티브적 사고방식은 객관적인 진리를 발견하는 것보다는 그런 원리가 각자의 시간과 공간 속에서 체험되는 구체적인 사례를 알아내는 것을 목적으로 한다. 패러다임적 사고 양식은 이와는 반대로 추상적 개념화를 통해 구체적인 것들을 넘어서는 원리를 찾으려 한다.

부르너에 의하면 이 두 가지 사고의 양식은 그 성격상 서로 환원되지 못한다. 다만 총체적인 시각에서 보면 이 두 가지는 서로 부족한 부분을 보완해 완전한 하나를 이루는 상호보완적인 특성을 가진다.

사람의 인식 작용에는 두 가지 양태, 두 가지 사고방식이 존재한다. 각각은 모두 경험을 체계화하는 독특한 방식을 지니고 있고, 실재를 구성하는 나름의 방식을 가지고 있다. 이 두 양식은 (비록 상호보완적이기는 해도) 서로가 서로에게 환원되지 못하는 성격을 갖고 있다. 한 양식을 다른 양식에 환원시키거나 하나만 인정하고 다른 것은 인정하지 않으면 우리 인간 사고의 풍부하고 다양한 모습을 잡아내지 못하게 된다.[4]

부르너가 보여준 이 두 가지 사고 양식의 구분은 그동안 우리 생활에서는 패러다임적 사고 양식에 거의 전적인 관심을 두었음을 지적하기 위한 것이다. 내러티브적 사고 양식은 그것이 갖는 중요성과 현실적인 유용성에도 불구하고 교육적으로 가르쳐질 만한 가치가 있는 것으로 인정받지 못한 것이다. '내러티브적 사고 양식'이 논리 과학적 사고 양식과 함께 동등한 중요성을 인정받아야 한다고 주장한다. 이를 위해 학교교육은 학생들의 내러티브 능력을 키워야 하며, 교육 내용을 바라보는 관점을 근본적으로 바꿔야 한다고 말한다.

브루너가 밝혀준 내러티브적 사고 양식은 우리의 경험과 인식에는 인지적·객관적·합리적·논리적·과학적 차원과 함께 감성적·주관적·체험적·직감적·종교적 차원이 있음을 깨닫도록 해준다. 우리가 행하는 교육에도 학문적·인지적·과학적 관점에서 파악되지 않거나 간과되는 측면들이 존재한다는 것이다. 이런 측면은 그것이 가지는 본래적인 성격, 즉 비과학적·비논리적·비객관적 특성 때문에 논리-과학적 사고 양식으로는 간파되지 않는다.

인간이라는 존재

이처럼 두 가지 패러다임으로 나누어 세계를 이해하듯 사람을 이해하는 방식도 근본적으로 두 가지로 생각할 수 있다. 우리는 이런 이분법적 인간 이해가 당연시되는 일상에서 살고 있다. 사람은 몸과 마음, 즉 심신으로 되어 있다거나 육체와 영혼, 즉 영육적인 존재라는 식으로 이야기한다. 몸과 마음, 영과 육이 서로 구분되는 실체들로 간주하며 말하고 그에 따라 행동한다.

프랑스 철학자 자크 마리탱은 사람을 바라보는 이 두 가지 패러다임을 가장 분명하게 설명한 사람 중 하나다.[5] 그는 인간 본성에는 '순수과학적 인간관'으로 파악되는 측면과 '철학적–종교적 인간관'으로 파악되는 두 측면이 함께 들어 있다고 주장한다. 순수과학적 인간관은 자연적이고 현상적인 측면의 인간, 경험과 감각으로 포착되는 인간, 즉 몸과 뼈 등 해부학적·생리학적·영양학적으로 존재하는 인간을 다룬다. 이런 인간의 측면에는 그 어떤 초자연적 신비도 존재하지 않는다.

마리탱은 인간의 본성을 이렇게만 파악하는 것은 부족한 것을 넘어 잘못된 관점이라고 한다. 인간은 정신적 존재이며 영혼을 지니고 완전한 파악이 어려운 신비의 대상이라고 말한다. 그래서 철학적–종교적 인간관으로 이해해야만 한다. 이 측면은 눈에 보이지 않고 감각되지 않아서 경험적으로 증명하기 어렵거나 불가능하다. 하지만 인간의 내면은 반드시 관찰하거나 측정되는 그런 특징만 지닌 것이 아니다. 그것은 철학적 성찰과 종교적 체험으로 파지되거나, 간파되거나, 더 나아가 이해될 수 있다.

마리탱에 따르면 사람은 순수과학적 인간관으로 파악되는 '개체성'과 철학적–종교적 인간관으로 드러나는 '인격성'의 두 가지 본성을 지닌 존재다. 사람은 동전의 앞뒷면과 같이 개체성과 인격성을 하나로 갖추고 이 세상에 존재하며 살아간다. 사람을 이루는 두 측면은 마치 태극을 이루는 음양의 양의와 같은 관계에 있다. 서로 구별되어도 상호보완적인 하나를 이룬다.

> 동일한 전체로서의 한 인간은, 한편에서 보면 그 정신적 영혼에 의존하고 있는 하나의 총체로서의 인격체이면서, 동시에 다른 한편에서 보면 영장류의 단편에 지나지 않는 하나의 질료적 개체일 뿐이다.[6]

인격성은 인간이 지닌 본성의 철학적·종교적 측면이며, 개체성은 인간 본성의 생물적 측면에 상응한다. 이 두 본성을 동시에 지닌 사람은 이로 인해 현상세계에 존재하면서 동시에 현상세계를 초월하는 존재가 될 수 있다. 이 둘은 개념적으로 서로 구분되지만 사실적으로 분리되어 있지는 않다. 즉 인격성이 배제된 개체성, 또는 개체성이 배제된 인격성은 현실세계에서는 결코 존재할 수 없다.

마리탱은 보다 온전한 인간의 형성을 위한 교육의 맥락에서 자신의 인간관을 피력했다. 그는 먼저 인간을 바라보는 순수과학적 관점과 철학적─종교적 관점이라는 두 가지 인간관을 제시했다. 그리고 그 각각의 관점으로 파악되는 인간의 두 가지 측면, 즉 개체성과 인격성을 드러냈다. 개체성의 인간을 성장시키는 교육이 융성하고 효과를 보고 있다. 하지만 인격성이 배제된 인간은 반쪽

짜리 존재이며 온전한 인간으로 성장할 수 없다. 개체성과 인격성은 모두 존중해야 하며 함께 교육해야 한다.

포정이 소를 다루듯

근본적인 수준에서 세계 이해의 두 방식과 인간 이해의 두 방식을 알아보았다. 그렇다면 스포츠를 이해하는 근본적인 두 방식도 존재하는가? 나는 있다고 생각한다. 《장자》〈양생주〉 편에는 포정해우(包丁解牛)라는 이야기가 실려 있다. 문나라 혜왕과 도축꾼인 포정이 대화를 나누고 있다. 왕 앞에서 소를 잡는 장면이 펼쳐지며, 자신의 소 잡는 기술을 기가 아닌 도의 차원으로 설명한다.

문혜군은 감탄하며 "정말 뛰어나구나. 기가 어찌 여기에 이를 수 있단 말인가?"라고 말한다. 이 말에 포정은 "왕께서는 제가 소 잡는 것을 기라고 말씀하시지만, 그것은 기가 아니고 도이며, 도는 기보다 위에 있는 것입니다."라고 말한다. 그리고 곧이어 자신이 터득한 소 잡는 기술의 도를 설명한다.
"처음 제가 소를 잡았을 때는 눈에 보이는 것이 소뿐이었습니다. 그러나 3년 후에는 소가 보이지 않았고 지금에 저는 영감으로서 대할 뿐 눈으로 보지 않습니다. 감관은 멈춰버리고 영감만 작용하고 있습니다. 그래서 소 몸뚱이 조직의 자연적인 이치를 따라 뼈와 살이 붙어 있는 틈을 젖히는 것이나, 뼈마디에 있는 큰 구멍에 칼을 집어넣는 것이나 모두 자연의 이치를 따라 갈라져 버립니다. 그래서 그 기술은 뼈와 살이 합친 곳에서는 칼이 걸린 적이 한 번도 없는데, 하물며 큰 뼈에 부딪히는 일이야 있겠습니까? 훌륭한 포정은 1년에 한 번 칼을 바꾸는데 그것은 살을 베기 때문이며, 보통 포정은 한 달에 한 번 칼을 바꾸니 그것은 뼈에 부딪혀 칼이 부러지기 때문입니다. 그러나 지금 저의 칼은 19년 동안이나 사용했고, 또 잡은 소도 수천 마리나 되지만, 그 칼날은 지금 막 숫돌에 간 것 같습니다. 소의 뼈에는 틈이 있으나 칼날에는 두께가 없습니다. 두께가 없는 것으로 틈이 있는 데다 넣으므로 넓고 넓어 칼날을 휘둘러도 반드시 여유가 있습니다. 그러므로 19년이나 되었어도 그것은 지금 막 숫돌에다 갈아낸 것 같습니다. 그러나 막상 뼈와 심줄이 한데 엉킨 곳을 만났을 때는 저도 그 다루기 어려움을 보고 조심해서 곧 눈길을 멈추고 행동을 천천히 하며 칼을 놀리는 것도 매우 미묘해집니다. 그러다가 쩍 갈라지면서 마치 흙덩이가 땅에 떨어지듯 고기가 와르르해집니다. 그때야 칼을 들고 일어서서 사방을 둘러보며 머뭇머뭇 만족해하며 칼을 잘 닦아 집어넣습니다."

가장 먼저 드는 생각은 도축꾼의 소 잡는 기술을 스포츠 기술과 동일하게 볼 수 있는가다. 도축술은 스포츠가 아니다. 당연히 이 둘은 서로 다른 종류의 일처럼 간주할 수도 있다. 하지만 어떤 도구를 가지고 특정한 기술을 발휘해 원하는 목적을 이룬다는 점에서는 신체적인 기술이 관여되는 기예(arts)라는 점에서 유사한 점주에 속한다고 볼 수 있다. 우슈나 검도 등과 같이 칼을 사용하는 무예 스포츠를 떠올려보면 더욱 그렇다고 수긍할 수 있을 것이다.

스포츠인은 체육의 포정이라고 할 수 있다. 자기 일을 잘 해내기 위해 신체적인 기예를 숙련해야만 한다. 그는 자신의 신체 기술을 연마하면서 그것을 최고의 수준으로 갈고 닦는다. 그리고 기예를 연마해 숙달하는 과정에서 기능적 차원만이 아니라 정신적 차원까지도 인지하고 발견하며 추구해 통달한다. 사람을 육신과 영혼의 차원으로 이해하듯 스포츠는 기(技)의 차원과 도(道)의 차원으로 이루어져 있다고 생각할 수 있다.

스포츠가 기와 도의 두 차원으로 이루어져 있다는 생각은 동양적 사고방식이며, 특히 무도(무예, 무술) 분야에서 두드러진다. 태권도, 검도, 유도, 합기도 등 명칭에 분명히 드러나 있다. 물론 글쓰기의 기와 도를 다루는 서도(書道), 차 마시기의 기와 도를 다루는 다도(茶道), 꽃꽂이의 기와 도를 다루는 화도(花道) 등도 널리 알려져 있다. 동양에서는 오래전부터 인간 문화 활동의 도적 차원에 주목하고 그 특징을 파악해내며, 그것을 수련과 수행의 실천 방식으로 가다듬으려는 시도를 해왔다.

'테크닉의 환상'은 아주 매혹적이다. 올바른 기법을 충분히 연습하고 올바른 절차만 따르면 무예의 통달에 다다를 수 있다는 생각을 지니도록 하기 때문이다. 낱낱으로 떨어진 기법들만을 모방하는 사람은 절대로 완전한 무예가가 될 수 없다. 기술의 숙달에만 기초해서 이루어지는 통달이란 있을 수 없다. 확실한 철학 안에 녹아들어 있지 못한 테크닉은 세련된 몸동작일 뿐이다. 참된 배움이 일어나는 경우는 각각의 기술들, 낱낱의 몸동작들이 몸과 마음이 하나 된 상태에서 펼쳐지는 경우다. 기법에 숙달하는 것은 수련의 한 측면에 불과하다. …… 무예의 신체적 기법들은 부분에 불과하며, 무예의 정신적 차원과 동떨어져 습득될 수 있다. 이럴 경우 우리는 어떤 테크닉의 이면에 담긴 깊은 의미를 이해하지 못하거나, 소화해내지 못한 채 수년간 손을 휘두르고 발을 내찰 수도 있는 것이다. 이럴 때 바로 무예는 단순 몸 기술이 되어버리고 다른 신체활동들과 아무런 차이도 없게 된다.[7]

무도 이외의 여러 스포츠에 대해서도 이런 중층적 사고가 이루어지고 있다. 기술적 차원과 정신적 차원, 보이는 차원과 보이지 않는 차원에 대한 여러 가지 이해의 시도가 이루어졌다. 크게 세 가지 방식으로 진행해왔다. 첫째, 도(道), 선(禪), 마음챙김 등 동양적인 개념을 서양 스포츠에 적용시켜 본다. 둘째, 영성의 개념을 활용해 스포츠를 살펴본다. 셋째, 몰입, 존(zone) 등 심리적 특이 상태와 스포츠의 관련성을 알아본다.

스포츠의 숨은 세계에 눈뜨다

'도(道)'라는 말은 낯설다. 전문가나 일반인은 물론 예전 사람이나 현세대에게나 모두 익숙하지 않다. 물론 동양 사람으로서 우리는 대부분 들어보고 읽어보았다. 하지만 우리는 대부분 그것을 좀더 생각하거나 뚜렷한 의미를 궁구해보지는 않았다. 거의 모두에게 도(道)라는 단어와 개념은 아무리 동양 사회에서 살았다고 해도 생소한 단어와 개념이다.

이것은 너무도 당연한 일이다. 우선 그 개념 자체가 명료하거나 사전적 정의가 어렵기 때문이다. 누군가 "도를 아십니까?"라고 물어볼 때, 대개 십인십색의 대답을 얻을 것이다. 그도 그럴 것이 동양, 특히 중국문화권에 있는 동아시아에서 도는 시대와 사상에 구분 없이 대부분 도라는 개념을 숭앙하면서 자신들만의 도의 개념을 만들어 왔기 때문이다. 철학적 의미의 도, 종교적 의미의 도, 윤리적 의미의 도 등등 도교나 유교나 불교나 특정 사상에 한정되지 않고 다양한 시각과 관점에서 도라는 단어를 애용해온 것이다.

'선(禪)'의 경우는 조금 다르다. 선은 전적으로 불교적인 개념과 용어로, 주로 대승불교적 방향으로 불교를 발전시킨 중국, 한국과 일본에서 통용된다. 선은 그 의미가 도보다는 상대적으로 제한적이며 명료하다. 선은 불교의 한 종파를 의미하면서 동시에 깨달음을 위한 실천적 수행의 방식을 뜻하기도 한다. 선은 하나의 불교적 관점이자 득도를 위한 수행인 것이다.

스포츠에서 도와 선을 부각한 것은 동양인이 아니다. 아이러니 컬하게도 스포츠에서 도와 선의 차원에 주목한 이들은 서양인이다. 도는 중국어 '타오(tao 또는 dao)'로, 선은 일본어 '젠(zen)'으로 부르며, 스포츠의 숨겨진 차원에 관심을 두기 시작했다. 서양에서 동양 선불교 사상과 노장철학에 대한 폭발적인 유행이 시작된 20세기 초반이 그 시발점이라고 할 수 있다.

스포츠와 동양철학의 연결을 가장 먼저, 아니 일반인들에게까지 널리 알린 계기는 독일인 철학자의 작은 책자 《활쏘기의 선》이었다.[8] 독일인 에우겐 헤리겔은 철학자로서 일본에 철학 교수로 6년간 머물며 참선과 궁도를 수련한 체험을 1948년 책으로 펴냈다. 이후 1953년 선의 대가로 세계적인 명성을 얻은 스즈키 다이세츠 선사가 머리말을 쓴 영어판이 출간되었다. 이로써 스포츠에 대한 불교적인 관심이 폭발했다.

선불교를 제대로 알고 싶던 헤리겔은 참선과 함께 무도의 수련이 깨달음에 도움을 준다는 지인의 조언으로 일본 궁도를 배운다. 서양인으로서 모든 것이 낯선 헤리겔은 완전히 초보자의 입장으로 활쏘기를 만난다. 활쏘기가 신체적 기예를 넘어 종교적 수련 차원으로까지 이해되는 현장을 체험한다. 기의 수준을 넘어 도의 수준까지 추구되는 실제적 체험을 한다.

일본인들은 전래되는 전통적인 활쏘기, 즉 오래된 기예로서 존중하고 또 민족적 유산으로서 소중하게 생각하고 있는 활쏘기를 하나의 스포츠 종목으로 이해하지 않고 있었다. 이상하게 들릴지도 모르겠지만, 일본인들은 활쏘기를 하나의 종교적 의식으로 생각하고 있었다. 그 결과로 활쏘기의 '기예'는 신체적 훈련을 통해 마음대로 통제하는 스포츠맨의 능력을 뜻하지 않았다. 그것은 그 원천이 정신적 훈련을 통해서만 획득되는 능력, 어떤 정신적 목표를 맞추는 것, 즉 근본적인 수준에서 말해, 궁사가 자기 자신을 겨냥하고 자기 자신을 맞추는 것을 목적으로 하는 능력을 의미했다.[9]

《활쏘기의 선》의 인용문에서 번역된 '신체적 훈련'의 영어 표현은 'bodily exercises'이고, '정신적 훈련'은 'spiritual exercises'다(육신적인 것과 영혼적인 것이라고 옮겨도 무관하다). 분명히 이분법적인 사고방식이지만, 그때까지 서양인의 관점에서 전적으로 신체적·육체적인 활동과 기술 수준으로만 생각했던 활쏘기(로 대표되는 스포츠)를 그것과는 다른 정신적·영성적 활동과 기술로 파악한 것이다. 기의 차원과 도의 차원에 대한 분명한 자각이 시작된 것이다.

기와 도의 총체적 합일, 쏘는 과녁과 궁사 자신의 하나 됨을 목표로 하는 것이 활쏘기(궁도)의 목적이라는 것이다. 과녁을 맞히는 것은 겉으로 드러나는 목표에 불과하다. 그 과녁은 궁사 자신의 참된 자아에 대응물이다. 궁사는 자신을 맞혀 자신을 없애야 한다. 헤리겔의 스승은 이를 위해 힘을 주지 않고 힘쓰도록, 목표를 겨냥하지 말고 목표를 맞추라고 가르친다. 몇 년간의 시행착오와 많은 작은 깨우침의 순간들을 더해 큰 각성의 순간을 맛본다.

선불교에 기초해 스포츠의 도를 성찰한 헤리겔의 고전은 서양인들에게 큰 자극을 주었다. 종교적이지 않지만 선불교와 유사한 철학적 지향성을 가진 노자 사상을 스포츠의 맥락에서 적극적으로 해석하기 시작했다. 스포츠의 '선'을 넘어서 '도'를 찾기 시작한 것이다. 유명한 동양철학 해설가인 한 저자는 노자의 《도덕경》 81장을 스포츠에 적용해 《스포츠 도덕경》을 펴내기도 했다.[10]

이 책의 1장은 도의 본질에 대한 심오한 깨달음을 간단하고도 쉬운 표현으로 들려주고, 이것을 스포츠 게임의 본질에 대한 작가의 깨달음을 구체적으로 표현해준다.

(원문) 도라고 할 수 있는 도는 영원한 도가 아니다. 이름 지을 수 있는 이름은 영원한 이름이 아니다. 이름 붙일 수 없는 그 무엇은 하늘과 땅의 시원, 이름 붙일 수 있는 것은 온갖 것의 어머니. 그러므로 언제나 욕심이 없으면 그 신비함을 볼 수 있고, 언제나 욕심이 있으면 그 나타남을 볼 수 있다. 둘 다 근원은 같은 것. 이름이 다를 뿐 둘 다 신비로운 것. 신비 중의 신비, 모든 신비의 문.[11]

(해설) '게임 그 자체(The Game)'는 게임들 하나하나보다도 큽니다. 끊임없이 매혹적이고, 그침 없이 도전적입니다. 성장과

배움과 자기 발견이 생겨나는 시원입니다. 무엇보다도 참으로 불가해하고 신비스럽습니다. 한번 생각해보세요: '공이 튀어 오른다!' 이쪽일지 저쪽일지 우리는 모릅니다. 우리는 절대 모릅니다. 뭣 하러 알려고 하나요? 뭣 하러 통제하려 하나요? 이기는 것이 그 한 가지 방법입니다. 하지만 확실하지 않습니다. 잘못 튀어 오르는 경우면 집니다. 이기거나 지거나 결코 제일 중요하지 않습니다. 우리의 가장 깊은 곳 그 안쪽에서 '게임 그 자체'를 받아들이는 것이 핵심입니다. 경기장에서는 예상하지 못한 상황이 언제나 숨어 있습니다. 어디로 튕겨 나갈지 모르는 일이요. 언제일까요? 누가 알겠습니까. 왜일까요? 누가 답할 수 있을까요? 하지만 지혜로운 선수는 그것을 받아들이고, 그 안에서 즐거움을 찾고, 그것으로부터 배웁니다. 그저 공을 계속해서 지켜보십시오. 그것이 어디로 튀든, 그것이 바로 참된 방향입니다.[12]

통상적인 수준에서 이야기하면 도는 세상을 움직이는 근본 원리, 사물 안에 들어 있는 본질을 의미한다. 스포츠에서 도를 찾아야 하는 것은 스포츠라는 인간 활동과 현상을 제대로 이해하게끔 하는 핵심이자 본질을 파악해야 하기 때문이다. 그리고 그것의 본질을 제대로 실현하기 위한 정확한 방향과 현실적인 방법들을 찾아내기 위함이다. 기술의 통달, 그리고 그것을 사용한 승리에 집착하는 것은 헛된 것임을 자각해야 한다는 것이다.

궁극직으로 스포츠의 근본은 도나. 그런데 노는 스포츠 밖에 손재하는 것이 아니다. 그것은 스포츠 안에 들어 있다. 그리고 구체적으로는 기 안에 숨어 있다. 숨겨진 도를 찾아내려면 기의 숙달이 중요하다. 하지만 그것이 전부가 아니다. 기의 완성이 도의 성숙을 보장하지 않는다. 그것에는 성찰을 통한 지혜로움이 요청된다. 기를 깊게 파고들어 그 안에 숨죽인 채 있는 도를 찾아 숨을 불어넣어야 한다.

노자 철학의 핵심 개념 중에서 스포츠에 가장 긴밀하게 관련된 것이 있다. 그것은 '무위(無爲)'라는 개념이다. 무위는 일차적인 의미로는 '(아무것도) 하지 않음' 또는 '(의도적으로) 행동하지 않음'이라는 뜻을 가리킨다. 영어 표현으로도 'not-doing' 또는 'non-action', 즉 '하지 않는 것'으로 표현된다. 또는 '애쓰지 않음'을 뜻하는 'effortlessness'로 번안되기도 한다. 어떤 단어를 사용하더라도 무엇인가를 실행하는 것과 반대의 뜻, 즉 어떤 행위도 하지 않는 것을 의미하는 뜻을 담고 있다.

도는 언제든지 아무것도 하지 않는다(道常無爲). 그러나 하지 않는 것이 없다(而無不爲). 임금이나 제후가 이를 지키면 온갖 것이 저절로 달라진다. 저절로 달라지는데도 무슨 일을 하려는 욕심이 생기면 이름 없는 통나무로 이를 누른다. 이름 없는 통나무는 욕심을 없애준다. 욕심이 없으면 고요가 찾아들고 온 누리에 저절로 평화가 깃든다.[13]

그러나 '무위'란 단순히 어떤 짓도 실행하지 않는 것, 어떤 조처도 하지 않는 것을 의미하지는 않는다. 무위라는 것은 적절하지 않은 것, 지나치지 않은 것, 올바르지 않은 것을 하지 않는다는 뜻을 담고 있다. '무'라는 말의 뜻은 현재 상황과 대상에서 맞지 않는 것(또는 관계없는 것)을 말한다. 합리를 따른 것, 순리를 따른 것, 또는 도리에 맞는 것도 하지 말라는 말이 아니다. 작위(作爲)가 되는 인위(人爲)가 없어야 한다는 말이다.

'무위'란 아무것도 하지 않고 빈둥거리는 '무위도식'이 아니다. 의식적이고 이기적이고 부자연스럽고 과장되고 지나치고 쓸데없고 허세를 부리고 계산적이고 위선적이고 가식적인 모든 행위를 '하지 않음'이다. 이렇게 억지로 하는 행위가 없고 속 깊은 데서 저절로 우러나오는 자발적이고 희생적인 행동, 이것이 바로 '무위의 위', '함이 없는 함'이다. 이런 '함이 없는 함'이야말로 위대한 행동으로서 자연스럽게 진정으로 위대한 일을 해낸다는 것이다.[14]

스포츠는 어떤 활동인가? 액션과 두잉(doing)이 본질인 활동이다. 기술 발휘의 행위, 상대 극복의 행동 등등 스포츠 자체가 유위의 결정체가 아닌가. 따라서 우리는 스포츠에서 무위의 원리가 중요하다는 말을 어떻게 받아들여야 하는가? 유위가 특징인 인간 활동에 무위의 원칙을 적용하라는 것이 과연 어떤 의미인가? 야구, 농구, 유도, 골프, 등산을 비롯한 모든 스포츠에서 부위는 왜 중요한가?

(난도가 높은 암벽을 올라야 할 때) 어떻게 실행되어야 하는가에 대한 생각 자체를 하지 않는 것이다. 판단 자체를 없애는 것, 이것이 무위, 즉 도를 받아들이는 것이다. 사태를 있는 그대로 두는 것이다. 그것이 어떠해야 한다거나 그것이 어떻게 되었으면 좋겠다는 우리의 생각이 아니라 자기 자신과 자연이 조화 속에 놓이도록 그대로 두는 것이다. 느끼고, 눈으로 주시하고, 마음으로 성찰하는 것이다. 본인이 기대한 방식대로 뭔가가 진행되지 않는다면, 인위적인 조처를 가하면 안 된다. 왜냐하면 그 조화를 깨버릴 수 있으니.[15]

어떻게 이처럼 하지 않음으로써 모든 것을 하는 '함 없는 함,' 즉 무위지위(無爲之爲)의 지경에 도달할 수 있는가? 최상위 기술 수준의 숙달이 필수적인가? 기술과는 상관없는 경지인가? 모든 스포츠에서 이런 차원이 존재하는가? 테크닉을 넘어서는 다른 차원에 대한 관심이 높아지며, 다양한 스포츠 종목에서 불교와 도교 사상의 적용을 계속 확장하고 있다. 골프, 탁구, 조정, 농구, 등산, 야구, 달리기, 테니스 등 전 종목을 망라해 도, 선, 무, 무위, 무심 등의 개념을 살펴보면서 스포츠의 숨겨진 차원에 눈을 뜨게 해주고 있다.[16]

스포츠 그리고 영적 깨달음

'영성(靈性)'은 주로 기독교에서 사용되는 용어로 알려져 있다. 영어 'spirituality'의 번역으로, 하나님으로부터 부여받아 인간만이 가지고 있는 본성 중 하나다. 영성과 함께 인간이 지닌 다른 본성은 '육성(肉性, corporality)'이다. 생물학적 원리의 지배를 받는 신체를 지닌 측면이다. 자크 마리탱의 표현으로 '순수과학적 측면'으로 파악되는 본성이다. 그리고 영성은 인간의 '영육(靈肉)' 중에서 '철학적-종교적 측면'에 해당하는 본성이다.

영혼 또는 정신의 뜻을 가진 'spirit'은 '사람과 동물 속에서 그것을 살아 있도록 하는 기운이나 원리'를 의미한다. 이 말은 프랑스어 'esprit'에서 유래했으며, esprit는 또한 영혼, 혼령, 용기 또는 숨을 의미하는 라틴어 'spiritus'로부터 파생했다. spiritus는 가장 근본적인 수준에서는 '숨, 숨쉬다(to breathe)'라는 의미를 지닌다. 그래서 spituality(영성)는 근본이 되는 숨, 생명을 가능하게 하는 원천 등의 뜻으로 발전한다.

생명의 원천으로서 숨, 숨쉬기라는 뜻으로 라틴어 'spiritus'에 해당하는 단어로 고대 그리스에서 'pneuma'를 사용했다. 이것이 기독교를 국교로 채택한 로마의 라틴어에서 spiritus로 사용되었고, 기독교가 전 시대에 만연했던 중세를 거치면서 현재의 '영성'을 뜻하는 근간이 되었다. 그리스에서 종교적인 의미를 갖지 않던 단어가 기독교의 맥락 속에서 종교적인 의미로 사용된 것이다.

기독교직 영성은 명백히 종교적 영성으로서, 예수그리스도 안에서 삼위일체 하나님께서 현현하시며, 그의 삶 속에서 성령의 선물을 함께 나눈다는 궁극의 가치를 추구한다. 기독교적 영성은 교회 공동체 속에서 믿음, 소망 그리고 사랑으로 살아가는 삶이다. 이 공동체에서 그리스도 부활의 신비 속에서 희생적이고 실존적으로 살아감으로써 우리는 그리스도의 마음을 갖는다. 바라는 것은 그리스도 안에서 다시 태어나는 것이며, 이것은 모든 생명이 평등하게 살 수 있는 세계를 만드는 일에 참여한다는 것도 함께 의미한다.[17]

근대에 들어오면서 계몽시대를 거쳐 과학과 이성이 부각되고 지배적이었다. 영성의 종교적 색채가 흐려지기 시작하면서 현대에 와서는 영성은 매우 다양한 맥락에서 사용되고, 그에 따라 의미도 정확히 규정되기 어려운 상황이 되었다. 영성의 의미가 27가지나 된다는 주장도 있다. 영성은 종교적인 의미에서도 기독교에 한정되지 않고 유대교, 불교, 이슬람교 등에서도 현대적으로 재해석해서 사용되고 있다.

영성의 분화 또는 다변화는 특히 1960년대 뉴에이지 영성 운동에 의해 촉발했다고 볼 수 있다. 어느 한 종교나 신앙에 구속되지 않는, 인간을 초월하되 인간 안에 그 씨앗이 담겨 있는 궁극적인 무엇에 대한 관심이다. 신비주의적 성향을 띠고, 궁극적인 무엇과의 하나 됨을 자기 안에서 느낄 수 있다는 믿음을 지니고, 그것을 가능하게 하는 것이 우리 안에 주어진 영성이라고 간주한다. '영적이지만 종교적은 아니다(spiritual but not religious, SBNR)'는 것이다.

스포츠에서 영성은 기독교적 맥락과 신비주의적 맥락에서 동시에 언급되고 있다. 기독교적 맥락에서 영성은 스포츠가 하나님의 실재를 체험하도록 하는 통로이자 매개라고 생각한다. 삼위일체 하나님의 만남을 가능하도록 해주는 인간의 타고난 본성을 영성으로 이해한다. 영성(영적 차원)이란,

예수 그리스도가 하나님께 돌아가는 길임을 확신하고 사랑이신 하나님에게 자신을 맡김으로써 스스로가 그리스도의 이미지로 변화하는 것이다. 이 모든 것은 성령의 힘으로 이루어진다. 이 영성의 개념에는 예수에 대한 확신, 예수를 따름, 사랑, 성령의 힘이라는 네 가지 핵심 요소가 모두 포함되어 있다. 오리엔티어링 스포츠에 비유하면, 성경(하나님의 말씀)은 하나님의 뜻을 알고 하나님께 순종하기 위한 지도이며, 성령은 성경 속에서 예수의 이름에 따른 올바른 길을 가리키는 컴퍼스다. 하나님의 왕국으로부터 멀어지는 것, 즉 반대 방향으로 가지 않도록 한다.[18]

사이먼 로빈슨은 스포츠와 비종교적 맥락에서 영성에 대해 잠정적인 개념을 제안한다. 영성은 한 문장으로 정리되기 어렵다. 영성은 사람의 내면에 존재하는 '스피릿(정신, 얼, 양심)'을 불러일

으키는 것, 그리고 그것을 개발하는 것과 관련되어 있다. 특별히 다음과 같은 특징을 포함한다.

첫째는 다른 존재를 인지하고 존중하기(자기, 타인, 집단, 환경, 및 신적 존재 포함), 둘째는 다른 존재에 반응할 수 있는 자질로, 이것은 영성을 실천하고, 영성을 체현하며, 그럼으로써 다른 존재와의 관계를 지속할 수 있는 것 등을 포함하는 것, 셋째는 다른 존재를 인지한 것과 존중한 것, 그리고 반응한 것 모두에 기초해 성찰 깊은 삶의 의미를 찾아내는 것이다.[19]

또한 이보 지라젝은 영성이란 "삶의 목적을 성찰하고, 삶의 깊이를 간파하며, 세상의 도덕적·심미적 차원들을 파헤치고, 조화를 갈망하며, 초월적인 것을 체험하고자 하는 하나의 상징"이라고 말한다.[20] 로빈슨이 이야기한 이들 특징을 보다 구체적으로 풀어 언급하고 있다고 볼 수 있다. 이 세상의 모든 존재와 현상, 그리고 그 안에 숨겨져 있는 것을 알아차리며 그 본질을 체험하려고 하는 인간의 본성을 의미한다.

삶의 본질을 깨달을 기회로서 우리는 종교적 수행이나 일상을 벗어난 고행을 꼭 필요로 하지 않는다. 우리에게 친근하고 낯익은 일상의 활동들이 영성을 체험하는 훌륭한 기회가 된다. 자고 먹고 일하고 노는 일상의 활동들을 주의 깊게 성찰함으로써 삶의 본질을 직접 맛보는 감각과 안목이 생긴다. 골프, 수영, 등산, 야구 등 스포츠 활동은 영성을 발견하고 성숙시키는 효과적인 장을 제공한다. 골프는 그중 가장 대표적인 종목이다.

> 골프는 사람들이 영적으로 보다 성숙해지고 우리 삶 속에서 나타나는 신비를 이해하는 데 도움이 되도록 활용할 수 있는 사례들로 가득 차 있다. 삶의 신비는 우리 앞에 갑자기 그 모습을 드러내기도 하고, 아주 미묘한 모습으로 쉽게 지나쳐 버리도록 나타나기도 한다. 어떤 모습으로 드러나든지 간에, 영혼을 찾아 떠나는 하나의 여정으로 골프를 바라볼 때 우리는 타수를 낮추는 것보다 훨씬 많은 것을 얻을 수 있게 된다.[21]

이 점에서는 달리기도 뒤지지 않는다. 외과의사였지만 달리기의 영적 차원을 가장 뛰어난 솜씨로 우리에게 알려 달리기의 철학자라 불리던 조지 시한의 말이 그 증거다.

> (반환점을 돌아 결승으로 향할 때면) 내 몸 안에 엄청난 기운이 쏟아져 들어온다. 나는 온전해지고 성스러워진다. 그리고 내가 속한 우주 역시 온전해지고 성스러워진다. 무의미한 것이 하나도 없어진다. 이렇게 열정적으로 달리는 동안, 시인들이 말했다시피 진실이 내 심장 속으로 들어와 살아 숨쉰다. 달리기가 끝나 갈 즈음이면 명상은 관조로 바뀐다. 조금 전까지는 삼라만상의 의미가 무엇인지 따져보려 했지만, 이제는 모든 것이 성스럽

다는 사실을 알아차리게 된다. 내가 달리는 길은 단어가 의미하는 그대로 성소가, 사원이 된다.[22]

　골프나 달리기를 잘하고 오래 했다고 해서 누구나 자신의 영성과 스포츠의 영적 차원에서 이런 내용과 수준의 깨달음을 얻는 것은 아니다. 특별한 감각과 이해력, 민감성을 지니고 있어야 한다. 이에 더해 그 체험과 지각을 문자 및 다른 양식(노래, 그림, 영상, 이미지 등)으로 표현하는 재능을 또한 뒷받침해야 한다.

스포츠 안의 존과 플로우

　동양철학이나 종교적인 수준이 아니라 과학적인 차원에서 스포츠의 인문적 · 서사적 차원에 대한 체험을 다루는 접근도 있다. 스포츠심리학에서 주로 관심을 두고 실체를 분명히 파악하려고 노력해왔다. 과학적으로 알아보려는 데도 두 부류가 있다. 하나는 초자아심리학적 접근이며, 다른 하나는 긍정심리학적 접근이다.

　전자는 트랜스퍼스널 심리학으로, 인간이 가진 통상적인 정신 영역을 벗어나는 차원과 그 능력을 탐구하는 연구 분야다. 1960년대 에이브러햄 매슬로 등 인본주의 심리학에서 시작해 켄 윌버 등으로 대표되는 통합심리학과 통합철학으로 발전한 분야다. 스포츠에서 경험하는 비보통적 경험을 살펴보고 그것의 효과나 그것을 발생시키는 요인들을 찾아내려 한다. 그리고 그 상태나 체험을 의식적·의도적으로 불러일으키는 방안을 탐구한다.

이 현상은 보통 '존에서 경기하기(playing in the zone)'라는 표현으로 대표된다. 선수들이 정신이 '존(그곳, 특별한 곳)'에 놓여진다는 뜻이다. 그곳, 그 특별한 곳, 그곳이라고 불리는 마음의 상태는 어떤 상태인가? 그리고 그 마음의 상태에 놓였을 때 펼치는 신체적인 기술의 수준은 또 어떤 수준인가?

이 분야의 최고 연구자는 마이클 머피다. 그는 1970년대 애슬란연구소를 세우고 스포츠의 비보통 현상(metanormal events)을 연구하기 시작했다. 특히 개인적인 체험을 소재로 1972년 출간한 소설 《왕국의 골프》는 현재까지도 스포츠소설의 베스트셀러로 굳건히 자리하고 있다.[23] 또한 '스포츠의 초월적 체험'에 관한 연구를 집대성하고 정리한 《인 더 존》과 《우리 몸의 미래》[24]에서 다양한 사례를 소개하고, 그 체험을 촉진하기 위해 인간이 개발한 믿을 만한 방안들을 선별해서 알려준다.

우리가 모은 많은 리포트는 스포츠가 우리의 일상적 감각 저 너머로 우리를 훌쩍 밀어 넘겨버리는 것을 보여주었다. 그래서 일반적으로 신비적이라거나, 초자연적이라거나 종교적이라고까지 여겨지는 능력들을 불러일으킨다. 이것은 선수들을 요가 수련자나 신비가라고 말하는 것이 아니다. 신비주의적 수련이 요구하는 수준의 깨달음을 위해 투자하는 평생의 헌신과 적극적인 갈망을 지니고 스포츠에 참가하는 선수들은 거의 없다. 이 두 인간의 활동 사이에, 특히 그 방법론과 불러일으키는 상태의 측면에서 분명한 유사성이 존재한다는 점을 강조하기 위해서다. 명상의 대가들은 우리보다 훨씬 더 깊은 차원의 내적 세계를 탐구해왔다. 그리고 우리가 들어가 보았거나 가보지 못한 그런 영적 지평을 넓혀주었다. 하지만 많은 선수와 탐험가들은 일정 부분은 스포츠라는 길을 통해 그 영역에 들어가 보았던 것이다.[25]

스포츠에서 보고되는 비보통적·초월적 체험은 정신이 극도로 뚜렷해지는 느낌, 신체 이탈적 체험, 시간과 공간이 변형된 것 같은 인식, 엄청난 힘이나 지구력의 순간적인 발휘, 절정감의 맛봄 등이다. 이런 현상을 느끼는 상황과 활동의 순간을 '존'이라고 부른다. 순간적이고 무의지적이고 비예고적인 특징을 지니고 있어서 '존(zone)'은 객관적으로 잡아내거나 측정하는 것이 거의 불가능하지만, 체험자들의 사후적 심층 인터뷰나 측정 검사지를 통해 유추하거나 간접적으로 확인할 뿐이다.

이보다 좀더 객관화된 방식으로 유사한 현상과 체험을 알아보는 (스포츠)심리학자들의 시도 결과가 바로 '절정체험'이나 '몰입'이다. 절정체험은 에이브러햄 매슬로가 1960년대 제안한 개념으로, "지금 현재 상황을 보다 높은 차원으로 인식하도록 돕는 흔하지 않고, 매우 흥분되며, 바다같이 넓고, 아주 깊은 감동을 주며, 전신을 떨게 하며, 심신을 고양하는 체험"이다.

이것은 최근 긍정심리학을 창안한 미하이 칙센트미하이가 제시한 '몰입'의 개념으로 진화했다. 스포츠 장면에서 나타나는 몰입 또는 플로우는 통상적으로 선수들이 어떤 상황이나 활동에 완전히 녹아들어 극초집중하는 상황에 있을 때의 정신적인 상태를 의미한다. 기술의 발휘와 작전의 수행이 힘들이지 않고 자동적·자연적으로 흘러가듯 펼쳐진다. 수전 잭슨과의 공동 연구에서 보고된 한 수영선수의 사례는 이렇다.

제 경기 중에 가장 행복했던 순간을 돌이켜봅니다. 그때 저는 물과 휘젓기와 다른 모든 것이 하나 되는 것을 느꼈습니다. …… 제가 하는 것과 정말로 하나가 되는 것이죠. 어떤 수영으로 경기를 해야 하는지 명료히 알았으며, 모든 것이 저의 통제력 아래 놓여있음을 인지했습니다. 그래서 시합이 시작되자 다른 선수들이 무엇을 하고 있는지 분명하게 파악했습니다. …… 저는 제 팔다리 동작에 완전히 동화되어 다른 선수들을 추월하는 것을 알았습니다. 하지만 신경 쓰지 않았죠. 정말로 조금도 정신이 쓰이지 않았습니다. '와, 이거 정말 멋지네!' 라고 느끼며 그냥 앞으로 헤엄쳐 나아갔습니다. 그냥 수영해 나아갔고, 우승을 거머쥐었습니다. 저는 그때 그 상황을 제 힘 안으로 완전히 제압하고 있었고, 잊을 수 없는 최고의 경험이었습니다.[26]

스포츠를 통한 몰입(스포츠 몰입)은 매우 흥미로운 주제로, 그 본질과 메커니즘을 밝히려는 스포츠심리학 연구가 늘고 있다. 스포츠 몰입 연구의 선구자인 잭슨과 칙센트미하이는 스포츠 몰입의 주요 요인을 도전과 기술의 균형, 행동과 인식의 융합, 명료한 목표, 모호하지 않은 피드백, 수행 과제에 집중, 통제감, 자의식의 소실, 시간의 변형, 무욕의 체험 등으로 정리했다. 그리고 현재 수행에 초집중하기, 몸과 마음이 하나 되기, 지금 과정을 즐기기가 이 요인들이 효과적으로 기능하는 공통적인 핵심 조건이다.

몰입 상태에 의도적으로 자신을 놓이도록 하기 위한 실천 방안으로 가장 주목받고 있는 것은 '마음챙김(mindfulness)'이다.[27] 마음챙김은 불교적 개념이지만, 우울증과 불안감을 줄이고 의욕과 자신감을 높이기 위한 정신건강과 수행 성과를 도모하는 모든 장면에서 일반화되어 널리 활용되고 있다. 스포츠심리학에서는 특히 긍정심리학적 접근의 주요 멘탈 트레이닝 방법으로 개발하고 있다. 초킹이나 입스 등과 같은 엄청난 심리적 압박과 불안감을 감소하고 극복하기 위해 마음을 달래고 다스리며 안정시켜 훨씬 커다란 힘을 발휘하도록 활용한다.

스포츠, 그 심층을 찾아서

세상은 표층과 심층의 구조로 되어 있다. 세상의 모든 존재도 중층 구조를 띄고 있다. 이 모든 존재에는 인간, 그리고 인간에 의해 창조된 제도와 활동들도 포함된다. 인류는 이런 중층 구조를 탐구하기 위해 부르너가 언급한 것처럼 패러다임적 사고와 내러티브적 사고를 계발했다. 인간에 대한 이해도 마리탱이 알려준 것처럼 순수과학적 인간관과 철학적–종교적 인간관이 있다. 무엇보다 과학과 인문학의 커다란 두 가지 학문체계를 완성했다.

인간의 문화 활동으로서 스포츠의 표층과 심층도 이 두 가지 사고체계와 인간관을 통해 살펴볼 수 있다. 운동생리학, 스포츠심리학, 스포츠생체역학, 스포츠영양학, 스포츠공학 등 스포츠에 대한 과학적 이해는 스포츠의 표층에 주목하도록 한다. 운동기술의 집합체로서 스포츠를 파악하며, 인과적 원인 요소들을 통제해서 운동수행력을 높이는 데 관심을 쏟는다.

스포츠의 심층은 인문학적 이해를 통해 투시할 수 있다. 스포츠의 역사적·철학적·종교적·문학적·예술적 차원을 깊이 파고들어 그 의미를 들춰내는 안목의 계발을 가능하도록 해준다. 지금까지 살펴본 심층적 차원은 육체적인 눈으로 명확히 확인하거나 계량적으로 정확히 측정할 수 있지 않다. 마음으로 파악하거나, 감각으로 느끼거나, 사후 회고적으로만 확인할 수 있다. 스포츠의 심층적 차원은 미지의 깊은 바다와 같다. 그리고 그것을 탐험하기 위해 필요한 심해잠수정이 인문학이다.

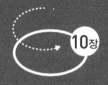

10장

스포츠박물관으로 가는 길

1960년대 베이비부머 세대로 60대 이상인 내 또래는 장년이나 노년으로 불린다. 전후의 사회적·경제적 빈곤 속에서 그야말로 죽기 살기로 애쓴 끝에 이제 막 폐허 더미를 간신히 걷어내던 시기다. 스포츠에 대한 관심도 조금씩 일어, 고교 야구가 최고의 관중 스포츠가 되었고, 안방 TV의 주인공으로는 프로 복싱과 레슬링이 최고 인기를 구가하고 있었다. 아쉽게도 아직 스포츠는 일반 대다수의 국민에게 생활화되기는 어려운 시점이었다.

그런데 1970년대의 경제 부흥 시기를 거쳐 1980년대 88서울올림픽에 이르러 스포츠의 생활화를 위한 사회적·경제적 기반이 어느 정도 마련되었다. 1990년대 이후 2020년대까지는 그야말로 한국 체육의 중흥기라고 할 만하다. 국내에서 스포츠 생활화가 정착된 것은 물론이고 국제 스포츠계에서도 10위권 안팎의 성적을 유지하는 강국이 되었다. 1920년 조선체육회가 설립된 후 약 100년 만에 이룩한 한국 스포츠의 기적이다.

한국 스포츠는 4대 스포츠 축전인 하계(동계)올림픽 경기, 월드컵 축구, 세계육상선수권대회, 세계수영선수권대회를 모두 치러낸 스포츠 선진국이 되었다. 이밖에도 아시안게임, 세계군인체육대회 등 기타 단일 종목 세계선수권대회들을 수없이 소화해냈다. 그리고 국내에서는 비인기 종목으로 간주하는 종목들의 국제대회 개최를 꾸준히 개최하고 유치하는 노력을 기울이고 있다.

이와 같은 국제대회와 전국체육대회, 소년체육축전 등 국내 선수들을 위한 전국 규모의 종합 대회와 단일 종목 대회가 오랫동안 꾸준히 열리고 있다. 전문 체육 선수들만이 아니라 생활체육 동호인들을 중심으로 아마추어 수준에서의 전국생활체육대축전도 매년 성황리에 운영하고 있다. 생활체육 동호인리그를 구성해서 20여 개 종목에서 약 9만여 명의 동호인 선수가 참가하고 있다.

이렇듯 우리나라 스포츠는 이제 해가 뜨고 질 때까지, 아니 해가 지고 난 이후 한밤중에도 하루 24시간 동안 쉬지 않고 전국 방방곡곡, 1년 사시사철 동안 활발히 행해지는 중이다. 그리하여 그 과정에서 수많은 유형과 무형의 결과물을 남겨준다. 그것들은 스포츠 문화유산으로 변해 스포츠를 사랑하는 우리 모두의 공동 유산으로 간주하며, 특별한 관심과 관리의 대상으로 인정받는다.

개인적인 수준에서도 스포츠를 좋아하는 이들은 모두 자신이 애정하는 스포츠 기념물이 있을 것이다. 나는 개인적으로 대학교에 다닐 때 교내 총장배 테니스대회에서 B조 복식 우승을 할 수 있도록 해준 한일라켓을 40년이 지난 지금도 소중히 보관하고 있다. 또한 읽는 스포츠 서적을 모으는 과정에서 취득한 1955년 발간된 벤 호건의 《파이브 레슨》 한정판 소장본을 고이 모셔 두고 있다.[1]

스포츠를 문화로 이해하며 그 남겨진 것들을 문화유산으로 보관하는 것은 선진국의 증거이자 특징이다. 우리나라는 스포츠 선진국으로서 지난 100여 년간의 스포츠 역사를 통해 남겨 놓은 유형·무형의 스포츠 유산들을 국가적·단체적·개인적인 수준에서 소중히 하는 제도를 제도적으로 마련해서 지원하고 보전하고 있다. 그런데 대부분의 일반 국민에게는 스포츠 문화유산과 그 보존에 대한 인식과 정보가 널리 알려지지 않은 상황이다.

우리나라에서 스포츠는 오락과 여흥의 수준을 넘어 이미 문화의 한 중요한 영역으로 자리잡은 지 오래다. 더욱이 그 순간에만 소비하는 문화가 아니라 우리가 영원히 보존해야 할 중요한 역사적 가치가 담긴 유산으로서의 문화로서 인정받고 있다. 스포츠 유산과 유물, 그리고 그것들을 보전하는 스포츠박물관에 대한 관심이 21세기 들어와 주목받고 있으며, 점점 더 일반 국민의 삶 속에서 훨씬 더 중요한 자리를 차지하는 중이다.

우리 모두의 역사여야 할

전문적인 관점에서 (문화) 유산과 유물은 개념적으로 달리 구분되어 취급된다. 그렇기는 해도 일상적으로는 서로 같은 개념, 적어도 엇비슷한 개념으로 간주하며 혼용해서 쓰고 있다. 유산은 좀 더 추상적인 것까지도 포괄하는 폭넓은 뜻을 내포하고, 유물은 유산 중에서도 구체적인 형체를 띠는 것을 의미할 뿐이다. 어느 것이든 앞 세대와 전 시대로부터 남겨진 물질적인 것과 정신적인 것을 통칭하는 의미로 사용되는 것은 동일하다.

문화유산은 어떤 그룹이나 사회로부터 형태가 있는 제작물과 형태가 없는 특징들이 남겨진 것이다. 이 유형과 무형의 것들은 과거 세대로부터 상속받았고, 지금 현재 시대에 유지되고 있으며, 미래 세대에게 도움이 되도록 건네주어야 하는 것들이다.[2]

스포츠 관련해서 이수연은 현대에 스포츠가 미술, 음악, 영화 등과 같은 문화현상으로 인정되고 있음을 강조하며, 스포츠 유산도 문화유산으로서 다음과 같이 정의하고 있다.

(스포츠 유산은) "운동경기 · 야외운동 등의 신체활동이나 놀이와 관련하여 과거로부터 물려받아 현재 우리가 공유하고 미래 세대에게 물려줄 만한 사회문화적 · 경제적 가치를 지닌 유 · 무형의 모든 것"(이다). …… 경기장과 같은 스포츠 기반시설이나 물질적 용구 등은 유형적 스포츠 유산에, 스포츠 자체나 스포츠 관련 기록, 그리고 스포츠 관련 이론과 방법 등은 무형적 스포츠 유산에 해당된다고 할 수 있겠다.[3]

스포츠의 물질적 유산은 특정 스포츠와 관련된 물리적이고 유형적인 대상, 물건을 말한다. 정신적 유산은 스포츠와 관련된 가치, 신념, 전통, 또는 관념 등 무형적 특징을 말한다. 물질적 유산은 스포츠 장비, 장소, 기구, 시설 등이다. 정신적 유산은 오랜 기간 스포츠의 현장에서 보편적 · 지역적 또는 종목적 수준에서 추구되고 준수되어 온 스포츠퍼슨십, 페어플레이, 의례나 의식 등이다. 일반인들에게는 통상적으로 물질적 유물이 주된 관심 대상이다.

물질문화(유산)는 사람들의 주변에 있는 물건들과 건축물 속에 기반하고 있는 사회적 실재의 측면을 말한다. 여기에는 그 물건들을 사용하고 소비하고 생산하고 교환하는 것이 포함되며, 그 물건들이 만들어내거나 관여하는 행위, 규준, 의례 등도 포함된다. 이외에 소리, 냄새, 사건 등 기타 무형의 현상들도 포함하는 학자들도 있으며, 심지어는 언어와 미디어까지 포함시키는 이들도 있다.[4]

스포츠 물질적 유산은 물질문화라고도 한다. 스포츠 맥락 속에서 스포츠와 관련해 사람들이 만들어낸 것들이다. 스포츠를 수행하고 즐기기 위해 만들어진 다양한 장소와 물건이 주류를 이룬다. 스포츠는 아주 오랜 역사를 지니고 있으며, 모든 대륙과 지역에서 행해지고, 그 종류도 셀 수 없을 정도로 다양하게 발전해왔다.

그래서 남겨진 유물도 그 양과 종류가 엄청나며, 지금도 계속해서 새로운 장소, 장비 등 물질문화를 만들어내고 있다. 현재의 물질문화는 결국 시간이 지나면 역사적 유물로 판단되어 간추려지면서 스포츠 유물로서의 지위를 확보할 것이다. 스포츠의 인기와 진흥에 따라 더욱더 많은 유물의 선별이 이루어질 것이다.

스포츠 유물(유산)에 대한 관심이 2000년대에 들어와 각별해지면서, 관광이나 수집 대상으로서의 관심은 물론 연구와 학술적 관심의 대상으로서도 부각되고 있다. 스포츠문화학자들은 다양한 스포츠 유물을 규정하고 분류해, 개념적인 이해와 현장에서의 취급을 분명하게 도와주려는 시도를 펼치고 있다.

이 일을 가장 먼저 한 스테판 하디 등[5]은 스포츠 물질유산을 9가지로 분류했다. 경기 도구(공, 방망이, 라켓 등), 경기장(코트, 필

스포츠 물질유산의 종류

경기 도구	경기장	훈련 도구 및 스포츠 의료 도구	스포츠웨어
공, 클럽, 라켓 등의 각종 스포츠 장비	경기장, 코트 등의 인공 건축물과 산, 바다, 공중 등의 자연환경	트레드밀, 웨이트 트레이닝 기계, 심박수 모니터 등	선수, 코치, 스태프, 치어리더, 팬이 착용하는 의류, 운동화 등
상	상징적 기념물	수행 측정 도구	청각적 자료
인증서, 메달, 리본, 트로피 등	색상, 깃발, 마스코트, 배너 등	스톱워치, 레이저 기술, 호크 아이, 동작 분석 등	구술 자료를 통해 보존된 스포츠 언어와 문화, 전통에 대한 청각 자료 등
필름 및 미디어	음악 및 무용	문학(시와 드라마)	시각적 문화
스포츠를 주요 주제로 한 영화, 광고, 신문, 방송, SNS 등을 포함	선수별 응원가, 스포츠에서 사용되는 음악, 스포츠에서 영감을 받은 음악 등	책(시, 산문), 잡지, 만화 등 다양한 인쇄물과 온라인 서적 등	순수미술, 조각, 동상, 포스터, 엽서, 사진, 스포츠 스티커 등
버추얼 스포츠	동물	도박용품	수집품
스포츠 보드게임, 카드 게임, 비디오 스포츠 게임, e스포츠, VR, AR 등	사냥, 싸움, 경주를 위해 사용되는 동물들	경마, 크리켓, 복싱, 축구 등 스포츠의 승패와 관련된 도박 문화	개인 또는 집단 차원의 스포츠의 물질적·시각적 문화 수집

드, 풀, 링, 트랙 등), 훈련용 기구와 스포츠 의료 기구(트레드밀, 웨이트 기계, 심박수 모니터 등), 스포츠웨어(선수, 코치, 치어리더, 팬 등), 상(메달, 리본, 트로피 등), 상징물(색깔, 깃발, 마스코트, 페넌트 등), 수행 측정 도구(스톱워치, 레이저빔 등), 잡품(입장권 남은 것, 내기 슬립 등), 메모라빌리아(위 내용들을 모아 놓은 것)이 그것이다.

가장 최근 케빈 무어는 스포츠 물질유산을 이 9가지에 7가지를 더해 16가지로 확장했다. 경기 도구, 경기장, 훈련용 기구와 스포츠 의료 기구, 스포츠웨어, 상, 상징적 기념물, 수행 측정 도구, 청각적 자료, 필름과 미디어, 음악과 무용, 문학(시와 드라마), 스포츠 시각 문화(잡품 포함), 버추얼 스포츠, 동물, 도박 물품, 수집품(위 내용들을 모아 놓은 것). 여기에서는 잡품이 시각 문화를 포함했으며, 메모라빌리아가 수집품의 안으로 분류되었다.[6]

스포츠 유산을 체계화하라

이외에 물질적 유산을 넘어 스포츠 유산을 포괄적으로 이해하게끔 하는 시도가 있어 왔다. 그레고리 램쇼는 스포츠 유산을 4가지 유형으로 크게 분류한다. 형태를 갖추고 있으나 이동이 불가한 것(유형부동형), 형태를 갖추고 있으며 이동도 가능한 것(유형가동형), 형태가 없는 것(무형이며, 당연히 부동형), 그리고 스포츠 유

산의 특징을 지니는 상품이나 서비스(상품 및 서비스형)이다.[7]

가장 먼저, 유형부동형 스포츠 유산은 형체를 가지고 있으나 이동하지는 못하는 스포츠 유산이다. 통상적으로 어떤 장소에 자리를 잡고 있는 가시적인 형태의 물질적 스포츠 유산이다. 스포츠 경기장이나 특정 장소들이 대표적이다. 이 유형의 스포츠 유산들은 시간적으로 오래되거나 건축학적인 가치를 지니고 있거나, 역사적 의미(지금은 사라진 동대문경기장)나 지역사회적(부산 사직 야구장)인 의미를 지니고 있는 경우가 많다.

가장 일반적으로는 육상 스타디움과 실내 체육관이 있다. 스포츠인 동상(최동원 동상), 거리명(박찬호거리 찬호길) 등 기념비와 기념 지역이 있다. 또는 특정 스포츠 행사나 스포츠 인물을 기억하는 기념비나 기념관도 있다(올림픽공원 평화의문, 손기정기념관). 특정 건물이나 지점의 제한을 넘어서서 주변의 지역 일정 부분과 연계 속에서 포괄적인 지역(잠실경기장과 올림픽공원, 평창 동계올림픽 경기 장소들)으로 형성되기도 한다.

두 번째로, 유형가동형 스포츠 유산은 가시적인 형태, 즉 형체를 가지고 있지만 이동할 수 있는 스포츠 유산이다. 특정 장소나 지역에 지리적·지형적으로 붙박여 있지 않은 것들이다. 이런 유형의 스포츠 유산들은 대부분 스포츠박물관이나 기념관의 형태로 보관되고 전시되고 있다. 고정된 건축물로 된 박물관과 기념관이 일반적이지만, 유산과 기념물을 중심으로 장소를 일정 기간 대여해서 전시하는 이동 형태도 존재한다.

스포츠 대회 자체, 즉 어떤 장소에서 고정되어 개최되거나 특정인을 기념하는 스포츠 경기조차 이 범주에 포함된다. 정해진 지역에서 열리기는 하지만 대회 자체가 더 핵심적인 포인트이기 때문이다. 특정 지역과 관련된 스포츠 대회(윔블던 테니스 경기, 마스터스 골프대회)와 스포츠인의 명칭을 딴 대회(소강배 테니스대회)가 그것들이다. 유명 스포츠 인물(대한민국 스포츠 영웅)과 동물(경주마, 경주견) 등 생명을 지닌 존재도 스포츠 유산도 포함된다.

세 번째로, 무형부동형 스포츠 유산은 빌딩이나 인공물로 가시화될 수 없는 것들이다. 응원 구호나 응원가(프로팀과 선수 개인), 그리고 응원 방식이나 운동 전통 같은 것들이다. 또는 어떤 단체나 기관 그 자체(대한체육회)나 그와 연관된 것으로 대부분 그 단체나 기관의 역사적인 의미나 가치 등이 유산이 된다. 기관에서 발간한 기록물(대한체육회 사진집)이나 빌딩(태릉선수촌)이나 본부(국민체육진흥공단) 등의 형태로 남아 있을 수도 있다.

먼저, 개인적·집단적 기억(2002년 월드컵 4강), 소리나 냄새가 남기는 감각(응원 소리, 장소, 냄새), 사람에 의해서만 전달되는 지식(신체적 기능과 전술의 코칭), 그리고 팬이나 팀원으로서의 소속감과 정체성(프로팀 팬, 붉은 악마) 등은 가시적이지 않고 물질적 유형을 취하지 않는다. 하지만 오랜 시간과 많은 이들에 의해 전달되고 전승되어 소중한 행위와 전통으로 공유되고 보전된 유산들이다.

이에 더해 스포츠와 관련한 다양한 조직이나 단체가 있다. 이들은 건물 안에 위치해 있지만, 행정적인 존재로서 법적으로 인정되어 운영된다. 스포츠 전문 언론 조직(스포츠신문, 스포츠방송), 종교적 조직(YMCA, YWCA), 정부조직(문화체육관광부), 교육기관(학교체육진흥회), 종합 국제 스포츠 조직(국제올림픽위원회), 종목별 스포츠 단체(세계수영연맹, 세계육상연맹) 등 매우 다양하게 스포츠에 관련되어 스포츠 유산을 창출하거나 그 조직 자체가 스포츠 유산의 하나로 인정받는 경우가 있다.

마지막 네 번째로, 상품 및 서비스형 스포츠 유산은 유명한 팀이나 선수의 이름과 로고가 새겨진 다양한 '굿즈' 상품(유니폼, 야구카드)이나 여행 상품으로 가공되어 소비자에게 제공된다. 수집가에게 구매되어 판매되거나 무료 또는 유료로 체험할 수 있는 서비스로 제공된다. 유명 스포츠 관련 장소 탐방 여행, 스포츠 유산 걷기, 도시 재생산과 연결된 스포츠 관광 프로그램 등의 관광 서비스가 있다.

하나의 소비문화로서 스포츠 유산이 활용되면서 그 서비스 자체가 스포츠 유산으로서의 역할과 지위를 갖는 경우다. 특정 스포츠 팀(실업, 프로 또는 국가대표 수준)의 유니폼이 상품화되고, 그것이 특정 선수나 경기와 연계되어 중요한 의미를 갖게 되어 유산적 가치를 확보한다. 특히 특정 지형(산, 강, 바다), 계절(하계, 동계), 종목(트레일 러닝, 사이클, 서핑)과 관련된 스포츠 유산을 관광과 연계해서 스키, 수영, 걷기, 달리기 등 직접 체험형 관광 상품을 제공하는 경향이 높아지고 있다.

스포츠 박물관과 기념관

　스포츠 유산을 한자리에 모아 가치 높게 전시해 놓은 장소가 있다. 박물관과 기념관이다. 박물관은 다양한 종류의 유산을 포괄적으로 모아 놓는 반면, 기념관은 제한된 주제나 특정 인물을 중심으로 직접 관련 있는 유산을 수집해 놓는다. 대체로 기념관은 박물관보다는 작은 규모로 운영된다. 기념관은 영어 사용권 국가에서 일반적으로 '명예의 전당'으로 표기하고 있으나, 우리나라에서는 친숙하지 않은 명칭이며 보통 기념관으로 부르고 있다.

　스포츠박물관과 기념관(이하 박물관으로 통칭) 설립은 전 세계적인 동향이다. 스포츠의 사회적 위상과 국민적 관심이 지속적으로 높아지는 가운데 스포츠를 미술, 음악, 패션 등 문화적 현상의 핵심 중 하나로 인정하고 있다. 스포츠 선수나 감독의 사회적 지위가 유명인의 수준이고, 스포츠 산업 자체가 경제적으로 큰 규모로 자리잡고 있다. 사라져 가는 스포츠 문화를 기억하고 보전하고 향유하려는 노력이 박물관 설립이라는 행동으로 실현되고 있다.

　전문적 스포츠박물관과 일반 박물관 내의 스포츠 주목 현상에 대해 가장 최근에 무어와 휴손은 "스포츠박물관은 전 세계적 현상이 되고 있으며, 스포츠는 일반 박물관 분야 전반에 걸쳐서도 매우 폭넓게 수용되고 해석되기 시작하는 중이다."라고 확인하고 있다.[8] 세계 곳곳에서 스포츠 전반, 또는 한 종목/인물을 대상으로 하는 국립·도립·시립의 공공적인 수준 또는 단체나 개인적인 수준의 박물관과 기념관 설립이 눈에 띄게 증가하고 있다.

빅터 다닐로프는 이미 20여 년 전에 세계 곳곳에 소재한 박물관과 기념관을 조사했는데, 46개국에 소재한 약 580여 곳을 찾아 주소와 특징을 알려주고 있다.[9] 스포츠박물관이 가장 많은 나라는 미국으로 400곳 이상이었다. 2위는 캐나다로 39곳, 3위는 영국으로 23곳, 4위는 독일로서 19곳, 5위는 오스트리아로 12곳, 그리고 6위는 프랑스로 10곳이었다. 이후 이와 같은 전수조사가 이루어지지 않았으나, 이후 상당한 숫자의 스포츠박물관이, 특히 중국, 일본과 중동 국가 등 동양에서 신설되었을 것으로 추측된다.

일반적으로 스포츠박물관의 주요 기능은 수집하기(전시하기), 보전하기, 연구하기, 해석하기, 교육하기의 5가지로 알려져 있다.[10] 가장 먼저 박물관의 목적과 주제에 부합하는 스포츠 유산들을 수집한다. 수집 대상이 되는 후보 유산들을 선정한 후 가장 적합한 대상들을 선택해서 기증받거나 구입한다. 또는 특별기획전을 위해 소장자로부터 일시적으로 대여받아 전시 후 반환한다.

소장가치가 있는 스포츠 유산들은 보존 상태가 최상이 아닌 경우가 대부분이다. 소장하고 보전, 전시하기 위해서는 원래 상태에 가까운 수준으로 복구 처리 과정이 필수적이다. 그리고 그 상태를 오랫동안 유지하기 위한 보전 처리가 더해져야 한다. 이로 인해 스포츠 유산은 확보 후 관람객들에게 소개되기 전에 짧게는 몇 달부터 길게는 몇 년씩 걸린다. 복구와 보전 처리 과정에서 유산의 의미와 가치에 관한 본격적인 연구와 조사, 해석이 함께 행해진다.

  보전과 연구, 해석의 과정을 거친 후에는 공개적인 전시가 이루어진다. 박물관의 교육 기능이 시작되는데, 전시는 소극적인 교육의 형태다. 적극적인 교육은 박물관 소장/전시 유산들에 대한 독립적인 교육 프로그램의 제공을 말한다. 사실 '박물관 교육' 이라는 분야는 오래전부터 하나의 커다란 교육 영역으로 성장했다. 과거에 대한 역사, 문화 교육에 그치지 않고, 현재를 명확히 파악하며 미래를 상상하거나 기대하는 인류 문화의 교육 현장이 되어 온 것이다.

  스포츠박물관이 지닌 최고의 특징은 그것이 우리가 호모 루덴스로서 진화해온, 인간의 본래 모습을 역사적·문화적으로 이해할 수 있는 근본적인 증거들을 보여준다는 것이다. 스포츠는 영화나 음악과 함께 어린 세대와 성인 세대를 통틀어 전 세대에 걸쳐 공통된 체험과 기억을 가장 많이 공유하는 곳이다. 이로 인해 스포츠박물관은 그 교육적인 기능을 통해 다른 어떤 박물관보다 박물관 교육의 가치를 높일 가능성을 지니고 있는 것이다.

연구 공간에서 버추얼 박물관으로

  현재 운영되고 있는 스포츠박물관들은 어떤 종류가 있을까? 스포츠박물관은 학술형, 상업형, 지역형, 수집형, 가상형 등 5가지가 일반적이다.[11] 물리적 장소에 설치된 앞의 4가지 유형과는 달리 가상형 박물관은 온전히 온라인의 사이버 공간에서만 운영되는 버추얼 박물관이다. 접근성과 유지 비용 등 여러 측면에서 많은 장점이 있어 최근 증가하고 있다.(물론 물리적 건물에 위치한 다른 4가지 유형의 박물관들도, 그 체계성과 완성도는 다르지만, 대부분 온라인에 웹사이트를 운영하고 있다.)

학술형 박물관은 공공적 성격의 박물관으로, 국가나 시·도의 지원하에 설립, 운영되는 종합/단일 스포츠박물관(과 기념관)이다. 운영진과 학예사 등 박물관 업무 수행 전문인력을 보유하고, 수집, 보전, 연구, 해석, 교육 등의 기능을 수행하는 시스템을 갖추었다. 호주 시드니 메리버른 크리켓 그라운드 빌딩 내에 2008년 개관한 '국립스포츠박물관'이 대표적이다. 호주 건강노화부와 여러 기업으로부터 지원을 받아 설립되었다.

상업형 박물관은 전반적인 운영 방식과 특징은 학술형과 유사하지만, 기본적으로 수입을 통한 이윤이나 해당 스포츠의 홍보를 의도한다는 점에서 다르다. 캐나다의 '하키 명예의전당'이 대표적이다. 1943년 설립되었으나 안정된 영구 거주처 없이 약 20여 년 동안 이곳저곳을 옮겨 다녔다. 이후 독립된 건물을 지어 유지되다가 1993년 역사적 가치를 지닌 현재의 건물로 확장 이전했다. 북미 아이스하키와 관련된 역사와 유물과 사건들을 총망라해서 보전하고 있다.

지역형 박물관은 학술형과 상업형 박물관보다는 규모나 체계에

스포츠박물관의 유형

유형	사례	소재지	지식 출처	목적	직원
학술형	National Sports Museum (호주, 시드니)	박물관	학술적 연구/ 국제적 조사	다양한 관점 사이의 소통 매체	박물관학 전문가
상업형	Hockey Hall of Fame (캐나다, 토론토)	박물관 또는 스포츠 스타디움 내	학술적 연구/ 시장조사	이미지 생산, 브랜딩, 마케팅	박물관학, 마케팅, 재정과 언론 관련 전문가
지역형	Webb Ellis Rugby Football Museum (럭비, 영국)	소규모 박물관 또는 스포츠클럽 건물 내	융합적 원천: 학술적·경험적 또는 구전 전통	스포츠 기념 및 지역사회 연결	자원봉사자와 제한된 전문인력의 자발적 도움
수집형	Duke's Restaurants (하와이, 캘리포니아)	바, 이발소, 레스토랑 등	융합적 원천: 학술적·경험적· 구전 전통, 또는 대중문화	굿즈와 서비스 판매에 도움되는 스포츠 역사 환경 조성	특별한 기능과 관련 지식을 지닌 노동자
가상형	California Sports Hall of Fame (캘리포니아)	온라인 디지털 세계	융합적 원천: 학술적·국제적· 경험적, 시장 조사	시공간과 경제적 수준에 관계 없이 접속해서 방문	박물관학 전문가, 운영직, 웹 전문가

서 미흡하다. 재정자립도가 넉넉하지 않은 시·도의 자치단체들이나 기타 단체들이 주된 지원자이며, 기업이나 개인 후원이 지속적이고 충분하지 않기 때문이다. 다만 각 지역을 빛나게 해준 스포츠 종목을 통해 지역민의 자부심을 고취하는 중요한 기능을 해내기 때문에 소중한 지역 자원으로 유지된다. 잉글랜드 럭비학교에 1982년 개관한 '웹엘리스 럭비박물관'이 잘 알려져 있다.

수집형 박물관은 그 규모나 체계 면에서 매우 열악하다. 독립된 박물관 공간을 갖추지 못하고, 호텔, 식당, 바, 이발소 등의 일부분으로 소규모 공간에 설치되어 있다. 주로 이것이 위치한 상업적 업소들을 홍보해서 고객들을 방문시킬 목적으로 만들어진다. 소장, 비치한 스포츠 기념품들의 종류나 개수가 많지 못하며 전시 상태도 전문적이지 못하다. 골프 관련 사업체인 슈페리어재단에서 운영하는 '세계골프역사박물관'이 국내에서 유명하다.

가상형 박물관은 가장 최근에 생겨난 박물관 유형이다. 물질적인 공간을 차지하지 않고, 온전히 사이버공간 상에서만 존재하고 운영된다. 현실공간에 물리적으로 존재하고, 그것을 온라인상에서 다시 구현한 것이 아니다. 웹 테크놀로지, 사진 및 영상 기술, 오디오와 텍스트 기술 등의 발달로 문화 전 분야에서 디지털화가 빠르고도 다양하게 이루어진 최근 결과 중 하나다. 때와 장소에 구애받지 않는 접속의 용이성과 상대적으로 저렴한 설치 및 운영 비용의 장점으로 점차로 확대되고 있다.

'패럴림픽 스토리즈'는 호주패럴림픽위원회(APC)의 공식 버추얼 뮤지엄이다. 이 가상형 박물관은 종합스포츠박물관으로서 호주 하계 및 동계 패럴림픽 경기, 영연방패러플레직 경기, 극동 및 남태평양 경기, 그리고 기타 다른 국제대회에서 호주 선수들의 경기 모습과 성취를 텍스트, 사진, 음성, 구술사, 비디오 및 기타 다른 장애 친화적 소통 수단을 활용해서 구성하고 있다.

'캘리포니아 스포츠 명예의전당'은 캘리포니아의 재력가와 유명인들의 후원으로 2006년 구축되었다. 특히 캔사스시티 치프스 프로미식축구 선수 출신인 크리스틴 오코예가 중심이 되었다. 성공한 스포츠인을 기념하고, 어려움을 겪는 선수들을 지원하며, 캘리포니아주의 스포츠 역사를 조명하며, 특히 스포츠를 통해 교육을 장려하기 위한 목적으로 만들어졌다.

Our Sporting Life

스포츠 유산에 대한 정책적 지원과 학술적 연구의 선두주자는 영국이다.[12] 영국에서 스포츠 전용 박물관의 실제 출현은 20세기 후반 이후부터였다. 1922년 영국의 스포츠 저술가이자 삽화가인 월터 쇼 스패로우가 국립스포츠박물관의 필요성을 주장했다. 하지만 아무런 반향은 없었다. 물론 띄엄띄엄 스포츠 유물과 예술작품에 대한 스포츠전시회는 개최되었다. 1933년 런던 쉘멕스하우스에서 4월과 5월에 걸쳐 2주간 열린 '전국 스포츠 트로피 전시회'가 대표적이다.

1948년 런던올림픽을 계기로 영국올림픽협회가 후원해서 빅토리아앨버트박물관(V&A)에서 '미술 속 스포츠'라는 주제로 전시회를 개최했다. 대표적인 박물관에서 개최된 최초의 스포츠 관련 전시회였다. 경쟁성을 가미한 형식으로 진행되었는데, 예술에 경쟁을 결부시킨 것에 부정적이던 예술가들에 의해 전시회는 성공적이지 못했다. 이 일은 이후 1980년대까지 박물관에서 스포츠 전시회가 성황리에 열리지 않게 된 것에 영향을 주었다.

1991년에 《뮤지엄》이라는 저널에서 '박물관에서의 스포츠'라는 주제로 특집호가 발간되었다. 이후 1990년대 중·후반부터 본격적으로 박물관에 적합한 주제와 소재로서의 스포츠에 대한 본격적인 학술적·실천적 관심이 시작된다. 특히 '스포츠 유산네트워크(SHN. Sport Heritage Network)'가 "영국에서 스포츠 유산에 대한 이해와 인식을 제고하겠다."라는 목표를 천명하며 신설되면서 전문적인 노력의 기반이 조금씩 다져진다.[13]

그러나 큰 동력을 얻지 못하다가 2005년에 2012 런던올림픽 개최가 결정된다. 이후 2012년 런던올림픽을 준비하면서 문화정책과 스포츠 진흥을 연계하는 결정이 내려졌다. 이로써 본격적인 학문적 저술들이 출판되고, 박물관 맥락 내에서 문화유산으로서 스포츠에 대한 진지한 관심이 시작되었다. SHN은 2009년부터 전국 스포츠유산 전시 투어 프로그램 'Our Sporting Life'를 3년간 진행했다. 총 108회의 전시가 매회 평균 38일간 열렸다.

정책 지원이나 학술 연구는 뒤떨어졌으나, 숫자상으로 가장 많은 스포츠박물관을 보유한 국가는 미국이다. 미국은 1932년 LA 올림픽 때부터 스포츠 유산과 박물관에 대한 관심을 보이기 시작했다. 1935년 '헬름스포츠재단'을 설립했고, 1936에는 뉴저지주 파힐스에 '골프하우스'(현재는 미국골프협회박물관)와 쿠퍼스타운에 '국립 야구 명예의전당 및 박물관' 등 미국 내에서 높은 권위를 인정해주는 두 곳의 스포츠박물관을 개관했다.

　제2차 세계대전이 종료된 이후에는 스포츠박물관이 급증했다. 특별히 1950년대에 개관한 유명 기념관들로는 '국제 테니스 명예의전당', '네이스미스 기념 농구 명예의전당', '인디아나폴리스 모터 스피드웨이 명예의전당', 그리고 '미국 국립 항공 명예의전당' 등을 꼽을 수 있다. 1960년대에는 '프로미식축구 명예의전당', 1970년대에는 '국제 모터스포츠 명예의전당'과 '베이브 루스 탄생지 박물관'이 생겨났다. 1990년대에는 대학교와 프로스포츠 팀들, 그리고 기업이나 단체들에서도 자신들만의 기념관을 만들기 시작했다.

　21세기에는 전 세계적으로 스포츠의 문화적 가치가 인정되면서 스포츠박물관의 설립이 빈번해졌다. 유럽에서도 이탈리아가 플로렌스에 축구박물관 '무세오 델 칼시오'를 2015년에, 스페인에서 바르셀로나 팀 축구박물관 'FC바르셀로나 박물관'이 2010년에, 오스트리아의 빈에 '오스트리아 스포츠박물관'을 2017년 개관했다. IOC도 스위스 로잔에 '올림픽박물관'을 2007년 개관했다.

　아시아에서는 인도네시아가 자카르타에 '아시아경기대회 박물관'을 2018년, 일본은 도쿄에 '도쿄2020 올림픽박물관'을 2020년, 인도는 뉴델리에 '국립올림픽박물관'을 2021년 개관했다. 가장 최근 카타르가 2022 FIFA 월드컵대회를 기념하면서 도하에 엄청난 규모의 '3-2-1 콰타르 올림픽 및 스포츠 박물관'을 개관해서 세계의 이목을 끌었다. 우리나라도 한국체육박물관과 서울올림픽기념관을 통합해 2026년 개관을 목표로 '국립스포츠박물관'을 준비 중이다.

박물관 패러다임을 바꿔야

반만년 역사를 자랑하는 우리나라이지만 아쉽게도 근대적인 의미의 스포츠 역사는 그리 유구하지 않다. 물론 고조선부터 조선까지 놀이 관련 유희적 신체활동과 무예 관련 신체활동을 포함하면 적지 않은 스포츠 활동이 오랫동안 행해져 왔음을 인정할 수 있다. 다만 현대인의 인식 속에 서구적인 의미의 신체기술의 경쟁적 성격이 두드러지는 스포츠 활동으로 명확히 간주할 수 있는 유희 활동들의 등장은 서양문물이 소개되기 시작한 19세기 말이나 되어서다.

이런 이유로 스포츠 유산으로 인정받을 수 있는 스포츠 관련 물질문화들은 생각보다 많지 않다. 물론 1970년대 경제발전과 1988년 서울올림픽 이후에 본격화된 스포츠의 문화화로 지난 50여 년간 기억하고 남길 만한 스포츠 유산들의 종류와 분량이 급증했다. 국가적 수준, 지역적 수준, 그리고 개인적 수준에서 엄청난 스포츠 문화의 축적이 이루어져 온 것이며, 이 경향은 앞으로도 더욱 가속화될 것이다.[14]

먼저, 어느 한 개인이나 소수에게 의미 있는 스포츠 유산도 충분히 가치 있으나, 국민 대다수에게 공공적 가치를 지닌 스포츠 유산에 한정해서 살펴보자. 우리나라는 문화재라는 개념으로 공공유산을 관리하고 있다. 크게는 국가유산청과 지방자치단체가 주체가 된다. 국가유산은 지정문화유산과 등록문화유산으로 구분한다. 여기에 예비문화유산이라는 범주도 최근 추가되었다.

우선 지정문화유산은 국가나 지자체가 지정하는 문화유산이다. 주로 100년 이상 된 물건들을 대상으로 한다. 보통 국보나 보물 등으로 알려져 있다. 등록문화유산은 지자체에 등록하는 것으로, 개인의 신청과 위원회의 심사에 의해 이루어진다. 50년 이상 된 것에 한정해서 가능하다. 예비문화유산은 50년 이하의 역사를 지녔으나 그만한 가치가 있는 것으로 판단되어 말 그대로 예비적으로 등록문화유산으로서의 후보가 되는 것들이다.

스포츠 분야의 지정문화유산은 거의 없는 실정이다. 유일하게 손기정이 1936년 베를린올림픽 마라톤 우승의 부상으로 받은 고대 그리스 청동 투구가 보물 제904호로 지정되었다. 이 투구는 당시 손기정 선수에게 전달되지 않고 베를린 샤로텐부르크 박물관에 1986년까지 50년간 보관되다가 손기정 선수의 요청으로 1986년 반환받는다. 이 투구는 1987년 국가 보물로 지정되었으며, 손 선수가 1994년 국가에 기증해서 현재 국립중앙박물관에 독립전시실을 갖추어 전시되어 있다.

등록문화유산은 상황이 그나마 조금 나아 여러 점이 있다. 2023년 현재 955점의 등록문화재 중 스포츠 관련 등록문화유산은 총

12점이다.[15] 앞에서 소개된 물질문화의 16가지 종류들 전반에 걸쳐 있지 않고 경기 도구, 경기장, 스포츠웨어, 상, 시각적 문화, 수집품 등에 포함된다. 근대 스포츠 역사가 오래되지 않은 것과 스포츠 유산의 다양성이 아직 충분히 본격화되기 전 시대가 주요 대상이기 때문일 것으로 추정된다.

스포츠 관련 등록유산은 엄복동 자전거(경기 도구), 연덕춘 골프채(경기 도구), 광주 관덕정 활터(경기장), 마라톤 우승 메달(상), 제1회 아시안컵 축구대회 우승컵(상), 세미리 수영복(스포츠웨어), 런던올림픽 참가 페넌트(수집품), 청년단 야구대회 우승기(수집품), 전국체육대회 우승기(수집품), 런던올림픽 후원권(수집품), 런던올림픽 참가 여행증명서(수집품), 런던올림픽 참가 단복(스포츠웨어) 등이다. 2012년 10점이 일괄 등록된 이후 2017년에 단 한차례 1점 이외에 새로운 등록이 없다.

개인이나 기관이 소장하고 있는 스포츠 유산들은 예를 들어 일제강점기 국내 신문사와 조선체육회가 소장한 야구·축구·자전거 등 사진, 김정연 빙상 16밀리미터 영상 필름(필름 및 미디어), 《조선야구사》·소학교/보통학교 체조 교과서·월간지 《조선체육계》(문학 및 서지류), 손기정 올림픽 우승 실황중계 LP(청각적 자료), 프로야구 응원 자료(음악과 무용), 전국스포츠소년대회 포스터(시각적 문화), 축구 관련 물건 수집·스포츠 카드(수집품), 승마 관련 물건(동물), 경마·경정·경륜 관련 물건(도박), e스포츠 관련 자료(버추얼 스포츠) 등으로 전 분야를 망라해서 존재한다.

스포츠박물관의 경우, 공적 가치를 지니는 스포츠 유산들에 대한 소개와 전시의 필요성이 가시화된 계기는 1988년 서울올림픽이다. 1988년 9월 서울올림픽 개막에 맞춰 문을 연 '마사박물관'이 최초라고 할 수 있다. 우리나라의 전통적인 말 문화를 발굴하고 보전하기 위한 목적으로 설립했으며, 2013년 말박물관으로 명

한국 스포츠 전시 공간[16]

1980~1990년대		2000년대	
1988년	마사박물관	2011년	한국체육박물관
1989년	서울올림픽전시관	2011년	대전월드컵기념관
1990년	서울올림픽기념관	2012년	무도체육전시관
1990년	한국스키박물관	2012년	대구스포츠기념관
1991년	국기원기념관	2014년	월드컵기념관
1995년	한국야구 명예전당	2014년	엄홍길전시관
1995년	탁구기념관	2014년	부산국제경기대회기념전시관
1999년	한국대관령스키역사관	2015년	한국여자농구기념관
1999년	축구전시관	2018년	롯데자이언츠 박물관
1999년	황영조기념관	2018년	동대문운동장기념관
2010년대		2020년대	
2011년	충주세계무술박물관	2020년	디지털야구박물관
2011년	국립공원산악박물관	2021년	평창올림픽기념관
2012년	한국사격역사관	2023년	국립스포츠박물관
2012년	손기정기념관	미정	한국야구 명예의전당
2014년	광주 기아타이거즈 야구역사관		
2014년	세계골프역사박물관		
2014년	국립태권도박물관		
2015년	인천아시아드기념관		
2018년	e스포츠 명예의전당		
2018년	박찬호기념관		

칭을 변경했다. 다만 스포츠로서의 승마나 경마보다는 말 전반을 다루어 스포츠 관련 전문성은 부족하다.

본격적인 스포츠 전시 공간은 88 서울올림픽 1주년을 기념해 서울시가 올림픽공원 내에 개관한 '서울올림픽전시관'이다. 1990년에는 국민체육진흥공단에서 '서울올림픽기념관'을 개관했다. 서울올림픽을 기념해 국민체육의 전반적인 진흥을 도모하기 위한 전담 기관으로서 국민체육진흥공단의 주도로 꾸준히 전시 공간을 확장하고 등록 박물관의 국제 지위를 높여 나갔다. 최근에는 국립 스포츠박물관과의 연계를 위해 2026년 재개관을 목표로 휴관 중이다.

이후 1990년대에 들어 기념관, 명예의전당, 박물관 등 다양한 형태와 규모로 스포츠 종합전시관, 또는 특정 종목이나 인물을 주제로 한 테마 전시장이 속속 문을 열기 시작했다. 윤거일과 천호준(2021)은 1980년대~1990년대(도입기), 2000년대(과도기), 그리고 2010년대(성장기)로 구분하고, 스포츠 전시 공간들에 대한 시대별 특징을 소개하고 2020년대의 전망을 말해주고 있다.

이들에 의하면 1990년대는 1988년 서울올림픽의 성공적인 개최와 국민적인 열기로 스포츠 전시 공간에 대한 관심이 솟아올라 지자체가 스포츠 전시 공간을 만들기 시작했으며, 한국야구 명예전당, 탁구기념관, 한국 대관령 스키역사관 등 스포츠 애호가 개인들이 개관을 이끈 사례도 특징적으로 나타났다.

2000년대에는 종합 스포츠 전시 공간인 '한국체육박물관'이 치음으로 만들어졌고, 2002 FIFA 월드컵 성공을 계기로 서울 등 각지에 월드컵기념관들이 생겨났다. 1990년대처럼 대회, 종목, 인물을 다룬 기념관에 더해 구단(롯데자이언츠박물관)과 시설(동대문운동장기념관)에 초점을 맞춘 새로운 유형의 박물관과 기념관이 등장했다.

2010년대는 지난 30년보다 많은 스포츠 전시 공간이 생겼다. 지역적 분포도 전국적이며, 주제나 규모 면에서도 종류가 훨씬 다양하다. 특히 종목별로 '국립산악박물관'과 '국립태권도박물관'의 국립 박물관이 개관했다. 마사박물관(말박물관), 2002 FIFA 월드컵기념관(풋볼팬타지움), 동대문운동장기념관 등 이전의 전시 공간들이 개념 변화와 기술 발달에 따라 새롭게 업그레이드해서 재개관하는 사례가 증가했다.

2020년대는 코로나19로 시작되어 신체활동과 대회의 중단과 제한으로 스포츠계에 어려움이 많았다. 하지만 스포츠 문화유산계는 꾸준한 성장을 이어갔다. 디지털야구박물관이 2020년, 평창올림픽기념관이 2021년 개관했다. 국립스포츠박물관이 2023년 개관예정이었으나 문화재발굴로 인해 건축 과정이 지연되어 2026년 개관할 예정이다. 한국야구위원회가 기장군에 계획 중인 '한국야구 명예의전당'도 있다.

국내 스포츠박물관은 최근 수집, 보존, 연구, 해석, 교육 등의 기능을 최적화하기 위해 새로운 개념으로 탈바꿈하고 있다. 최근 전시 공간들은 도서관, 기록관, 박물관의 복합적인 기능을 동시에 갖는 종합문화공간으로 '라키비움(Lachivium)'으로 진화하고 있다. 라이브러리, 아카이브, 뮤지엄을 합친 단어로 2008년 미국의 메건 윈젯 교수가 소개한 용어다. 스포츠박물관으로는 국립태권도박물관이 2023년 최초로 '태권도라키비움' 공간을 독립적으로 확보했다.

예전에는 독립적으로 특정 자료와 기능 영역을 담당하는 것으로 간주했던 도서관, 기록관, 박물관이 패러다임의 변화와 기술의 발전으로 서로 복합적으로 연결되고 해석되어야 최적의 효과를 가져올 수 있다는 사실을 알게 된 것이다. 여기에 전시관까지 덧붙여 GLAM(gallery, library, achieve, museum)이라는 최신 개념과 용어까지 등장했다. 어떤 현상이나 물건이나 테마를 낱개의 독립된 사물로 이해하지 않고, 서로 긴밀하게 연결된 융합적인 대상으로 이해할 수 있도록 해준다.

스포츠 도슨트와 큐레이터

스포츠 유산과 스포츠박물관에 대한 지금까지의 소개는 우리에게 무엇을 시사하는가? 일차적으로는 스포츠를 문화 활동과 문화 현상으로 간주하면서, 그 과정에서 생겨난 물질문화와 정신문화들에 관심을 가져야 한다. 특히 물질문화 가운데 국가적·국민적 문화유산으로서 주목받아야 하는 가치 있는 것들에 공적으로 주복해야 함을 말한다. 그것들을 선별하고 수집해서 보전하고 해석하고 교육해야 한다. 그리고 이 일을 집약적으로 담당하는 스포츠박물관을 체계적으로 설립해야 한다.

다음으로는, 이런 일을 전담하는 전문 인력을 양성해야 한다. 문화유산은 자기 자신을 밝히지 않는다. 그것은 반드시 그 의미와 가치를 이해하고 판단해서 설명해주는 전문가를 필요로 한다. 통상적으로 우리는 그 일을 담당하는 이를 학예사라고 지칭한다. 서양식 표현으로는 큐레이터가 가장 근접하다. 이들은 박물관의 5대 기능이 효과적으로 발휘되도록 하는 중추적인 전문가다. 그리고 관람객들에게 친근감 있는 소개와 해설을 전담하는 도슨트도 있다.

다시 말해 스포츠를 문화로서 진지하고도 새로운 시각으로 바라보자는 현시점에, 나는 가시적이고 비가시적 형태의 모든 스포츠문화를 수집하고 보존하고 전시하며 유산으로 남겨주는 일에 대한 우리 모두의 새로운 태도를 촉구한다. 그리고 그 특별한 일을 최근접의 현장에서 해낼 새로운 전문가가 필요하다고 독촉한다. 스포츠박물관은 '스포츠 큐레이터'와 '스포츠 도슨트'가 반드시 함께 고려되어야 하는 한 짝이다.[17]

에필로그

1

여기까지 읽은 독자들에게는 치하의 말씀을 드린다. 인문적인 이야기가 원래 지루한 측면도 있는데, 엎친 데 덮친 격으로 달콤새콤 양념 같은 글솜씨가 없는 저자의 밋밋하고 텁텁한 장문의 글을 끝까지 읽었으니 말이다. 인내심을 끌어모아 책장을 넘기는 것은 오로지 스포츠를 인문적으로 향유하는 것의 중요성에 공감했기 때문이라 생각한다.

스포츠의 세계는 두 측면으로 되어 있다. 한 측면은 경기 세계이고, 다른 측면은 문화 세계다. 이 두 세계는 동전의 앞면과 뒷면 같아, 한 번에 동시에 두 측면을 다 보기가 어렵다. 우선, 스포츠는 게임이면서 경기다. 상대방과의 대결을 통해 승부를 겨루는 세계다. 상대방의 종류, 대결 방식, 승부 형태는 다양한 모습으로 펼쳐진다.

또한 스포츠는 문화이면서 생활이기도 하다. 일상 속에서 다양한 모습으로 우리의 생활을 구성하고 있다. TV 예능 프로그램이 되기도 하고, 쇼핑센터의 패션 상품이 되기도 한다. 소설의 내용이 되기도 하며, 조각 작품의 소재가 되기도 한다. 철학자들의 탐구 대상은 물론이고 종교학자들의 진지한 관심의 대상이 되기도 한다.

그런데 우리에게는 앞면의 경기 세계가 주로 쉽게 드러난다. 대다수에게는 경기 세계만으로도 아주 흥미롭고 재미있다. 우리의 정서를 넉넉히 흥분시키고 열광시킨다. 스포츠의 경쟁 수준이 높아질수록 그 열광의 강도는 더욱더 높아진다. 더 큰 열광은 더 큰 경쟁을 불러일으키며, 더 큰 경쟁은 또 더 큰 열광을 일으키는 무한 루프에 돌입한다.

스포츠의 문화 세계는 이면으로서 경기 세계가 만들어내는 그림자에 가려진다. 하지만 문화 세계는 경기 세계보다 더 다채로운 모습으로 존재한다. 다양한 모습으로 향유되는 문화의 세계이기 때문이다. 스포츠는 소설, 영화, 미술, 연극, 패션, 건축, 만화, 장난감 등 모든 문화의 소재가 되어 우리 삶을 풍요롭게 해주고 있다.

스포츠 리터러시는 스포츠의 문화 세계를 발견하고 즐기기 위한 필수적인 소양이다. 스포츠를 하는 것, 아는 것, 느끼는 것 등 다채롭게 즐기게끔 해주는 기본 자질이다. 스포츠의 문화 세계는 우리 일상에 그대로 노출되어 있으나 그것을 스포츠의 문화로 인식하고 그에 걸맞게 향유하는 방식을 우리는 정식으로 배운 적이 없다. 21세기인으로서 자신의 삶을 행복하게 영위하기 위해 가장 필요한 소양인데도 제대로 알지 못한다.

2

허블 망원경을 아는가? 1990년 이후 지구 궤도 위에 올려져 지상에서 관측하기 어려운 우주의 모습을 찍어서 알려주고 있다. 태양계는 물론이고 다른 은하계의 행성들을 관측하며 지금까지도 새로운 정보들을 알려준다. 이 정보들로 우주의 나이를 좀더 정확하게 추측할 수 있으며, 우주가 텅 빈 것 아니라 암흑에너지로 꽉 차 있다는 사실도 알게 되었다고 한다.

제임스 웹 망원경도 아는가? 허블 망원경으로는 관측하기 어려운, 더 깊고 먼 우주의 실태를 확인하는 초고성능 카메라를 장착하고 있다. 2021년에 발사되어 이제 본격적으로 촬영한 정보들을 지구에 보내오고 있다. 허블 망원경보다 훨씬 더 먼 우주를 훨씬 더 선명한 모습으로 촬영할 수 있다. 비유하자면 경기 세계는 허블 망원경으로 파악할 수 있다. 반면에 문화 세계는 제임스 웹 망원경 정도의 성능이 필요하다. 경기 세계의 앞면을 뚫고 저 뒤편의 문화 세계를 드러내려면 훨씬 더 예민하고 정밀한 렌즈를 장착한 망원경이 요구된다. 나는 인문학이 스포츠의 문화 세계를 드러낼 수 있는 제임스 웹 망원경이라고 확신한다. 나는 이렇게 드러난 스포츠의 문화 세계를 인문적 스포츠라고 부른다.

스포츠의 문화 세계는 사실의 세계가 아니다. 의미와 가치의 세계다. 가치를 다루는 의미의 세계이고, 그 가치를 확인하는 해석의 세계다. 인문학은 해석의 틀을 제공해줌으로써 스포츠 문화 세계의 가치 발견과 의미 이해를 가능하도록 해준다. 우리는 철학, 역사학, 종교학, 문학, 예술 등 인문학의 렌즈를 이제서야 이 방향으로 돌린 것이다. 늦기는 했지만, 우리 앞에는 광활한 미지의 우주가 기다리고 있다.

이 책에서 나는 제임스 웹 망원경으로 인문적 스포츠의 단면들을 찾아낸 내용을 소개했다. 주로 서양 스포츠 및 문화 선진국의 그것들을 다루었지만, 우리나라 내에서도 지난 2000년대 들어오면서 더욱 가시적으로 인문적 스포츠의 자취들이 발견되고 있다. 여러 인문적인 배경과 체험을 지닌 이들이 스포츠 문화 세계의 표층적인 차원은 물론이고 그 이면을 파고들어 심층적인 차원까지 드러내는 결과물들도 만들어내고 있다.

하지만 아쉽게도 이것들이 하나의 장르나 흐름으로 형성되지 못한 상태다. 인문적 스포츠, 스포츠 리터러시, 스포츠 인문학 등의 용어나 표현이 아직 낯선 상황이다. 스포츠를 경기 행사를 넘어 문화 현상으로 이해하는 것은 말할 것도 없다. 스포츠는 여전히 운동경기일 뿐이다. 서양 선진국도 크게 나은 상황은 아니지만, 우리나라 스포츠에서 좀더 진취적이고 선도적으로 인문적 스포츠와 스포츠 리터러시의 실제를 추구하면 좋을 것이다.

3

우리나라 문화가 세계 문화가 되고 있다. 우리나라 스포츠도 세계 스포츠가 될 것이다. 이때 세계적인 수준이 되는 것이 스포츠의 경기 세계에 그치지 않기를 기원한다. 스포츠의 문화 세계도 그에 맞는 높은 수준으로 성숙해야 할 것이다. 새가 양 날개로 날 듯 한국 스포츠는 경기 세계와 문화 세계라는 두 날개가 필요하다.

농게를 아는가? 좌우 두 집게 중 한쪽만이 자기 몸집만큼이나 발달한 모양을 하고 있다. 생식과 싸움을 위해 기형적인 형태로 한쪽만을 진화시켰다. 한국 스포츠 4.0은 지난 30년 동안처럼 과학적 스포츠만 강조하고 정책적으로 지원해 금메달 획득만을 강조해서는 안 될 것이다. 과학적 스포츠를 축소하자는 말이 아니다. 상대적으로 왜소해진 인문적 스포츠를 같은 크기로 키울 것을 주장하는 것이다.

개인 수준의 스포츠 실천에서도 마찬가지다. 축구나 테니스든 매일 각자의 스포츠 실천에서도 과학적 스포츠와 인문적 스포츠의 균형이 맞추기를 희망한다. 야구를 하거나 수영을 하더라도 스포츠 기량과 스포츠 소양의 조화로운 발달을 도모하기를 기대한다. 스포츠 하기에 스포츠 읽기, 쓰기, 보기, 그리기 등을 더해야 한다. 지금 독자의 스포츠는 얼마나 인문적인가?

1장

1. 1988년 서울올림픽 개최가 결정된 1981년 이후 1982년 체육부가 설치되고 1993년 '제1차 국민체육진흥5개년계획'을 수립, 추진했다. 6대 정책 과제 중 하나로 '체육과학의 진흥'을 선정했으며, 체육과학의 연구 기반 강화와 체육과학의 실용화가 주요 과제가 되었다. 국가 주도하에 스포츠를 과학화시켜 엘리트 체육과 생활체육 진흥에 직접적인 도움을 도모한 것이다. 이후 과학적 접근의 강화 기조는 지속적으로 유지된다. 《2022 체육백서》(문화체육관광부, 2022) 참고.

2. 많은 의과대학에서 의대생들의 필수 수업 과목으로 인문적 의학 또는 의료인문학이 규정되어 있다는 사실이 이를 뒷받침한다. 국내에서도 인문적 의학 또는 의료인문학은 현재 적어도 의료계에서 많이 알려져 있다. 많은 의과대학에서 의대생들의 필수수업 과목으로도 규정되어 있다. 《의료인문학이란 무엇인가》(황임경, 2021) 참고.

3. '한국 스포츠 4.0'은 한국 스포츠의 현재 발전 단계를 지칭한다. 나는 여러 기회를 통해 한국 스포츠가 2018년 평창동계올림픽을 계기로 이제 다른 단계로 진입했다고 주장해왔다. 한국 스포츠는 우리 한국 경제와 문화가 선진국 수준에 오른 것처럼 이제 스포츠 자체도 개발도상국이나 중진국의 수준을 넘어섰으며, 스포츠 선진국의 특징들을 보인다. 적어도 외형적으로는 그렇다.

4. 스포츠 리터러시 개념의 교육적인 근거와 적용에 관한 보다 자세한 설명은 졸저 《스포츠 리터러시》(2018), 《스포츠 리터러시 에세이》(2021), 《스포츠 리터러시 교육론》(2023) 등 참고.

2장

1. Oriard, M., 1982, *Dreaming of heroes: American sports fiction, 1868-1980*, Chicago: Helson Hall Publishers, p.6.

2. 최의창, 2001, 읽는 스포츠의 매혹: 서사적 글 읽기를 통한 스포츠의 이해, 체육과학연구, 12(3), pp.1-15., 최의창, 2010, 스포츠인문학으로서 스포츠

문학의 발견: 미국 스포츠문학을 중심으로, 체육과학연구, 21(2), pp.1194-1211.

3. Robinson, R., 2003, *Running in literature: A guide for scholars, readers, runners, joggers, and dreamers*, New York: Breakaway Books, p.11.

4. Hughes, T., 1857, *Tom Brown's school days*, London: Macmillan. Standish, B., 1898, *Frank Merriwell on the road*, Tip Top Weekly 130(8 October).

5. '윌리엄 힐 올해의 스포츠문학상'은 매년 스포츠 관련 서적을 대상으로 수여하는 영국의 문학상으로, 1989년 같은 이름의 출판사가 후원하면서 시작했으며, 스포츠문학계에서 오랫동안 권위를 인정받고 있다. 2024년 수상작은 페더러, 조코비치, 나달 등 극소수를 제외하고 프로 테니스계의 99%를 차지하는 대부분 선수들의 이야기를 진솔하게 다룬 Niland, C., 2024, *The racket: On tour with tennis's golden generation—and the other 99%*, London: Sandycove.

6. 김영도, 2009, 《산에서 들려오는 소리》, 이마운틴, 244쪽.

3장

1. 그리스시대 핵심 교육기관으로서 김나시온, 그리고 그 안에서 체육이 차지하던 중요성 등에 관한 상세한 논의는 본서 8장에서 이루어진다.

2. 스포츠와 철학의 관련성을 역사적으로 좀더 자세히 살펴보고 싶다면, Kretchmar, R., Dyreson, M., LLewellyn, M., Gleaves, J.(2024), *History and philosophy of sport and physical activity*(2nd ed.), Champaign, IL: Human Kinetics. 참고.

3. 운동과 뇌기능 활성화의 정적 상관관계를 보고하는 연구 결과는 이미 일반화가 되었다고 할 수 있는 정도다. 국내에 소개된 서적들 가운데 몇 가지를 소개한다면, 《운동화 신은 뇌》(존 레이티 · 에릭 헤이거먼, 2008), 《뇌는 달리고 싶다》(안데르스 한센, 2019), 《길 위의 뇌》(정세희, 2024) 등이 있다. 더 나아가 인지기능의 향상 자체가 신체활동에 의해 촉발된다는 최신 연구 결과에 관해서는 《익스텐드 마인드》(애니 머피 폴, 2022), 《뇌가 아니라 몸이다》(사이먼 로버츠, 2022) 참고.

4. 스포츠에서 존재론적 탐구, 예를 들어 'e스포츠란 무엇인가?'에 대한 답을

강구하는 노력은 스포츠철학에서 최근 가장 뜨거운 이슈 중 하나다. 이에 대한 내용은 본서 7장 참고.

5. 조지 쉬언, 김연수 역, 2006, 달리기와 존재하기, 한언, 92쪽.

6. 마이클 린더, 최의창 역, 2001, 골프가 주는 9가지 삶의 교훈, 대한미디어, 26쪽.

7. Papineau, D., 2017, *Knowing the score: What sports can teach us about philosophy*, New York: Basic Books.

8. Little, S., 2024, *The examined run: Why good people make better runners*, New York: Oxford University Press.

4장

1. 스포츠와 종교의 관련성에 대한 탐색, 특히 학술적 탐색은 1980년대 미국에서 본격화되기 시작했다. 이후 2000년대 들어오면서 영국에서도 연구가 활발해지며 더욱 가속화되고 있다. 잘 알려져 있는 기본 입문서로는 Bain-Selbo, E., & Sapp, G., 2016, *Understanding sport as a religious phenomenon: An introduction*, London: Bloomsbury., Shoemaker, T., 2024, *Religions and sports: The basics*, London: Routledge 참고.

2. 제도화된 종교들의 종류, 특히 스포츠와 명백한 관련성을 맺어온 종교들이 무엇인가에 대한 논의는 그것 자체로도 상당한 탐구의 내용이 될 수 있다. 본서에서는 상식적인 수준에서 우리 주변에서 널리 목격되고 확인되는 대중종교들에 한정해서 살펴본다. 종교에 관한 간단하면서도 명확한 입문서로 《세계 종교 둘러보기》(오강남, 2003) 참고.

3. 19세기 미국에서 YMCA(와 YWCA)는 선교와 교육을 위해 스포츠를 적극적으로 활용했다. 잘 알려져 있다시피 농구와 배구는 매사추세츠주의 두 지부에서 각각 만든 것이다. 농구와 배구의 기원에 관해서는 본서 6장 참고.

4. 2018년 바티칸에서 발간한 이 문서의 정확한 제목은 'Giving the best of yourself: A document about the Christian perspective on sport and the human person'이다. 이 문서는 로마 교황청에서 가장 최근에 스포츠와 온전한 인간, 기독교적 믿음에 대해 상세히 정리해서 소개한 52쪽짜리 얇은 책자다. 스포츠가 인간의 온전한 성장에 큰 도움을 주는 필수적인 활동이며, 기독교적 교리와 믿음에도 긍정적인 관련성을 가지고 있음을 세밀하게 설명

하고 있다.

5. Sexton, J., 2013, *Baseball as a road to god*: *Seeing beyond the game*, New York: Gotham Books.

6. Lopez Jr, D., 2020, *Buddha takes the mound*: *Enlightenment in 9 innings*, New York: St. Martin's Essentials.

7. Parent, J., 2002, *Zen golf*: *Mastering the mental game*, New York: Doubleday.

8. Graf, G., 2009, *And god said, tee it up!*, New York: Versa Press.

9. Joslin, R., 2003, *Running the spiritual path*, New York: St. Martin's Press.

10. Mipham, S., 2013, *Running with the mind of meditation*: *Lessons for training body and mind*, New York: Harmony.

11. Shapiro, L., 2009, *Zen and the art of running*, Avon, MA: Adamsmedia.

5장

1. '문화 올림피아드(cultural olympiad)'는 1952년 올림픽부터 예술올림픽 경연 분야가 사라진 이후 문화예술 측면에 대한 강조가 다시금 부각되면서 붙여진 프로그램 전반의 명칭이다. 1990년대 이후 지속적으로 강화되는 추세다. 2024년 파리올림픽의 다양한 문화예술 행사들이 그것을 말해준다.

2. 국내에 스포츠인과 미술의 관련은 매우 희소하다. 전 축구해설가 신문선 씨가 한동안 미술관 관장으로 일했다. 경기인 중에는 프로농구 선수 허웅이 조각을 전공한 어머니의 영향으로 미술에 대한 관심이 높다고 알려져 있다. 하지만 스포츠인으로서 직접 미술작품을 창작하는 경우는 아직 들어보지 못했다.

3. 서양 역사 전반에 걸쳐 스포츠미술을 소개한 권위 있는 저술로는 Kuhnst, P., 1996, *A cultural history in the mirror of art*, Verlag Der Kunst Dresden가 최고로 인정받고 있다. 미국의 스포츠미술에 초점을 맞춘 저술은 Guttmann, A., 2011, *Sports and American art*: *From Benjamin West to Andy Warhol*, Boston: University of Massachusetts Press가 유일하다.

4. 스포츠 박물관에 대한 스포츠 역사적·문화정책적 탐구는 지난 10여년 사이에 본격화되어 빠르게 성장하고 있다. 물론 스포츠 박물관 자체의 역사는

더 오래 전부터 시작된다. 스포츠 박물관에 관한 자세한 내용은 본서 10장에서 독립적으로 다루고 있다.

5. Stanton, R., 2000, *The forgotten Olympic art competitions*: *The story of the Olympic Art Competitions of the 20th century*, Victory, BC: Trafford.

6. 이 대규모 프로젝트는 현재도 계속 진행되고 있으며, 이에 관한 자세한 내용은 offbeat.group.shef.ac.uk/statues 참고.

7. 관련 내용은 olympics.com/ioc/the-olympic-foundation-for-culture-and-heritage/arts-and-culture/ oly-art 참고.

8. 관련 내용은 olympics.com/ioc/the-olympic-foundation-for-culture-and-heritage/arts-and-culture/olympic-agora 참고.

9. 전시 작품 카달로그는 www.flipsnack.com/weatherspoon/to-the-hoop-catalog-press/full-view.html 참고.

10. 버추얼 투어를 감상하려면 zarigallery.co.uk/virtual-tours 참고.

6장

1. 위키피디아에서 살펴보면, 2003년판 《세계스포츠백과》에 스포츠와 게임의 종류가 약 8천 종이 존재한다고 적혀 있다. 20년 이상 지난 지금은 최소한 그것보다는 많아졌을 것으로 추측된다.

2. 1913년 네덜란드 문화학자인 요한 하위징아가 창안한 표현이다. 같은 제목의 책으로도 유명하다. 인간을 특징짓는 '호모 사피엔스(생각하는 존재)'와 '호모 파베르(제작하는 존재)'라는 두 표현이 세상의 관심을 받으면서 인간은 본질적으로 '놀이하는 존재'임을 강조하고 있다.

3. 스포츠의 역사적 발전을 동서양 전반적으로 알아보기 위해 좋은 가장 최근의 자료는 《스포츠의 탄생》(볼프강 베링거, 2021) 그리고 Vamplew, W., 2021, *Games people played*: *A global history of sport*, London: Reaktion Books 참고.

4. 김산해, 2005, 최초의 신화 길가메쉬 서사시, 휴머니스트, 106쪽.

5. Olivova, V., 1984, *Sports and games in the ancient world*, London: Orbis Publishing.

6. Craig, S., 2002, *Sports and games of the ancients*, Westport, CT: Greenwood Press.

7. Harkin, J., & Ptaszynski, A., 2023, *Everything to play for: The QI book of sports*, London: Faber & Faber.

8. Henderson, R., 2001, *Ball, bat, and bishop: The origin of ball games*, Chicago: University of Chicago Press.

9. Henderson, R., 2001, *Ball, bat, and bishop: The origin of ball games*, Chicago: University of Chicago Press., Norridge, J., 2008, *Can we have our balls back, please: How the british invented sport?* London: Penguin Books.

10. Belsky, G., & Fine, N., 2016, *On the origins of sports: The early history and original rules of everybody's favorite games*, New York: Artisan.

11. Belsky, G., & Fine, N., 2016, *On the origins of sports: The early history and original rules of everybody's favorite games*, New York: Artisan.

12. 현대 풋볼과 이것과 유사한 구기 경기들의 분화에 관한 다양한 이야기는 여러 문헌으로부터 자료들을 수집해 하나로 묶어 이해해야 한다. 일반 독자들에게도 널리 인정받는 관련 문헌들은 다음과 같다. Brasch, R., 1970, *How did sports begin? A look at the origins of man at play*, New York: David McKay Company., Mandell, R., 1984, *Sport: A cultural history*, New York: Columbia University Press., Rice, J., 1998, *Start of play: The curious origins of our favourite sports*, London: Prion Books., Henderson, R., 2001, *Ball, bat, and bishop: The origin of ball games*, Chicago: University of Chicago Press., Guttmann, A., 2004, *Sports: The first five millennia*, Amherst, MA: University of Massachusetts Press.

13. Norridge, J., 2008, *Can we have our balls back, please: How the british invented sport?* London: Penguin Books, p.159.

14. Crowther, N., 2007, *Sportin antient times*, London., Fraeger, Golden, M., 1998, *Sport and society in ancient greece*, Cambridge: Cambridge University Press.

15. Wilkins, S., 2002, *Sports and games of tmedieval cultures*, Westport, CT: Greenwood Press., Fallows, N.(Ed.), 2021, *A cultural history of*

sport in the medieval age, New York: Bloomsbury.

16. Christensen, P., & Stocking.(Eds.), 2021, *A cultural history of sport in antiquity*, New York: Bloomsbury Academic., Christesen, P., & Kyle, D.(Eds), 2014, *A companion to sport and spectacle in greek and roman antiquity*, London: Wiley Blackwell.

17. Huggins, M.(Ed.), 2021, *A cultural history of sport in the age of industry*, New York: Bloomsbury Academic.

7장

1. '스포츠란 무엇인가?' 또는 '스포츠가 아닌 것은 무엇인가?' 등과 같이 스포츠의 개념과 그 범주에 속하는 종목이나 활동이 무엇인가를 묻는 질문들이 있다. 이 질문들은 철학적으로 존재론적 질문에 속하는 것으로, 어떤 개념의 본질적 특성을 규정하고 그것의 소지 여부를 묻는다. 스포츠계에서는 현실적으로 매우 중요하다. 올림픽대회에서 정식 종목으로 선정되는가의 여부, 또는 대한체육회의 가맹단체로 인정받느냐의 여부 등과 같은 현실적 조처가 이루어질 수 있는 논리적인 근거로서 작용하기 때문이다.

2. Alessandro Arcangeli, 2021, *The purpose of sport. In Alessandro Arcangeli(ed.), A cultural history of sport in the renaissance(pp. 23-41)*, London: Bloomsbyry Academic, p.24.

3. Vera Olivova, 1984, *Sports and games in the ancient world*, New York: St. Marins Press. p.8.

4. Olivera-Betran, J., & Torrebadella-Flix, X., 2015, *From sport to de-porte: An etymological, semantic and conceptual discussion in the Spanish language*, Revista International de Medicina y Ciencias de la Actividad Fisica y el Deporte. 15(57), 61-91, p.5.

5. Miller, S., 2004, *Antient Greek athletics*, New Haven: Yale University Press, p.11.

6. Dombrowski, D., 2009, *Contemporary athletics and ancient Greek ideals*, Chicago: University of Chicago Press, pp.9-11.

7. Christesen, P., & Stocking, C., 2021, *Introduction. In In P. Christesen & C. Stocking(Eds.), 2021, A cultural history of sport in antiquity(pp.1-21)*.

London: Bloomsbury, p.12.

8. 축구, 테니스, 럭비, 크리켓, 골프, 야구 등 근대 스포츠 종목들이 체계를 갖추고 국제적으로 성장하는 데 있어서 통제 조직의 결성이 결정적인 역할을 한 것에 대해서는 Norridge, J., 2008, *Can we have our balls back, please?*, London: Penguin Books., Rice, J., 1998, *Start of play: The curious origins of our favourite sports*, London: Prion 참고.

9. 여기에 잠정적으로 한 가지를 더할 수 있다. 애니멀 스포츠다. A(nimal) sport라고 할 수 있다. 동물과 함께, 동물을 상대로, 또는 동물들끼리 서로 경쟁하는 승마, 투우, 투계, 투견, 개경주 등이다. 문화에 따라 차이는 있으나 대부분의 나라에서 현재까지는 일반적인 스포츠의 분류에 적극적으로 포함시키지 않는다. 여기서 분류한 것은 사람들끼리의, 또는 사람이 조정자가 되는 경쟁성만을 염두에 두었다.

10. e스포츠의 스포츠 정당성에 대한 학술적 논박은 오래되었다. 가장 최근의 사례는 Parry, J., 2019, *E-sports are not sports*, Sport, Ethics and Philosophy, 13(1), 3–18., Naraine, M., 2021, *Actually, Esports is sport*, Sports Innovation Journal, 2, 33–44. 이와 관련해 스포츠의 개념에 관한 새로운 의견들을 한 곳에 모은 Klein, S., 2017, *Defining sport: Conceptions and borderlines*, London: Lexington Books 참고.

11. Cranmer, E., Han, D., Gisbergen, M., & Jung, T., 2021, *Esports matrix: Structuring the esports research agenda*, Computer in Human Behavior, 117, 1–13.

12. Goebeler, L., Standaert, W., & Xiao, X., 2021, *Hybrid sport configurations: The intertwining of the physical and the digital*, Proceeding of the 54th Hawaii International Conference on System Sciences.

13. e스포츠에 대한 오락과 산업의 수준을 넘어선 관심이 국내에서도 가파르게 상승하고 있다. 특히 학회가 설립되어 학술적 연구가 활발하게 진행되고 있다. 예를 들어 《e스포츠의 이해》(이상호, 2021), 《이스포츠인사이트》(김기한 · 이승애 · 이민호, 2022).

8장

1. 스포츠와 신체 단련 운동이 아동과 청소년의 교육을 위해 가장 가치 높

게 인정받은 역사적인 시기는 적어도 기록상으로 볼 때 그리스시대가 최초다. 《서양 고대교육사》(앙리 마루, 2019), 특히 2부 3장 〈체육교육〉 참고. Bloomer, W(Ed.)., 2015, *A companion to ancient education*, London: WileyBlackwell. 특히 6부 29장 *Sport and education in antient Greece and Rome* 참고.

2. Miller, S., 2004, *Antient Greek athletics*, New Haven: Yale University Press. 특히 11장 *Training: The world of the gymnasion and the paraistra* 참고. 그리고 Miller, P., 2023, *Sport: Antiquity and its legacy*, London: Bloomsbury. 특히 5장 *Arenas, Stadiums and Gyms* 참고.

3. Scott, M., 2014, *The social life of Greek athletic facilities(other than stadia)*, In P. Christesen & D. Kyle(Eds.)., *A companion to sport and spectacle in greek and roman antiquity(pp. 295–308)*, London: Wiley–Blackwell. p.298.

4. 김경현, 2014, 고대 그리스 세계의 체육과 스포츠 문화: 김나시온의 역사를 중심으로, 역사학보, 222, 219–256. p.242.

5. Mann, C., 2021, *Products, training and technology*, In P. Christesen & C. Stocking(Eds.), 2021, *A cultural history of sport in antiquity(pp.69–94)*, London: Bloomsbury 참고.

6. 앙리 마루, 이홍우 · 지정민 · 구리나 · 이호찬 역, 2019, 서양 고대교육사, 교육과학사, 254쪽.

7. 여가와 학교의 어원과 그 교육적 의미에 관한 상세한 설명은 《스콜라주의 교육목적론》(김승호, 1998) 참고.

8. 헬스 센터로서 짐에 대한 흥미로운 현대 역사는 Chaline, E., 2015, *The temple of perfection: A history of the gym*, London: Leakon Books 참고.

9. 체육과 음악이 하나로 작용해서 사람의 육신과 정신에 동시에 영향을 미쳐 영혼의 성숙을 가져다준다는 플라톤 《국가》의 유명한 부분이다. 체육은 육신, 음악은 정신에 각각 따로 영향을 미치는 것이 아니라 이 둘이 항상 같이 주어져야만 몸과 마음이 한 번에 영향을 받아 온전한 영혼의 성숙에 변화를 줄 수 있게 된다는 의미다.

9장

1. 조동일, 1997, 인문학문의 사명, 서울대학교출판부, 210쪽.

2. 조동일, 1997, 인문학문의 사명, 서울대학교출판부, 213쪽.

3. Bruner, J., 1987, *Actual minds, possible worlds*, Boston: Harvard University Press.

4. Bruner, J., 1987, *Actual minds, possible worlds*, Boston: Harvard University Press, p.11.

5. 자크 마리탱의 인간관과 그 교육적 시사점에 대해서는 Maritain, J., 1966, *Individuality and personality.*, In J. Maritain, *The person and the common good*, New York: University of Notre Dame Press. 홍지희, 2008, 인격의 개념과 교육: 마리탱의 존재론적 관점, 서울대학교 석사학위논문. 홍지희·유재봉, 2019, 자끄 마리탱의 철학적-종교적 자유교육론, 교육철학연구, 41(3), 197-218 참고.

6. Maritain, J., 1966, *Individuality and personality.*, In J. Maritain, *The person and the common good*, New York: University of Notre Dame Press, p.9.

7. Chu, F., 2003, *The martial way and its virtues*, Boston: YMAA Publication, p.65.

8. Herrigel, E., 1953, *Zen in the art of archery*, New York: Vintage Books.

9. Herrigel, E., 1953, *Zen in the art of archery*, New York: Vintage Books, p.4.

10. Mitchell, B., 1997, *The tao of sports*, Berkeley, CA: Frog, Ltd.

11. 한글판 도덕경의 번역본은 수백 권은 족히 될 것이다. 그 가운데 《교수신문》에서 《도덕경》(오강남, 2010)을 가장 정확하고 읽기 편한 것으로 뽑은 적이 있다. 나도 그의 번역을 활용한다.

12. Mitchell, B., 1997, *The tao of sports*, Berkeley, CA: Frog, Ltd, p.3.

13. 오강남, 2010, 도덕경. 37장, 현암사, 174쪽.

14. 오강남, 2010, 도덕경. 37장, 현암사, 175-176쪽.

15. Marbarro, J., 2021, *Climbing and tao: The way of the route*, Climing Letters, p.62.

16. Parent, J., 2002, Zen golf, New York: Doubleday(골프)., Hymes, B.,

1979, *Zen in the martial arts*, New York: Bentam Books(무도)., Shapiro, L., 2009, *Zen and the art of running*, Avon, MA: Adams Media(달리기)., Tyson, P., 2011, *Zen and the art of table tennis*, Baltimore: Publish America(탁구)., Cox, I., 2015, *Tao in the art of rowing*, CreateSpace(조정)., Mutimer, P., 1997, *Zen tennis*, New York: Harper Collins(테니스)., Mahoney, J., 1999, T*he tao of the jump shot*, Berkeley, CA: Seastone(농구)., Shulman, N., 1992, *Zen in the art of climbing mountains*, Boston: Charles Tuttle Company(등산). 이밖에도 스포츠에 동양철학적 해석을 더함으로써 스포츠와 삶에 대한 지혜를 얻으려는 시도는 종목에 구애받지 않고 다양하게 지속되고 있다.

17. S. Schneiders, 2000, *Toward defining spirituality*, In K. J. Collins (ed.), *Exploring Christian Spirituality: An Ecumenical Reader*(pp.43-59), Grand Rapids, MI: Baker Books. p.6.

18. Talberga, G. & Fernate, A., 2016, *Spirituality in sport: A biblical perspective*, LASE Journal of Sport Science, 7(2), 72-93, p.77.

19. Robinson, S., 2007, *Spirituality: A working definition.*, In J. Parry et al.(Eds.), *Sport and spirituality: An introduction*(pp. 22-37), London: Routledge, p.24.

20. Jirasek, I., 2015, *Religion, spirituality and sport: From religio athletae toward spiritus*, Quest, 67(3), 290-299, p.291.

21. Linder, M., 1996, *Playing it as it lies: Golf and the spiritual life*, Louisville, KY: Westminster John Knox Press. p.27.

22. Sheehan, J., 1978, *Running and being: The total experience*, Red Bank: NJ. Second Wind II, p.371.

23. Murphy, M., 1972, *Golf in the kingdom*, New York: Penguin Books.

24. Murphy, M., 1992, *The future of the boy*, Los Angeles: Jeremy Tarcher, INC.

25. Murphy, M. & White, R., 1978, *In the zone: Transcendent experience in sports*, New York: Penguin Books, p.4.

26. Jackson, S., & Csikszentmihalyi, M., 1999, *Flow in sports: The keys to optimal experiences and performances*, Champaign, IL: Human Kinetics, p.4.

27. 마음챙김의 개념과 용어는 불교에서 유래했으나 이제는 마음 안정과 수행 향상의 목적으로 다양하게 적용되고 있다. 스포츠 적용 사례는 Mumford, G., 2016, *The mindful athlete*, Berkeley, CA：Parallax Press., Lynch, J., 2021, *The competitive Buddha*, Coral Gables, FL：Mango Publishing Group 참고.

10장

1. Hogan, B. & Wind, H., 1957, *Five lessons：The modern fundamentals of golf*, New York：A.S. Barnes and Company.

2. Moore, K., 2022, *The material culture of sport*(Part 1), In Moore, K., Hughson, J., & Wacker, C., (Eds.) *Sport in museums*(pp.5−29). London：Routledge. p.5.

3. 이수연, 2015, 스포츠 유산의 개념과 가치 평가에 관한 연구, 한국체육과학회지, 24(6), 251−264, 259쪽.

4. Moore, K., 2022, The material culture of sport(Part 1), In Moore, K., Hughson, J., & Wacker, C., (Eds.) *Sport in museums*(pp.5−29). London：Routledge. p.5.

5. Hardy, S., Loy, J., Booth, G., 2009, *The material culture of sport：Toward a typology*, Journal of Sport History, 36(1), 129−152.

6. Moore, K., 2022, *The material culture of sport*(Part 1 and 2), In Moore, K., Hughson, J., & Wacker, C., (Eds.) *Sport in museums*(pp.5−51). London：Routledge.

7. Ramshaw, G., 2020, *Heritage and sport：An introduction*, Bristol：Channel View Publications.

8. Moore, K. & Hughson, J., 2022, *Sport in museums：Curious connections?*, In Moore, K., Hughson, J., & Wacker, C., (Eds.) Sport in museums(pp.1−4), London：Routledge. p.2.

9. Danilov, V., 2005, *Sport museums and halls of fame worldwide*, London：McFarland & Company.

10. 스포츠박물관과 기념관의 전반적 기능에 대한 설명은 Phillips, M., (Ed.) 2012, *Representing the sporting past in museums and halls of fame*,

London: Routledge., Harris, K., (Ed.) 2023, *Interpreting sports at museums and historic sites*, London: Rowman & Littlefield 참고.

11. Phillips, M., 2022, *Understanding sports museums in the digital age*, In Moore, K., Hughson, J., & Wacker, C., (Eds.) *Sport in museums*(pp.92–107), London: Routledge.

12. 영국에서 전개된 문화진흥 정책적 맥락에서 스포츠 유산과 박물관에 대한 제도적 관심과 실천에 대한 자세한 설명은 Reilly, J., 2014, *Sport, museums and cultural policy*(Part 1 and 2), University of Central Lancashire, Unpublished Doctoral Thesis 참고.

13. 2012년 런던올림픽 개최에 힘입어 창설된 '스포츠 유산네트워크(SHN)'는 지난 10년 간 영국의 스포츠 문화유산들에 대한 체계적인 수집, 전시, 홍보, 교육, 연구 등을 진행시키는 핵심 기관으로 성장했다.(www.sportingher-itage.org.uk)

14. 스포츠 문화유산에 대한 연구는 국립체육박물관을 건립하기 위한 연구를 수행하는 과정에서 본격화되었다고 볼 수 있다. 한태룡 등, 2014, 국립체육박물관 건립 기본구상, 문화체육관광부. 서재철·김방출, 2015, 대중/공공 스포츠역사학의 동향과 시사점: 스포츠박물관을 중심으로, 체육과학연구, 26(2), 342–355. 천호준 등, 2016, 한국형 체육박물관 구성을 위한 정책적 모색, 한국체육정책학회, 14(1), 35–63. 홍인국, 2018, 국내외 체육박물관의 사례 분석을 통한 국립체육박물관의 방향성 모색, 박물관학보, 34, 73–98. 이병준, 2019, 한국 스포츠박물관의 전시 및 특성 연구, 한양대학교 석사학위논문.

15. 김진화·천호준, 2016, 근현대 체육 분야 등록문화재의 체육사적 의미, 한국체육사학회, 21(4), 45–60). 신기철, 2020, 초등학교 체육교과서 내 무용 문화유산 콘텐츠 분석, 한국초등체육학회지, 26(2), 1–14.

16. 윤거일, 천호준, 2021, 한국 스포츠전시 공간의 변천사, 한국체육사학회지, 26(1), 17–32에서 발췌 및 변형.

17. 2025년부터 학교에서 본격적으로 실행되는 '2022 체육과교육과정'에서는 최종적으로 길러야 하는 3대 역량으로 움직임 수행 역량, 건강관리 역량, 그리고 신체활동문화 향유 역량이 강조되었다. 이 가운데 '신체활동문화 향유 역량'은 '스포츠 리터러시'의 한 부분을 차지한다. 체육교사(와 스포츠교

육자)는 배우는 이들을 축구, 농구, 야구, 수영 등 각 종목의 문화 속으로 입문시키는 역할을 하며, 이것은 축구, 농구, 야구, 수영 등을 하는 것을 넘어 아는 것, 그리는 것, 보는 것 등 다양한 방식으로 향유할 수 있는 자질을 함양시키는 것에 다름 아니다. 스포츠 큐레이터와 도슨트의 역할을 수행해야 한다는 의미다. 최의창, 2024, 신체활동문화 향유 역량이 머꼬?, 우리체육, 32, 57-62 참고.

We had the experience but missed the meaning

우리는 그것을 체험하기는 했지만 의미는 놓치고 말았네.
〈사중주〉(T. S. 엘리엇)

인격적으로 점잖은 무게 '드레'

드레북스는 가치를 존중하고 책의 품격을 생각합니다